OEUVRES COMPLÈTES

DE M. LE VICOMTE

DE CHATEAUBRIAND.

TOME XXIII.

IMPRIMERIE ET FONDERIE DE RIGNOUX,
RUE DES FRANCS-BOURGEOIS-S.-MICHEL, 8.

OEUVRES COMPLÈTES

DE M. LE VICOMTE

DE CHATEAUBRIAND,

MEMBRE DE L'ACADÉMIE FRANÇOISE.

TOME VINGT-TROISIÈME.

LES NATCHEZ.

TOME II.

PARIS.

POURRAT FRÈRES, ÉDITEURS.

M DCCC XXXVII.

LES NATCHEZ.

SUITE.

En approchant de la Nouvelle-Orléans, René vit une croix plantée par des missionnaires, sur de hautes collines, dans l'endroit où l'on avoit trouvé le corps d'un homme assassiné. Il aborde au rivage, attache sa pirogue sous un peuplier, et accomplit un pèlerinage à la croix : il ne devoit point être exaucé, car il alloit demander, non le pardon de ses fautes, mais la rémission de ces souffrances que Dieu impose à tous les hommes. Arrivé au pied du calvaire, il s'y prosterne :

« O toi qui as voulu laisser sur la terre l'instru-
« ment de ton supplice comme un monument de ta
« charité et de l'iniquité du méchant ! Divin voya-
« geur ici-bas, donne-moi la force nécessaire pour
« continuer ma route. J'ai à traverser encore des
« pays brûlés par le soleil; j'ai faim de ta manne,
« ô Seigneur ! car les hommes ne m'ont vendu qu'un
« pain amer. Rappelle-moi vite à la patrie céleste :
« je n'ai pas ta résignation pour boire la lie du ca-
« lice ; mes os sont fatigués ; mes pieds sont usés à
« force de marcher : aucun hôte n'a voulu recevoir
« l'étranger ; les portes ont été fermées contre
« moi. »

René dépose au pied de la croix une branche de chêne en *ex-voto*. Il descend les collines, rentre dans sa pirogue, et bientôt découvre la capitale de la Louisiane.

Il passe au milieu des vaisseaux à l'ancre ou amarrés le long des quais. Comme il traversoit un labyrinthe de câbles, il fut hélé du bord d'une frégate à laquelle étoit dévolue la police du port. On lui cria en françois avec un porte-voix : « De quelle nation « indienne êtes-vous ? » Il répondit : « Natchez. » On ordonne au frère d'Amélie d'aborder la frégate.

Le capitaine, étonné de rencontrer un François sous l'habit d'un Indien, lui demanda ses passeports : René n'en avoit point. Questionné sur l'objet de son voyage, il déclara ne pouvoir s'en ouvrir qu'au gouverneur. Sa pirogue étant visitée, on y découvrit les tablettes dont les pages crayonnées parurent inintelligibles et suspectes. René fut consigné à bord de la frégate et un officier expédié à terre : celui-ci étoit chargé d'apprendre au gouverneur qu'on avoit arrêté un François déguisé en Sauvage; que les réponses de cet homme étoient embarrassées et ses manières extraordinaires. Le capitaine ajoutoit, dans sa lettre, que l'étranger refusoit de dire son nom, et qu'il demandoit à parler au gouverneur : l'officier portoit aussi les tablettes trouvées dans la pirogue.

L'alarme étoit vive à la Nouvelle-Orléans : depuis le combat livré aux Natchez, et dans lequel ces sauvages avoient montré tant d'habileté et de valeur, on n'avoit cessé d'être inquiet. Le commandant du fort Rosalie faisoit incessamment partir des courriers chargés de rapports formidables sur l'indocilité des Indiens. Les divers chefs se trouvoient nommés dans ses dépêches : c'étoient ceux que Fébriano, à l'instigation d'Ondouré, prenoit soin de dénoncer au crédule Chépar. Adario, Chactas même, et René surtout, étoient représentés comme les auteurs d'une conspiration permanente, comme des hommes qui, voulant la rupture des traités et la continuation de la guerre, s'opposoient à l'établissement des concessionnaires. Un dernier messager annonçoit la capture d'Adario, et faisoit craindre un mouvement parmi les Sauvages.

Si Ondouré accabloit René de ses calomnies, Fébriano lui prêtoit ses crimes : le peuple racontoit que le frère d'Amélie avoit marché sur un crucifix, qu'il avoit vendu son âme au démon, qu'il passoit sa vie dans les forêts avec une femme indienne abandonnée à la magie, qu'ayant été tué dans une bataille contre les Illinois, un Sauvage, nécromancien comme lui, lui avoit rendu la vie : élévation du génie, dévouement de l'amour, prodiges de l'amitié et de la vertu, vous serez toujours incompréhensibles aux hommes.

Le gouverneur, à la lecture de la lettre du capitaine, ne douta pas que l'étranger ne fût cet homme inconnu, naturalisé Natchez : il ordonna de le conduire devant lui. Le bruit se répandit aussitôt, dans la ville, que le fameux chef françois des Natchez étoit fait prisonnier : les rues furent obstruées d'une foule superstitieuse, et les fenêtres

1.

bordées de spectateurs. Au milieu de ce tumulte, René, escorté d'un détachement de soldats de marine, débarque à la cale du port; des cris de *Vive le Roi!* retentissent, comme si l'on eût remporté quelque victoire. Cependant l'étonnement fut extrême lorsque, au lieu du personnage attendu, on ne vit qu'un beau jeune homme dont la démarche étoit noble sans fierté, et qui n'avoit sur le front ni insolence ni remords.

Le gouverneur reçut René dans une galerie où se trouvoient réunis les officiers, les magistrats et les principaux habitants de la ville. Adélaïde, fille du gouverneur, avoit aussi voulu voir celui qu'elle connoissoit par les récits du capitaine d'Artaguette, et dont elle venoit de lire les tablettes avec un mélange d'intérêt et d'étonnement. Lorsque René parut, il se fit un profond silence. Il s'avança vers le gouverneur, et lui dit : « Je vous étois venu cher-
« cher. La fortune, pour la première fois de ma
« vie, m'a été favorable : elle m'amène devant vous
« plus tôt que je ne l'aurois espéré. »

La contenance, les regards, la voix de l'étranger surprirent l'assemblée; on ne pouvoit retrouver en lui le vagabond sans éducation et sans naissance que dénonçoit la renommée. Le gouverneur, d'un caractère froid et réservé, fut lui-même frappé de l'air de noblesse du frère d'Amélie : il y avoit dans René quelque chose de dominateur, qui s'emparoit fortement de l'âme. Adélaïde paroissoit tout agitée; mais son père, loin d'être mieux disposé en faveur de l'inconnu, le regarda dès lors comme infiniment plus dangereux que l'homme vulgaire dont parloient les dépêches du fort Rosalie.

« Puisque vous m'étiez venu chercher, dit le « gouverneur, vous aviez sans doute quelque chose « à me dire : quel est votre nom ? »

— « René, » répondit le frère d'Amélie.

« Tout le monde l'avoit supposé, répliqua le « gouverneur. Vous êtes François et naturalisé Nat-« chez? Eh bien! que me voulez-vous ? »

— « Puisque vous savez déjà qui je suis, répondit « René, vous aurez sans doute aussi deviné le sujet « qui m'amène. Adopté par Chactas, illustre et sage « vieillard de la nation des Natchez, j'ai été témoin « de toutes les injustices dont on s'est rendu cou-« pable envers ce peuple. Un vil ramas d'hommes, « enlevés à la corruption de l'Europe, a dépouillé « de ses terres une nation indépendante. On a trou-« blé cette nation dans ses fêtes, on l'a blessée dans « ses mœurs, contrariée dans ses habitudes. Tant « de calamités l'ont enfin soulevée ; mais avant de « prendre les armes, elle vous a demandé, et elle « a espéré de vous justice : trompée dans son attente, « de sanglants combats ont eu lieu. Quand on a vu « qu'on ne pouvoit dompter les Natchez à force ou-« verte, on a eu recours à des trêves mal obser-« vées par les chefs de la colonie. Il y a peu de « jours que le commandant du fort Rosalie s'est « porté aux derniers outrages ; j'ai été désigné avec « Adario, frère du père de ma femme, comme une « des premières victimes. On a saisi le Sachem, on « l'a vendu publiquement : j'ignore les malheurs

« qui ont pu suivre cette monstrueuse violence. Je
« me suis venu remettre en vos mains, et me
« proposer en échange pour Adario.

« Je n'entrerai point dans des justifications que
« je dédaigne, ne sachant d'ailleurs de quoi on
« m'accuse : le soupçon des hommes est déjà une
« présomption d'innocence. Je viens seulement vous
« déclarer que s'il y a quelque conspirateur parmi
« les Natchez, c'est moi, car je me suis toujours
« opposé à vos oppressions. Comme François je
« vous puis paroître coupable; comme homme je
« suis innocent. Exercez donc sur moi votre ri-
« gueur; mais souffrez que je vous le demande :
« Pouvez-vous punir Adario d'avoir défendu son
« pays ? Revenez à des sentiments plus équitables,
« brisez les fers d'un généreux Sauvage, dont
« tout le crime est d'avoir aimé sa patrie. Si vous
« m'ôtez la liberté et si vous la rendez au Sa-
« chem, vous satisferez à la fois la justice et la pru-
« dence. Qu'on ne dise pas qu'on nous peut retenir
« tous deux : en brisant les fers d'Adario, vous dis-
« poserez en votre faveur les Indiens qui révèrent
« ce vieillard, et qui ne vous pardonneroient jamais
« son esclavage; en portant sur moi vos vengeances,
« vous n'armerez pas un bras contre vous; personne,
« pas même moi, ne réclamera contre la balle qui
« me percera la poitrine. »

On ne sauroit décrire l'effet que ce discours produisit sur l'assemblée. Adélaïde versoit des larmes :
appuyée sur le dos du fauteuil de son père, elle
avoit écouté avidement les paroles du frère d'Amélie;

on voyoit se répéter sur le visage de cette jeune femme tous les mouvements de crainte ou d'espérance que le prisonnier faisoit éprouver à son cœur.

« Avez-vous porté les armes contre les François? » dit le gouverneur.

« Je ne me suis point trouvé au combat des « Natchez; répondit René, j'étois alors dans les « rangs des guerriers qui marchoient contre les « Illinois; mais si j'avois été au grand village, je « n'aurois pas hésité à combattre pour ma nouvelle « patrie. » Le gouverneur se leva et dit : « C'est au « conseil de guerre à prononcer. » Il ordonna de déposer l'étranger à la prison militaire.

René fut conduit à la prison, et, le lendemain, transféré de la prison au conseil. On lui avoit nommé un défenseur, mais il refusa de s'entretenir avec lui, et ne le voulut pas même voir. Ce défenseur, Pierre de Harlay, ami du capitaine d'Artaguette, étoit au moment d'épouser Adélaïde; il partageoit avec la fille du gouverneur l'attrait qu'elle se sentoit pour René : le refus même que celui-ci avoit fait de l'entendre ne le rendit que plus ardent dans la cause d'un homme ressemblant si peu aux autres hommes.

La salle du conseil étoit remplie de tout ce qu'il y avoit de plus puissant dans la colonie. Les militaires chargés de l'instruction du procès firent à René les questions d'usage; quelques lettres du commandant du fort Rosalie furent produites contre lui. On lui demanda ce que signifioient les phrases écrites sur ses tablettes, si ce nom d'Amélie n'étoit point un nom emprunté et cachant quelque mystère; l'infortuné jeune homme pâlit. Une joie cruelle s'étoit glissée au fond de son cœur : se sentir innocent et être condamné par la loi étoit, dans la nature des idées de René, une espèce de triomphe sur l'ordre social. Il ne répondit que par un sourire de mépris aux accusations de trahison : il fit l'éloge le plus touchant de Céluta, dont on avoit prononcé le nom. Il répéta qu'il étoit venu uniquement pour solliciter la délivrance d'Adario, oncle de sa femme, et qu'on pouvoit au reste faire de lui tout ce qu'il plairoit à Dieu.

Harlay se leva :

« Mon client, dit-il, n'a pas plus voulu s'expli-
« quer avec moi qu'avec ses juges; il a refusé de se
« défendre; mais n'est-il pas aisé de trouver dans
« ses courtes réponses quelques mots qui jettent de
« la lumière sur un complot infâme? Avec quelle
« vivacité il a parlé de l'Indienne unie à son sort! Et
« quelle est cette femme? c'est cette Céluta, connue
« de toute la colonie pour avoir arraché aux flammes
« un de nos plus braves officiers. Ne seroit-il pas
« possible que la beauté de cette généreuse Sauvage
« eût allumé des passions qui poursuivent aujour-
« d'hui leur vengeance sur la tête d'un innocent? Je
« n'avance point ceci sur de simples conjectures.
« Cette nuit même j'ai examiné tous les papiers;
« j'ai fait des recherches, et je me suis procuré la
« lettre que je vais lire au conseil. »

Ici Pierre de Harlay lut une lettre datée du fort Rosalie : cette lettre étoit écrite par le grenadier

Jacques à sa mère, qui demeuroit à la Nouvelle-Orléans. Le soldat exprimoit, dans toute la franchise militaire, son admiration pour son capitaine d'Artaguette, son estime pour René, sa compassion pour Céluta, son mépris pour Fébriano et pour Ondouré.

« Cette lettre, s'écria le défenseur de René, porte
« un caractère d'honnêteté et de vérité auquel on ne
« se peut méprendre. La justice doit-elle aller si vite?
« N'est-il pas de son devoir d'entendre les témoins
« en faveur de l'accusé? Je sais qu'une commission
« militaire juge sans appel et sommairement; mais
« cette procédure rapide n'exclut pas l'équité. Je
« ne veux pour preuve de l'innocence de l'accusé
« que la démarche qui le livre aujourd'hui au glaive
« des lois. Quoi! vous accepteriez cette tête qu'il est
« venu vous offrir pour la tête d'un vieillard? Il est
« aisé de persécuter un homme sans amis et sans
« protecteurs; il est aisé de lui prodiguer les épi-
« thètes de vagabond et de traître: la seule présence
« de mon client a déjà donné un démenti à ces basses
« calomnies. Enfin, quand on s'obstineroit dans une
« accusation qui ne porte que sur des faits dénués
« de preuve, je soutiens que René n'est plus Fran-
« çois, et qu'il ne vous appartient pas de le juger.

« J'ignore quels motifs ont pu porter l'homme
« qui comparoît aujourd'hui devant vous à quitter
« la France; mais que l'on ait le droit de changer
« de patrie, c'est ce que l'on ne sauroit contester.
« Des tyrans m'auront enchaîné, des ennemis m'au-
« ront persécuté, j'aurai été trompé dans mes affec-

« tions, et il ne me seroit pas permis d'aller chercher
« ailleurs la liberté, le repos et l'oubli de l'amitié
« trahie ! La nature seroit donc plus généreuse que
« les hommes, elle qui ouvre ses déserts à l'infor-
« tuné, elle qui ne lui dit pas : « Tu habiteras telle
« forêt ou telle autre; » mais qui lui dit : « Choisis les
« abris les plus convenables aux dispositions de ton
« âme. » Soutiendriez-vous que les Sauvages de la
« Louisiane sont sujets du roi de France? Aban-
« donnez cette odieuse prétention. Assez long-temps
« ont été opprimés ces peuples qui jouissoient du
« bonheur et de l'indépendance, avant que nous
« eussions introduit la servitude et la corruption
« dans leur terre natale. Soldats-juges, vous por-
« tez aujourd'hui deux épées; Dieu vous a remis le
« glaive de sa puissance et celui de sa justice; pre-
« nez garde de les lui rendre ébréchés ou couverts
« de taches : on émousse le premier en frappant la
« liberté, on souille le second en répandant le sang
« innocent. »

L'orateur cessa de parler. L'auditoire étoit visiblement ému. Adélaïde, cachée dans une tribune, ne se put empêcher d'applaudir; ce fut la plus douce récompense de Harlay : ce couple que les liens d'un amour heureux alloient unir, prenoit seul, par une sympathie touchante, la défense d'un étranger qui devoit à une passion tous ses malheurs.

On fit retirer l'accusé; les juges délibérèrent. Ils inclinoient à trouver René coupable; mais ils se divisèrent sur la question de droit, relative au changement de patrie. Ils remirent au lendemain la prononciation de la sentence. René dit à Harlay : « Je « ne vous connoissois pas quand j'ai refusé de vous « entendre ; je ne vous remercie pas, car vous « m'avez trop bien défendu. Dites à la fille du gou- « verneur que je lui souhaiterois le bonheur, si mes « vœux n'étoient des malédictions. »

Le frère d'Amélie fut reconduit en prison, entre deux rangs de marchands d'esclaves, de mariniers étrangers, de trafiquants de tous les pays, de toutes les couleurs, qui l'accabloient d'outrages sans savoir pourquoi.

Rentré dans la tour de la geôle, René désira écrire quelques lettres. Le gardien lui apporta une mauvaise feuille de papier, un peu d'encre dans le fond d'un vase brisé, et une vieille plume ; laissant ensuite le prisonnier, il ferma la porte qu'il assujettit avec les verrous. Demeuré seul, René se mit à genoux au bord du lit de camp dont la planche lui servit de table, et, éclairé par le foible jour qui pénétroit à travers les barreaux d'une fenêtre grillée, il écrivit à Chactas : il chargeoit le Sachem de traduire les deux lettres qu'il adressoit en même temps à Céluta et à Outougamiz.

La femme du geôlier entra ; un enfant de six à sept ans lui aidoit à porter une partie du souper. René demanda à cette femme si elle n'auroit pas quelque livre à lui prêter : elle répondit qu'elle n'avoit que la Bible. Le prisonnier pria la geôlière de lui confier le livre saint. Adélaïde n'avoit point oublié René, et lorsqu'il demanda une lampe pour passer la nuit, le gardien, adouci par les présents de la fille du gouverneur, ne refusa point cette lampe.

Le lendemain on trouva aux marges de la Bible quelques mots à peine lisibles. Auprès du quatrième verset du septième chapitre de l'*Ecclésiastique*, on déchiffroit ces mots :

« Comme cela est vrai ! *la tristesse du cœur est* « *une plaie universelle !* Dans le chagrin toutes les « parties du corps deviennent douloureuses; les os « meurtris ne trouvent plus de couche assez molle. « Tout est triste pour le malheureux, tout saigne « comme son cœur : *c'est une plaie universelle !* »

D'autres passages étoient commentés dans le même esprit.

Ce premier verset du dixième chapitre de Job, *mon âme est fatiguée de ma vie*, étoit souligné.

Une des furieuses tempêtes de l'équinoxe du printemps s'étoit élevée pendant la nuit : les vents mugissoient; les vagues du fleuve s'enfloient comme celles de la mer; la pluie tomboit en torrents. René crut distinguer des plaintes à travers le fracas de l'orage : il ferma la Bible, s'approcha de la fenêtre, écouta, et n'entendit plus rien. Comme il regagnoit le fond de sa prison, les plaintes recommencèrent; il retourna à la fenêtre : les accents de la voix d'une femme parviennent alors distinctement à son oreille. Il dérange la planche qui recouvroit la grille de la croisée, regarde à travers les barreaux, et à la lueur d'un réverbère

agité par le vent, il croit distinguer une femme assise sur une borne en face de la prison : « Mal-
« heureuse créature ! lui cria René, pourquoi res-
« tez-vous exposée à l'orage ? Avez-vous besoin de
« quelque secours ? »

A peine avoit-il prononcé ces mots, qu'il voit l'espèce de fantôme se lever et accourir sous la tourelle. Le frère d'Amélie reconnoît le vêtement d'une femme indienne; une lueur mobile du réverbère vient en même temps éclairer le visage pâle de Céluta; c'étoit elle ! René tombe à genoux, et d'une voix entrecoupée de sanglots : « Dieu
« tout-puissant, dit-il, sauve cette femme ! » Céluta a entendu la voix de René; les entrailles de l'épouse et de la mère tressaillent de douleur et de joie. La sœur d'Outougamiz fut quelques moments sans pouvoir prononcer une parole; recouvrant enfin la voix, elle s'écrie : « Guerrier, où es-tu ? je ne te
« vois pas dans l'ombre et à travers la pluie. Ex-
« cuse-moi; je t'importune : je suis venue pour te
« servir. Voici ta fille. »

— « Femme, répondit René, c'est trop de vertu !
« retire-toi; cherche un abri; n'expose pas ta vie
« et celle de ta fille. Oh! qui t'a conduite ici ? »

Céluta répondit : « Ne crains rien, je suis forte;
« ne suis-je pas Indienne ? Si j'ai fait quelque chose
« qui te déplaise, punis-moi, mais ne me renvoie
« pas. »

Cette réponse brisa le cœur de René : « Ma bien-
« aimée, lui dit-il, ange de lumière, fuis cette terre
« de ténèbres; tu es ici dans un antre où les hom-

« mes te dévoreront. Du moins, pour le moment,
« tâche de trouver quelque retraite. Tu reviendras,
« si tu le veux, quand l'orage sera dissipé. »

Cette permission vainquit en apparence la résistance de Céluta. « Bénis ta fille, dit-elle à René,
« avant que je ne m'éloigne ; elle est foible : la pâ-
« ture a manqué au petit oiseau, parce que son
« père n'a pu lui aller chercher des graines dans
« la savane. »

En disant cela, la mère ouvrit le méchant manteau chargé de pluie sous lequel elle tenoit sa fille abritée ; elle éleva l'innocente créature vers la tourelle pour recevoir la bénédiction de René. René passa ses mains à travers les barreaux, les étendit sur la petite Amélie, et s'écria : « Enfant !
« ta mère te reste. »

Céluta cacha de nouveau son trésor dans son sein, et feignit de se retirer ; mais elle n'essaya point de retourner aux pirogues qui l'avoient amenée, et elle s'arrêta à quelque distance de la prison.

Céluta, Mila et Outougamiz étoient arrivés au fort Rosalie au moment où Adario, après avoir étouffé son fils, venoit d'être plongé dans les cachots : ils furent arrêtés, comme parents et complices du Sachem et de René. La colonie se croyoit au moment d'être attaquée par les Natchez : on ne voyoit que des hommes et des femmes occupés à mettre à l'abri les meubles et les troupeaux de leurs habitations, à élever des redoutes, à creuser des fossés, tandis que les soldats, sous les armes, occupoient toutes les avenues du fort. Le mouvement de la foule avoit séparé Céluta de Mila et d'Outougamiz : celui-ci, en voulant défendre l'Indienne dont l'extrême gentillesse provoquoit la grossièreté d'une troupe d'habitants débauchés, fut traité de la manière la plus barbare.

Chactas n'étoit plus au fort Rosalie quand la fille de Tabamica y vint chercher des renseignements sur le voyage de René. Les jeunes Sauvages avoient enlevé le Sachem au milieu du tumulte, et l'avoient reporté aux Natchez; mais Céluta retrouva son protecteur accoutumé. Le péril qui paroissoit imminent avoit forcé Chépar de lever les arrêts de d'Artaguette : le capitaine rencontra Céluta comme Fébriano la faisoit traîner en prison, avec une espérance impure qu'il ne dissimuloit point. « Je ré-
« clame ma sœur, dit d'Artaguette en poussant ru-
« dement Fébriano ; j'en répondrai au commandant.
« Quant à vous, monsieur, ajouta-t-il en regardant
« le misérable soldat jusqu'au fond de l'âme, vous
« savez où me trouver. »

Après avoir conduit Céluta dans une maison au bord du fleuve, le capitaine envoya le grenadier Jacques chercher la négresse Glazirne, qui parloit la langue des Natchez. Cette pauvre femme accourut avec son enfant, et servit de truchement à une autre femme infortunée comme elle. D'Artaguette apprit alors à Céluta que René étoit descendu à la Nouvelle-Orléans, dans le dessein de solliciter la délivrance d'Adario. « Je ne l'ai pu rete-
« nir, dit-il, et peut-être n'ai-je qu'un moment pour

« vous sauver vous-même. Où voulez-vous aller ? »

— « Retrouver mon mari, » répondit Céluta.

La négresse traduisit aisément ces simples paroles : la langue et le cœur des épouses sont les mêmes sous les palmiers de l'Afrique et sous les magnolias des Florides.

Des Yazous, qui se trouvoient au fort Rosalie, étoient prêts à se rendre à la Nouvelle-Orléans : d'Artaguette proposa à sa sœur adoptive de la confier à ces Sauvages ; elle accepta avec joie la proposition. Le capitaine lui donna un billet pour le général d'Artaguette, et un autre pour Harlay : il recommandoit le couple infortuné à son frère et à son ami. Céluta s'embarqua sur les pirogues, qui déployèrent au souffle du nord leurs voiles de jonc et de plumes.

La flottille des Yazous toucha à la Nouvelle-Orléans le jour même où le frère d'Amélie avoit comparu devant le conseil. Céluta ne put descendre à terre que le soir : pour comble de malheur, elle avoit perdu les billets du capitaine. La nièce d'Adario savoit à peine quelques mots de françois ; elle pria le chef indien, qui venoit souvent à la Nouvelle-Orléans échanger des pelleteries contre des armes, de s'informer du sort de René. Le Sauvage n'alla pas loin sans apprendre ce que Céluta désiroit connoître ; il sut que le fils adoptif de Chactas étoit enfermé dans la hutte du sang [1], et qu'on lui devoit casser la tête ; tel étoit le bruit populaire.

[1] La prison.

La fille de Tabamica, au lieu d'être abattue par ce récit, sentit son âme s'élever : celle qui, timide et réservée, rougissoit à la seule vue d'un étranger, se trouva tout à coup le courage d'affronter une ville remplie d'hommes blancs; elle demanda au chef sauvage s'il savoit où étoit la hutte du sang, et s'il l'y pourroit conduire : sur la réponse affirmative du chef, Céluta, portant Amélie à son sein, suivit son guide. La nuit étoit déjà avancée et la pluie commençoit à tomber, lorsqu'ils arrivèrent au noir édifice. Le Yazou, le montrant de la main à la femme natchez, lui dit : « Voilà ce que tu cherches; » et, la quittant, il retourna à ses pirogues.

Restée seule dans la rue, Céluta contemploit les hauts murs de la prison, ses tourelles, ses doubles portes, ses guichets surbaissés, ses fenêtres étroites défendues par des grilles; demeure formidable qui avoit déjà l'air antique de la douleur, sur cette terre nouvelle, dans une colonie d'un jour. Les Européens n'avoient point encore de tombeau en Amérique, qu'ils y avoient déjà des cachots : c'étoient les seuls monuments du passé pour cette société sans aïeux et sans souvenirs.

Consternée à la vue de cette bastille, Céluta demeura d'abord immobile, puis frappa doucement à une porte; le soldat de garde contraignit l'Indienne à se retirer. Elle fit le tour de la prison par des rues de plus en plus désertes : le ciel continuant à se charger de nuages, et les roulements de la foudre se multipliant, l'infortunée s'assit sur la borne où René l'aperçut du haut de la tour. Elle mit sa fille sur ses genoux, se pencha sur elle pour la garantir de la pluie et la réchauffer contre son cœur. Un violent coup de tonnerre ayant fait lever les yeux à Céluta, elle fut frappée d'un rayon de lumière qui s'échappoit à travers une fenêtre grillée : par un instinct secret, elle ne cessa plus de regarder cette lumière qui éclairoit l'objet d'un si tendre et si fidèle amour. Plusieurs fois Céluta appela René; les vents emportèrent ses cris. Ce fut alors qu'elle commença à chanter de longues chansons, dont l'air triste et les paroles plaintives lui servirent à la fois à se faire entendre de son mari et à endormir son enfant.

Cette pauvre jeune mère, après avoir été reconnue du frère d'Amélie, s'étoit retirée pour lui obéir. Elle languissoit à quelque distance : ses membres étoient engourdis; le froid et la pluie avoient pénétré jusqu'à sa fille, qui se glaçoit au sein maternel.

Céluta promenoit des regards tristes sur ces déserts habités où pas une cabane ne s'ouvroit à ses misères, quand elle découvrit auprès d'elle une petite lueur qui sembloit sortir de terre. Une trappe se leva; une femme âgée mit la tête au soupirail pour voir si l'orage commençoit à s'éloigner. Cette vieille aperçut Céluta. « Oh! pauvre Indienne, s'é-« cria-t-elle, descends vite ici. » Elle acheva d'ouvrir la trappe, et, avançant une main ridée, elle aida l'épouse de René à descendre dans le caveau, dont elle referma l'entrée.

Il n'y avoit dans cette espèce de souterrain qu'un

lit recouvert d'un lambeau de laine : une serge grossière, clouée à une poutre, servoit de rideau à cette couche. Deux morceaux de bois vert, dans le milieu d'un large foyer, jetoient, sans se consumer, de grosses fumées : une lampe de fer suspendue à un crochet brûloit dans le coin noirci de ce foyer. Une escabelle étoit placée devant un rouet dont la fusée de coton annonçoit le travail de la maîtresse de ce réduit.

La vieille femme jeta dans le feu quelques copeaux, et, prenant son escabelle, elle en voulut faire les honneurs à Céluta.

« Femme-Chef de la cabane profonde, dit l'Indienne, tu es une matrone; tu dois être la lumière « du conseil des guerriers blancs, si j'en juge par « ton hospitalité. A toi appartient la natte; moi je ne « suis encore qu'une jeune mère. »

En disant cela, Céluta s'assit sur la pierre du foyer, débarrassa sa fille de ses langes trempés d'eau, et la présenta à la flamme.

« Bon! voici un enfant à présent! s'écrie la vieille « dans la langue de la sœur d'Outougamiz. Tu es « Natchez? J'ai été long-temps aux Natchez; mais, « pauvre chétive créature, comme tu es mouillée! « que tu as l'air malade! Et puis voilà un enfant! »

Céluta fondit en larmes en entendant des paroles si affectueuses prononcées dans la langue de son pays; elle se jeta au cou de la matrone. « Attends, « attends, » dit celle-ci. Elle courut en trébuchant à son lit, en arracha la couverture qu'elle vint chauffer au feu, dépouilla malgré elle Céluta d'une partie de ses vêtements, et l'enveloppa avec le nourrisson dans la couverture brûlante.

« Vénérable femme blanche, aussi bonne que la
« femme noire du fort, disoit Céluta, je suis bien
« malheureuse de ne t'avoir pas reçue dans ma ca-
« bane aux Natchez. »

La femme blanche n'écoutoit pas ; elle préparoit du lait dans une calebasse. Elle l'offrit à l'Indienne, qui fut obligée d'y porter ses lèvres, afin de ne pas déplaire à son hôtesse.

La vieille prit alors la petite Amélie, et la déposa dans son tablier ; chantant d'une voix cassée, elle faisoit danser devant la flamme l'enfant qui sourioit. Céluta regardoit ces jeux avec des yeux de mère, tandis que toutes ses pensées se reportoient vers son mari.

« Jacques étoit tout comme cela quand il étoit
« petit, dit la vieille, bon enfant! ne pleurant ja-
« mais ! Il avoit seulement les cheveux plus noirs
« que ceux de cette mignonne. »

— « Quel étoit ce Jacques, ma mère ? » dit Céluta.

« Comment! reprit la vieille femme avec viva-
« cité, Jacques, mon fils! tout le monde le connoît,
« un des plus beaux grenadiers qui soient dans les
« troupes du roi, et un des plus vaillants aussi. Le
« brave garçon! c'est lui qui me nourrit ; sans lui je
« ne pourrois pas vivre, car je suis trop vieille pour
« travailler. Je suis bien fâchée de n'avoir pas la
« dernière lettre que mon fils m'écrivoit, je te la
« lirois : si le capitaine d'Artaguette savoit ce que

« Jacques dit de lui, il seroit bien fier. Ils ont été
« ensemble, Jacques et le capitaine, chercher un
« gentilhomme appelé René dans une grande ca-
« verne... »

Céluta interrompit cette effusion de la tendresse
et de l'orgueil maternels, en jetant de nouveau ses
beaux bras autour de son hôtesse. « Grand-Esprit !
« s'écria-t-elle en sanglotant, tu es la mère de ce
« pauvre guerrier, compagnon de mon frère d'Ar-
« taguette ! C'est la mère de ce guerrier qui me re-
« çoit dans sa cabane ! »

— « Qu'as-tu ? » demanda la vieille. « Ce que j'ai,
« dit Céluta; ne suis-je pas la femme de René ? »

— « Comment ! s'écria à son tour la mère de
« Jacques, tu serois cette Céluta qui a sauvé le
« capitaine, et à cause de cela ils veulent tuer ton
« mari ! » Le coup frappa Céluta au cœur : elle s'é-
vanouit.

Ayant bientôt repris ses sens par les soins de sa
charitable hôtesse, elle lui dit : « Femme blanche,
« voilà le jour; laisse-moi retourner à la hutte du
« sang, je veux rejoindre mon mari. » La vieille
trouva que c'étoit juste; elle couvrit sa tête d'une
petite cornette blanche, et ses épaules d'un petit
mantelet rouge; elle prit sa béquille dans sa main,
et se prépara à conduire l'Indienne à la prison.

« Je ne te puis blâmer, disoit-elle à Céluta : si
« Jacques fait quelque chose de bien, et qu'il soit
« envoyé aux galères, j'irai aussi avec lui. »

Céluta, vêtue de nouveau de sa tunique indienne,
et ayant enveloppé sa fille dans les peaux séchées,

monta les degrés perpendiculaires qui conduisoient à la trappe ; la vieille la suivit avec peine : quand elles se trouvèrent dans la rue, l'orage étoit dissipé. Le soleil, émergeant d'une nuit sombre, éclairoit le fleuve, les campagnes et la ville, de même que sortirent de leur demeure ténébreuse les deux merveilles de l'amour conjugal et de l'amour maternel.

« Nous touchons à la prison, dit la mère de Jac« ques, on ne t'en ouvrira pas la porte, et tu ne « pourras pas parler à René : si tu m'en crois, nous « irons plutôt chez le gouverneur. » Céluta se laissa conduire par sa vénérable hôtesse.

Elles se mirent en route. Chemin faisant elles entendirent un bruit confus de cloches et de musique : la vieille se signa pour l'agonie que sonnoit la cloche, et s'avança vers le palais du gouvernement, où la musique annonçoit une fête.

En réjouissance du mariage prochain d'Adélaïde avec le défenseur de René, un bal avoit été donné malgré le procès du frère d'Amélie et l'orage de la nuit : il étoit dans le caractère du gouverneur de ne rien changer aux choses préparées, quels que fussent les événements. Le bal duroit encore lorsque le jour parut. La mère de Jacques et Céluta entrèrent dans les premières cours du palais ; les esclaves blancs et noirs, qui attendoient leurs maîtres, s'attroupèrent autour des étrangères : les éclats de rire et les insultes furent prodigués à l'infortune et à la jeunesse qui se présentoient sous la protection de la vieillesse et de l'indigence. « Si

« Jacques étoit ici, disoit la vieille, comme il vous
« obligeroit à me faire place ! »

Les deux femmes pénétrèrent avec peine jusqu'aux soldats de garde aux portes : ils reconnurent la mère de leur camarade et la laissèrent passer. Plus loin elle fut arrêtée de nouveau par le concierge. La fête finissoit ; on commençoit à sortir du palais : Adélaïde se montra à une fenêtre avec Harlay ; le couple généreux parloit avec vivacité et sembloit oublier la fête ; en jetant les yeux dans la cour, il aperçut les étrangères repoussées par le concierge. Le vêtement indien frappa Adélaïde, qui fit signe à la vieille de s'approcher sous le balcon : « Ma jeune dame, dit la mère de Jacques, c'est la
« femme de René qui veut parler à votre père, et
« l'on ne nous veut pas laisser entrer. »

— « La femme du prisonnier ? s'écria Adélaïde ;
« cette jeune Sauvage qui a sauvé le capitaine d'Ar-
« taguette ! » Adélaïde, obéissant aux mouvements de son bon cœur, ouvre les portes, et, dans toute la parure du bal d'un brillant hyménée, se précipite au-devant de la malheureuse Céluta. L'Indienne lui présentoit sa fille et lui disoit : « Jeune femme
« blanche, le Grand-Esprit vous bénira : vous aurez
« un petit guerrier qui sera plus heureux que ma
« fille. »

— « Que je suis fâchée de ne pas la comprendre !
« disoit Adélaïde : je n'ai jamais entendu une plus
« douce voix. »

Dans la pompe de ses adversités, Céluta paroissoit d'une beauté divine : son front pâli étoit ombragé de ses cheveux noirs ; ses grands yeux exprimoient l'amour et la mélancolie ; son enfant, qu'elle portoit avec grâce sur son sein, montroit son visage riant auprès du visage attristé de sa mère : le malheur, l'innocence et la vertu ne se sont jamais prêté tant de charmes.

Tandis qu'on se pressoit autour de Céluta, on entendit au dehors prononcer ces mots dans la foule : « Vous ne passerez pas ! » Une voix d'homme répondoit à des menaces, mais dans une langue inconnue. Le mouvement s'accroît ; un Sauvage, défendant une femme, se débat au milieu des soldats, et poussé et repoussé arrive jusqu'à la porte du palais. Il disoit les yeux étincelants :

« Je suis venu chercher mon ami par l'ordre de
« ce Manitou (et il montroit une chaîne d'or); je ne
« veux faire de mal à personne. Mais est-il ici un
« guerrier qui m'ose empêcher de passer ? »

—« Mon frère ! » s'écria Céluta.

« Oh ! bien ! dit Mila : Outougamiz, voici ta
« sœur ! »

La mère de Jacques expliquoit ce colloque à Adélaïde, qui fit entrer tous ces Sauvages dans le palais.

« Bon Manitou ! disoit Mila en embrassant son
« amie, que je hais ces chairs blanches ! Nous avons
« frappé à leurs cabanes pour demander l'hospita-
« lité ; et on nous a presque battus. Et puis de gran-
« des huttes si larges ! si vilaines ! des guerriers si
« sauvages ! »

—« Tu parles trop, dit Outougamiz. Cherchons

« Ononthio [1] ; il faut qu'il me rende mon ami à
« l'instant. »

Outougamiz quitte Céluta, et, suivi de Mila, fend la presse à travers les salles. Les spectateurs regardoient avec surprise ce couple singulier qui, occupé d'un sentiment unique, n'avoit pas l'air d'être plus étonné au milieu de ce monde nouveau que s'il eût été dans ses bois.

« Ne me déclarez pas la guerre, disoit Outouga-
« miz en avançant toujours, vous vous en repenti-
« riez. » Faisant tourner son casse-tête, il ouvroit à Mila un large chemin. La confusion devient générale : la musique se tait, le bal cesse, les femmes fuient. Le roulement des carrosses qui veulent s'éloigner, le bruit du tambour qui rappelle les soldats, la voix des officiers qui font prendre les armes, ajoutent au sentiment de terreur, et augmentent le désordre. Adélaïde, la mère de Jacques, Céluta, Mila, Outougamiz sont emportés et séparés par la foule : le gouverneur montra un grand ressentiment de cette scène.

Le conseil de guerre s'étoit assemblé afin de prononcer l'arrêt qui devoit être lu à René dans la prison. Les charges examinées de nouveau ne parurent pas suffisantes pour motiver la peine de mort, mais le frère d'Amélie fut condamné à être transporté en France, comme perturbateur du repos de la colonie. Un vaisseau du roi devoit mettre à la voile dans quelques heures ; le gouverneur, irrité du bruit dont René avoit été l'objet, ordonna

[1] Le gouverneur.

d'exécuter sur-le-champ la sentence, et de transporter le prisonnier à bord de la frégate.

René connut presque à la fois le jugement qui le condamnoit à sortir de la Louisiane, et l'ordre de l'exécution immédiate de ce jugement : il se seroit réjoui de mourir ; il fut consterné d'être banni. Renvoyer en France le frère d'Amélie, c'étoit le reporter à la source de ses maux. Cet homme, étranger sur ce globe, cherchoit en vain un coin de terre où il pût reposer sa tête : partout où il s'étoit montré il avoit créé des misères. Que retrouveroit-il en Europe? une femme malheureuse. Que laisseroit-il en Amérique? une femme malheureuse. Dans le monde et dans le désert son passage avoit été marqué par des souffrances. La fatalité qui s'attachoit à ses pas le repoussoit des deux hémisphères ; il ne pouvoit aborder à un rivage qu'il n'y soulevât des tempêtes : sans patrie entre deux patries, à cette âme isolée, immense, orageuse, il ne restoit d'abri que l'Océan.

En vain René demanda à ne pas subir le supplice de l'existence ; en vain il sollicita la commutation de la peine de vivre en un miséricordieux arrêt de mort : on ne l'écouta point. Il désira parler à Céluta ; on n'admit pas que cette Indienne fût sa femme légitime ; on lui refusa toute communication avec elle, pour abréger des scènes qui troubloient, disoit-on, la tranquillité publique.

L'arrivée d'une troupe d'Yazous, suivie de celle d'Outougamiz, avoit donné lieu à mille bruits : on prétendoit que des Sauvages s'étoient introduits en grand nombre dans la ville avec le dessein de délivrer leur chef, le guerrier blanc. Ces bruits parurent assez inquiétants au gouverneur pour qu'il fît border d'infanterie et de cavalerie la route que René devoit suivre en se rendant de la prison au fleuve.

Le palais du gouvernement n'étoit pas loin de la prison. Céluta, suivant le cours de la foule, se retrouva bientôt devant le sombre édifice dont le souvenir étoit trop bien gravé dans sa mémoire. Là, le torrent populaire s'étoit élargi et arrêté ; Céluta ignoroit ce qui se passoit ; mais, en voyant cette multitude autour de la hutte du sang, elle comprit qu'un nouveau désastre menaçoit la tête de René. Repoussée d'un peuple ennemi de Sauvages, elle ne trouva de pitié que chez les soldats : ils la laissèrent entrer dans leurs rangs. Les mains armées sont presque toujours généreuses ; rien n'est plus ami de l'infortune que la gloire.

Deux heures s'étoient écoulées de cette sorte, lorsqu'un mouvement général annonça la translation du prisonnier. Un piquet de dragons, le sabre nu, sort de la cour intérieure de la prison ; il est suivi d'un détachement d'infanterie, et, derrière ce détachement, entre d'autres soldats, marche le frère d'Amélie.

Céluta s'élance et tombe aux pieds de son mari avec son enfant ; René se penche sur elles, les bénit de nouveau ; mais la voix lui manque pour dire un dernier adieu à la fille et à la mère. Le cortége s'arrête, les larmes coulent des yeux des soldats.

Céluta se relève, entoure René de ses bras, et s'écrie : « Où menez-vous ce guerrier ? Pourquoi m'em-
« pêcheriez-vous de le suivre ? son pays n'est-il pas
« le mien ? »

— « Ma Céluta, disoit René, retourne dans tes
« forêts, va embellir de ta vertu quelque solitude que
« les Européens n'aient point souillée; laisse-moi
« supporter mon sort; je ne te l'ai déjà que trop fait
« partager. »

— « Voilà mes mains, répondit Céluta ; qu'on les
« charge de fers; que l'on me force, comme Adario,
« à labourer le sillon : je serai heureuse si René est à
« mes côtés. Prends pitié de ta fille ; je l'ai portée
« dans mon sein. Permets que je te suive comme
« ton esclave, comme la femme noire des Blancs.
« Me refuseras-tu cette grâce ? »

Cette scène commençoit à attendrir la foule impitoyable qui, un moment auparavant, trouvoit la sentence trop douce, et qui auroit salué avec des hurlements de joie le supplice de René. Le commissaire chargé de faire exécuter l'arrêt du conseil ordonne de séparer les deux époux et de continuer la marche; mais un Sauvage, se courbant et passant sous le ventre des chevaux, se réunit au couple infortuné et s'écrie : « Me voici encore ! Je l'ai sauvé
« des Illinois, je le sauverai bien de vos mains, guer-
« riers de la chair blanche ! »

— « C'est vrai, » dit Mila, sortant à son tour de la foule.

« Et si Jacques étoit ici, dit une vieille femme,
« tout cela ne seroit pas arrivé. »

Forcés à regret d'obéir, les militaires écartèrent Céluta, Mila, Outougamiz et la mère de Jacques. René est conduit au rivage du Meschacebé. La chaloupe de la frégate, que montoient douze forts matelots, et que gardoient des soldats de marine, attendoit le prisonnier : on l'y fait entrer. Au coup de sifflet du pilote, les douze matelots enfoncent à la fois leurs rames dans le fleuve : la chaloupe glisse sur les vagues comme la pierre aplatie qui, lancée par la main d'un enfant, frappe le flot, se relève, bondit et rebondit en effleurant la surface de l'onde.

Céluta s'étoit traînée sur le quai. Une frégate étoit mouillée au milieu du Meschacebé ; virée à pic sur une ancre, elle plongeoit un peu la proue dans le fleuve : son pavillon flottoit au grand mât ; ses voiles étoient à demi déferlées : on apercevoit des matelots sur toutes les vergues et de grands mouvements sur le pont. La chaloupe accoste le vaisseau : tous ceux qui étoient dans cette chaloupe montent à bord ; la chaloupe elle-même est enlevée et suspendue à la poupe du bâtiment. Une lumière et une fumée sortent soudain de la frégate, et le coup de canon du départ retentit : de longues acclamations y répondent du rivage. Céluta avoit aperçu René : elle tombe évanouie sur des balles de marchandises qui couvroient le quai.

Ce fut alors qu'un Sauvage s'élança dans le Meschacebé, s'efforçant de suivre à la nage le vaisseau qui fuyoit devant une forte brise, tandis qu'une Indienne se débattoit entre les bras de ceux qui la retenoient, pour l'empêcher de se précipiter dans les flots.

Un murmure lointain se fait entendre ; il approche : la foule, qui commençoit à se disperser, se rassemble de nouveau. Voici venir un officier qui disoit à des soldats : « Où est-elle ? où est-elle ? » et ils répondoient : « Ici, mon capitaine, » lui montrant Céluta sur les ballots. D'Artaguette se précipite aux genoux de Céluta. « Femme, s'écria-t-il, que ton « âme, au séjour de paix qu'elle habite, reçoive les « vœux de celui qui te doit la vie, et que tu hono- « rois du nom de frère ! »

A ces paroles, les soldats mettent un genou en terre comme leur capitaine ; la multitude, emportée par ce sentiment du beau qui touche quelquefois les âmes les plus communes, se prosterne à son tour et prie pour l'Indienne : le bruit du fleuve qui battoit ses rives accompagnoit cette prière, et la main de Dieu pesoit sur la tête de tant d'hommes involontairement humiliés aux pieds de la vertu.

Céluta ne donnoit aucun signe de vie ; la profonde léthargie dans laquelle elle étoit plongée ressembloit absolument à la mort ; mais sa fille vivoit sur son sein, et sembloit communiquer quelque chaleur au cœur de sa mère. L'épouse de René avoit la tête penchée sur le front d'Amélie, comme si, en voulant donner un dernier baiser à son enfant, elle eût expiré dans cet acte maternel.

En ce moment on vint dire à d'Artaguette qu'il y avoit là tout auprès une autre Indienne qui ne cessoit de pleurer. « C'est Mila ! s'écria le capitaine ;

« qu'on lui dise mon nom, et elle va venir. » Les soldats apportent dans leurs bras Mila échevelée, le visage meurtri, les habits déchirés. Elle n'eut pas plutôt reconnu d'Artaguette qu'elle se jeta dans son sein, s'écriant : « C'est lui qui est une bonne « chair blanche! Il ne m'empêchera pas de mourir; » et suspendant ses bras au cou du capitaine, elle se serroit fortement contre lui.

Mais tout à coup elle aperçoit Céluta; elle quitte d'Artaguette, se précipite sur son amie en disant: « Céluta! ma mère! meilleure que ma mère! sœur « d'Outougamiz! femme de René! voici Mila! elle « est seule! Comment vais-je faire pour enterrer « tes os, car tu n'es pas aux Natchez? Il n'y a ici « que des méchants qui n'entendent rien aux tom-« beaux. »

Les soldats firent alors un mouvement; ils répétoient tous ces mots: « Entrez, entrez, notre mère. » Et la mère de Jacques, avec sa cornette blanche, son manteau d'écarlate et sa béquille, s'avança dans le cercle des grenadiers.

« Mon capitaine, dit-elle à d'Artaguette, voici « la mère de Jacques, qui vient aussi voir ce que « c'est que tout ceci. Je suis bien vieille pourtant, « comme dit le conseiller Harlay, qui est un hon-« nête homme, et Dieu soit loué! car il n'y en a « guère. »

La vieille avisant Céluta : « Bon Dieu! n'est-ce « pas là la jeune femme à qui j'ai donné à manger « cette nuit? Comme elle parloit de vous, mon ca-« pitaine! » — « Pauvre vieille créature! dit d'Arta-

« guette, seule dans toute une ville, recevoir, ré-
« chauffer, nourrir Céluta! et toi-même nourrie de
« la paye de ce digne soldat! »

La mère de Jacques examinoit attentivement
Céluta; elle prit une de ses mains. « Retire-toi,
« matrone blanche, lui dit Mila; tu ne sais pas
« pleurer. »

— « Je le sais aussi bien que toi, » repartit en natchez la vénérable Françoise.

— « Magicienne! s'écria Mila effrayée, qui t'a ap-
« pris la langue des chairs rouges? »

— « Capitaine, dit la mère de Jacques sans écou-
« ter Mila, cette jeune femme n'est pas morte : vite
« du secours! » Mille voix répètent : « Elle n'est pas
« morte! »

Céluta donnoit en effet quelques signes de vie.
« Allons, grenadiers, dit la vieille, à qui on laissoit
« tout faire, il faut sauver cette femme, qui a sauvé
« votre capitaine; portons la mère et l'enfant chez
« le général d'Artaguette. »

Un dragon prêta son manteau; on y coucha Céluta; Mila prit dans ses bras la petite Amélie, et ne
pleuroit plus qu'Outougamiz et René. Des soldats
soulevant le manteau par les quatre coins, enlevèrent doucement la fille de Tabamica; le cortége se
mit en marche.

Le soleil, qui se couchoit, couvroit d'un réseau
d'or les savanes et la cime aplatie des cyprières sur
la rive occidentale du fleuve; sur la rive orientale,
la métropole de la Louisiane opposoit ses vitrages
étincelants aux derniers feux du jour : les clochers

s'élevoient au-dessus des ondes comme des flèches de feu. Le Meschacebé rouloit entre ces deux tableaux ses vagues de rose, tandis que les pirogues des Sauvages et les vaisseaux des Européens présentoient aux regards leurs mâts ou leurs voiles teints de la pourpre du soir.

Déposée sur une couche, dans un salon de l'habitation du frère du capitaine d'Artaguette, Céluta ne parloit point encore; ses yeux entr'ouverts étoient enveloppés d'une ombre qui leur déroboit la lumière. Des cris prolongés de *Vive le Roi!* se font entendre au dehors; la porte de la salle s'ouvre avec fracas : le grenadier Jacques, tête nue, sans habit, les reins serrés d'une forte ceinture, paroît. « Les voici, » dit-il. René entre avec Outougamiz : personne ne pouvoit parler dans le saisissement de l'étonnement et de la joie.

« Mon capitaine, reprit le grenadier, adressant
« la parole à d'Artaguette, j'ai exécuté vos ordres ;
« mais on m'a remis les paquets trop tard; la fré-
« gate étoit partie. J'ai couru le plus vite que j'ai pu
« à travers le marais, afin de la rejoindre au Grand
« Détour : heureusement elle avoit été obligée de
« laisser tomber l'ancre, le vent étant devenu con-
« traire. Je me suis jeté à la nage pour aller à bord,
« et j'ai rencontré au milieu du fleuve ce terrible
« Sauvage que j'avois vu au combat du fort Rosa-
« lie; il étoit prêt à se noyer quand je suis arrivé
« à lui. »

Mila a volé dans les bras d'Outougamiz; René est auprès de Céluta; Jacques soutient sa vieille mère, qui lui essuie le front et les cheveux; Adélaïde et Harlay se viennent joindre à leurs amis.

Céluta commençoit à faire entendre quelques paroles inarticulées d'une douceur extrême. « Elle « vient de la patrie des anges, dit le capitaine; elle « en a rapporté le langage. » Mila, qui regardoit Adélaïde, disoit: « C'est Céluta ressuscitée en femme « blanche. » Tous les cœurs étoient pleins des plus beaux sentiments : la religion, l'amour, l'amitié, la reconnoissance, se mêloient à ce soulagement qui suit une grande douleur passée. Ce n'étoit pas, il est vrai, un retour complet au bonheur, mais c'étoit un coup de soleil à travers les nuages de la tempête. L'âme de l'homme, si sujette à l'espérance, saisissoit avec avidité ce rayon de lumière, hélas! trop rapide. « Tout le monde pleure encore ! disoit Mila ; « mais c'est comme si l'on rioit. »

Ces rencontres, en apparence si mystérieuses, s'expliquoient avec une grande simplicité. Le capitaine d'Artaguette avoit tour à tour sauvé et délivré au fort Rosalie René, Céluta, Mila et Outougamiz; Céluta, Mila et Outougamiz avoient suivi René à la Nouvelle-Orléans, tous trois entraînés par le dévouement au malheur, tous trois arrivés à quelques heures de distance les uns des autres, pour se mêler à des scènes de deuil et d'oppression.

D'une autre part, Ondouré s'étoit vu au moment d'être pris dans ses propres piéges : s'il avoit désiré une attaque de Chépar contre Adario et Chactas, pour se délivrer du joug de ces deux vieillards, il ne s'attendoit pas à la scène que produisit l'esclavage du premier Sachem. Il craignit que ces violences, en amenant une rupture trop prompte entre les François et les Sauvages, ne fissent avorter tout son plan. Dans cette extrémité, l'édile, fécond en ressources, se hâta d'offrir l'abandon des terres pour le rachat de la liberté d'Adario; Chépar accepta l'échange, et d'Artaguette fut chargé de porter la convention à la Nouvelle-Orléans.

Le capitaine arriva à l'instant même où le conseil venoit de prononcer la sentence contre René. D'Artaguette, après avoir annoncé au gouverneur la pacification des troubles, réclama le prisonnier comme son ami et comme son frère. Il montra des lettres d'Europe qui prouvoient que René tenoit à une famille puissante. Cette découverte agit plus que toute autre considération sur un homme à la fois prudent et ambitieux:

« Si vous croyez, dit le gouverneur au capitaine, « qu'on a trop précipité cette affaire, il est encore « temps d'envoyer un contre-ordre; mais qu'on ne « me parle plus de ce René, en faveur duquel Har- « lay et Adélaïde n'ont cessé de m'importuner depuis « trois jours. »

La cédule pour l'élargissement du prisonnier fut signée; mais, délivrée trop tard, elle seroit devenue inutile sans le dévouement du grenadier Jacques: le capitaine avoit amené avec lui ce fidèle militaire. Tandis que celui-ci suivoit la frégate, d'Artaguette, instruit de toutes les circonstances de l'apparition de Céluta, de Mila et d'Outougamiz, s'empressa de chercher ces infortunés : il fut ainsi conduit par les soldats au lieu où il trouva Céluta expirante.

Le bonheur, ou ce qui sembloit être le bonheur, comparé aux maux de la veille, rendit à l'épouse de René, sinon toutes ses forces, du moins tout son amour. Le capitaine d'Artaguette et le général son frère se proposèrent de donner à leurs amis une petite fête, bien différente de celle qu'avoit entrevue Céluta au palais du gouverneur. Adélaïde et Harlay y furent invités les premiers; Jacques et sa mère étoient du nombre des convives. La riante *villa* du général avoit été livrée à ses hôtes, et Mila et Outougamiz s'en étoient emparés comme de leur cabane.

Le simple couple n'avoit pas plutôt vu tout le monde heureux, qu'il ne s'étoit plus souvenu de personne : après avoir parcouru les appartements et s'être miré dans les glaces, il s'étoit retiré dans un cabinet rempli de toutes les parures d'une femme.

« Eh bien ! dit Mila, que penses-tu de cette grande « hutte ? »

— « Moi, dit Outougamiz, je n'en pense rien. »

— « Comment ! tu n'en penses rien ? » répliqua Mila en colère.

« Écoute, dit Outougamiz, tu parles mainte- « nant comme une chair blanche, et je ne t'entends « plus. Tu sais que je n'ai point d'esprit : quand « René est fait prisonnier par les Illinois ou par les « François, je m'en vais le chercher. Je n'ai pas

« besoin de penser pour cela ; je ne veux point pen-
« ser du tout, car je crois que c'est là le mauvais
« Manitou de René. »

— « Outougamiz, dit Mila en croisant les bras
« et s'asseyant sur le tapis, tu me fais mourir de
« honte parmi toutes ces chairs blanches ; il faut
« que je te remmène bien vite. J'ai fait là une belle
« chose de te suivre ! Que dira ma mère ? Mais tu
« m'épouseras, n'est-ce pas ? »

— « Sans doute, dit Outougamiz, mais dans ma
« cabane, et non pas dans cette grande vilaine hutte.
« As-tu vu ce Sachem à la robe noire, qui étoit
« pendu au mur, qui ne remuoit point, et qui me
« suivoit toujours des yeux [1] ? »

— « C'est un esprit, répondit Mila. La grande
« salle où je me voyois quatre fois [2] me plaît assez :
« elle n'est cependant bonne que pour les Blancs,
« chez lesquels il y a plus de corps que d'âmes. »

— « N'est-ce pas de la salle des ombres dont tu
« veux parler ? dit Outougamiz. Elle ne me plaît
« point du tout à moi : je voyois plusieurs Mila, et
« je ne savois laquelle aimer. Retournons à nos bois,
« nous ne sommes pas bien ici. »

— « Tu as raison, dit Mila, et j'ai peur d'être
« jugée comme René. »

— « Comment jugée ! » s'écria Outougamiz. « Bon !
« repartit Mila, est-ce que je ne t'aime pas ? est-ce
« que je n'ai pas pitié de ceux qui souffrent ? est-ce
« que je ne suis pas juste, belle, noble, désintéres-

---

[1] Un portrait. [2] Des glaces.

« sée ? N'en voilà-t-il pas assez pour me faire juger
« et mourir, puisque c'est pour cela qu'ils vouloient
« casser la tête à René ? »

— « Partons, Mila ! dit Outougamiz. Léger nuage
« de la lune des fleurs ! le matin ne te coloreroit
« point ici dans un ciel bleu; tu ne répandrois point
« la rosée sur l'herbe du vallon ; tu ne te balancerois
« point sur les brises parfumées. Sous le ciel nébu-
« leux des chairs blanches, tu demeurerois sombre ;
« la pluie de l'orage tomberoit de ton sein, et tu
« serois déchirée par le vent des tempêtes. »

Mila se souvint que l'heure du festin approchoit.
On lui avoit dit que tout ce qui étoit dans le cabinet étoit pour elle. Elle se plaça devant une glace,
essayant les robes, qu'elle ne savoit comment ar-
ranger; elle finit cependant par se composer, avec
des voiles, des plumes, des rubans et des fleurs,
un habillement que n'auroit pas repoussé la Grèce.
Suivie d'Outougamiz, avec un mélange d'orgueil et
de timidité, elle se rendit à la salle du festin.

Céluta étoit aussi parée, mais parée à la manière
des Indiennes : elle avoit refusé un vêtement européen malgré les prières d'Adélaïde. Sur un lit de
repos, elle recevoit les marques de bienveillance
qu'on lui prodiguoit, avec une confusion charmante, mais sans cet air d'infériorité que donne,
chez les peuples civilisés, une éducation servile ;
elle n'avoit au visage que cette rougeur que les
bienfaits font monter d'un cœur reconnoissant sur
un front ouvert.

Mila fit la joie du festin ; tous les yeux étoient

fixés avec admiration sur Outougamiz, dont René avoit raconté les miracles. « Comme il ressemble « à sa sœur ! » disoit Adélaïde, qui ne se lassoit point de le regarder. « Quel frère ! et quelle sœur ! » répétoit-elle. A ces noms de frère et de sœur, René avoit baissé la tête.

« Mila la blanche, dit la future épouse d'Outou- « gamiz à Adélaïde, tu ris, mais j'ai cependant noué « ma ceinture aussi bien que toi. » René servoit d'interprète. Adélaïde fit demander à Mila pourquoi elle l'appeloit Mila la blanche. Mila posa la main sur le cœur de Harlay son voisin, ensuite sur celui d'Adélaïde, qui rougissoit, et elle se prit à rire : « Bon, s'écria-t-elle, demande-moi encore pourquoi « je t'appelle Mila la blanche ! Voilà comme je rougis « quand je regarde Outougamiz. »

On ne brise point la chaine de sa destinée : pendant le repas, d'Artaguette reçut une lettre du fort Rosalie. Cette lettre, écrite par le père Souël, momentanément revenu aux Natchez, avertissoit le capitaine qu'une nouvelle dénonciation contre René venoit d'être envoyée au gouverneur général ; que, malgré la délivrance d'Adario, on conservoit de grandes inquiétudes ; que divers messagers étoient partis des Natchez dans un dessein inconnu, qu'Ondouré accusoit Chactas et Adario de l'envoi des messagers, tandis qu'il étoit probable que ces négociations secrètes avec les nations indiennes étoient l'œuvre même d'Ondouré et de la Femme-Chef. Le père Souël ajoutoit que si René avoit été rendu à la liberté, il lui conseilloit de ne pas rester un seul moment à la Nouvelle-Orléans, où ses jours ne lui paroissoient pas en sûreté.

D'Artaguette, après le repas, communiqua cette lettre à René, et l'invita à retourner sur-le-champ aux Natchez. « Moi-même, dit-il, je partirai inces-
« samment pour le fort Rosalie ; ainsi nous allons
« bientôt nous retrouver. Quant à Céluta, vous n'a-
« vez plus rien à craindre ; il lui seroit impossible
« dans ce moment de vous suivre ; mais mon frère,
« Adélaïde et Harlay lui serviront de famille ; lors-
« qu'elle sera guérie, elle reprendra le chemin de son
« pays : vous la pourrez venir chercher vous-même
« à quelque distance de la Nouvelle-Orléans. »

René vouloit apprendre son départ à Céluta : le médecin s'y opposa, disant qu'elle étoit hors d'état de soutenir une émotion violente et prolongée. Le capitaine se chargea d'annoncer à sa sœur indienne la triste nouvelle, quand René seroit déjà loin : il se flattoit de rendre le coup moins rude par toutes les précautions de l'amitié.

Avant de quitter la Nouvelle-Orléans, le frère d'Amélie remercia ses hôtes, Jacques et sa mère, le général d'Artaguette, Adélaïde et Harlay. « Je suis
« sans doute, leur dit-il, un homme étrange à vos
« yeux ; mais peut-être que mon souvenir vous sera
« moins pénible que ma présence. »

René se rendit ensuite auprès de sa femme : il la trouva presque heureuse ; elle tenoit son enfant endormi sur son sein. Il serra la mère et la fille contre son cœur avec un attendrissement qui ne lui étoit pas ordinaire : reverroit-il jamais Céluta ! quand et dans quelles circonstances la reverroit-il? Rien n'étoit plus déchirant à contempler que ce bonheur de Céluta : elle en avoit si peu joui! et elle sembloit le goûter au moment d'une séparation qui pouvoit être éternelle! L'Indienne, elle-même, effrayée des étreintes affectueuses de son mari, lui dit : « Me faites-vous des adieux? » Le frère d'Amélie ne lui répondit rien. Malheur à qui étoit pressé dans les bras de cet homme! il étouffoit la félicité.

Dès la nuit même René quitta la Nouvelle-Orléans avec Outougamiz et Mila; ils remontèrent le fleuve dans un canot indien. En arrivant aux Natchez, un spectacle inattendu se présenta à leurs regards.

Des colons poussoient tranquillement leurs défrichements jusqu'au centre du grand village et autour du temple du Soleil; des Sauvages les regardoient travailler avec indifférence, et sembloient avoir abandonné à l'étranger la terre où reposoient les os de leurs aïeux.

Les trois voyageurs virent Adario qui passoit à quelque distance; ils coururent à lui : au bruit de leurs pas, le Sachem tourna la tête, et fit un mouvement d'horreur en apercevant le frère d'Amélie. Le vieillard frappa dans la main de son neveu, mais refusa de prendre la main du mari de sa nièce. René venoit d'offrir sa vie pour racheter celle d'Adario!

« Mon oncle, dit Outougamiz, veux-tu que je « casse la tête à ces étrangers qui sèment dans le « champ de la patrie? » — « Tout est arrangé, » répondit Adario d'une voix sombre, et il s'enfonça dans un bois.

Outougamiz dit à Mila : « Les Sachems ont tout « arrangé, il ne reste plus à faire que notre mariage. » Mila retourna chez ses parents, dont elle eut à soutenir la colère; elle les apaisa, en leur apprenant qu'elle alloit épouser Outougamiz. René se rendit à la cabane de Chactas : le Sachem étoit au moment de partir pour une mission près des Anglois de la Géorgie.

Devenu le maître de la nation, Ondouré avoit dérobé à Chactas la connoissance d'un projet que la vertu de ce Sachem eût repoussé; il éloignoit l'homme vénérable, afin qu'il ne se trouvât pas au conseil général des Indiens, où le plan du conspirateur devoit être développé.

Le noble et incompréhensible René garda, avec Chactas et le reste des Natchez, un profond silence sur ce qu'il avoit fait pour Adario; il ne lui resta de sa bonne action que les dangers auxquels il s'étoit exposé. Le frère d'Amélie se contenta de parler à son père adoptif de la surprise qu'il avoit éprouvée en voyant les François promener leur charrue aux environs des bocages de la mort : le vieillard apprit à René que cet abandon des terres étoit le prix de la délivrance d'Adario. Chactas ne connoissoit pas la profondeur des desseins d'Ondouré; il ignoroit que la concession des champs des Natchez avoit pour but de séparer les colons les uns des autres, de les attirer au milieu du pays ennemi, et de rendre ainsi leur extermination plus facile. Par cette combinaison infernale, Ondouré, en délivrant Adario, gagnoit l'affection des Natchez, de même qu'il obtenoit la confiance des François en leur payant la rançon d'Adario, rançon qui leur devoit être si funeste.

« Au reste, dit Chactas à René, les Sachems
« m'ont commandé une longue absence; ils pré-
« tendent que mon expérience peut être utile dans
« une négociation avec les Européens. Mon grand
« âge et ma cécité ne peuvent servir de prétexte
« pour refuser cette mission : plus on me suppose
« d'autorité, plus je dois l'exemple de la soumis-
« sion, à une époque où personne n'obéit. Que
« ferois-je ici? Le Grand-Chef a disparu, le malheur
« a rendu Adario intraitable, ma voix n'est plus
« écoutée, une génération indocile s'est élevée, et
« méprise les conseils des vieillards. On se cache
« de moi, on me dérobe des secrets : puissent-ils ne
« pas causer la ruine de ma patrie!

« Toi, René, conserve ta vie pour la nation qui
« t'a adopté; écarte de ton cœur les passions que tu
« te plais à y nourrir; tu peux voir encore d'heu-
« reux jours. Moi je touche au terme de la course.
« En achevant mon pèlerinage ici-bas, je vais tra-
« verser les déserts où je l'ai commencé, ces déserts
« que j'ai parcourus, il y a soixante ans, avec Atala.
« Séparé de mes passions et de mes premiers mal-
« heurs par un si long intervalle, mes yeux fermés
« ne pourront pas même voir les forêts nouvelles
« qui recouvrent mes anciennes traces et celles de
« la fille de Lopez. Rien de ce qui existoit au moment
« de ma captivité chez les Muscogulges n'existe au-
« jourd'hui; le monde que j'ai connu est passé : je

« ne suis plus que le dernier arbre d'une vieille fu-
« taie tombée, arbre que le temps a oublié d'abattre. »

René sortit de chez son père le cœur serré, et présageant de nouveaux malheurs. Arrivé à sa cabane, il la trouva dévastée ; il s'assit sur une gerbe de roseaux séchés, dans un coin du foyer dont le vent avoit dispersé les cendres. Pensif, il rappeloit tristement ses chagrins dans sa mémoire, lorsqu'un nègre lui apporta une lettre de la part du père Souël : ce missionnaire étoit encore retenu pour quelques jours au fort Rosalie. La lettre venoit de France ; elle étoit de la supérieure du couvent de....; elle apprenoit à René la mort de la sœur Amélie de la Miséricorde.

Cette nouvelle, reçue dans une solitude profonde, au milieu des débris de la cabane abandonnée de Céluta, réveilla au fond du cœur du malheureux jeune homme des souvenirs si poignants, qu'il éprouva, pendant quelques instants, un véritable délire. Il se mit à courir à travers les bois comme un insensé. Le père Souël, qui le rencontra, s'empressa d'aller chercher Chactas ; le sage vieillard et le grave religieux parvinrent un peu à calmer la douleur du frère d'Amélie. A force de prières, le Sachem obtint de la bouche de l'infortuné un récit long-temps demandé en vain. René prit jour avec Chactas et le père Souël, pour leur raconter les sentiments secrets de son âme. Il donna le bras au Sachem qu'il conduisit, au lever de l'aurore, sous un sassafras, au bord du Meschacebé ; le missionnaire ne tarda pas à arriver au rendez-vous. Assis entre ces deux vieux amis, le frère d'Amélie leur révéla la mystérieuse douleur qui avoit empoisonné son existence [1].

Quelques jours après cette confession déplorable, René fut mandé au conseil des Natchez : Chactas étoit parti pour la Géorgie ; le père Souël avoit repris le chemin de sa mission.

René trouva quelques Sachems, presque tous parents d'Akansie, assemblés dans la cabane du jeune Soleil : Ondouré étoit à leur tête ; il rayonnoit de la joie du crime. Les vieillards, fumant leurs calumets dans un profond silence, reçurent le mari de Céluta avec un visage menaçant.

« Prends ces colliers, lui dit Ondouré d'un air « moqueur ; va-traiter avec les Illinois : tu fus la « cause de la guerre, beau prisonnier ; sois l'instru- « ment de la paix. »

Qu'importoient au frère d'Amélie ces insultes ? Qu'étoit-ce que ces peines communes auprès des chagrins qui rongeoient son cœur ? Il prit les colliers, et sortit en déclarant qu'il obéiroit aux ordres des Sachems.

Dans la disposition où se trouvoit alors René, ce n'étoit pas sans un amer plaisir qu'il se voyoit obligé à s'éloigner de Céluta : il la supposoit au moment de revenir aux Natchez. Une course solitaire parmi les déserts convenoit encore en ce moment au frère d'Amélie : il se pourroit du moins livrer à sa douleur sans être entendu des hommes.

---

[1] Ici se trouvoit le récit de René. Voyez l'épisode de *René*.

Il ne chercha point son frère, alors occupé de son mariage avec Mila : il étoit trop juste que, pour tant de courage et de sacrifices, Outougamiz jouît d'une lueur de félicité.

Il entroit dans les précautions d'Ondouré d'éloigner le guerrier blanc : il craignoit que celui-ci, demeuré aux Natchez, ne démêlât quelque chose des trames ourdies. Le tuteur du Soleil désiroit encore que Céluta, à son retour de la Nouvelle-Orléans, se trouvât seule, afin qu'elle pût être livrée sans défense aux persécutions d'un détestable amour. Ce chef avoit calculé le temps que devoit durer le voyage du frère d'Amélie : selon ce calcul de la jalousie et de la vengeance, René ne pouvoit revenir aux Natchez que quelques jours avant la catastrophe, assez tôt pour y être enveloppé, trop tard pour la prévenir.

Furieux d'avoir vu sa proie échapper à ses premiers piéges, Ondouré s'étoit abandonné à de nouvelles calomnies contre le fils adoptif de Chactas. Dans un conseil assemblé la nuit sur les décombres de la cabane d'Adario, le tuteur du Soleil avoit dépeint René comme l'auteur de tous les maux de la nation. Remontant jusqu'au jour de l'arrivée de l'étranger aux Natchez, il avoit rappelé les présages sinistres qui signalèrent cette arrivée, la disparition du serpent sacré, le meurtre des femelles de castor, la guerre contre les Illinois, suite de ce meurtre, et la mort du vieux Soleil, résultat de cette guerre : Ondouré chargeoit ainsi l'innocence de ses propres iniquités.

Entrant dans la vie privée de son rival, le chef parla de la prétendue infidélité de René envers Céluta, du maléfice du baptême employé pour faire périr un enfant devenu odieux à un père criminel; il parla du Manitou funeste donné à Outougamiz pour altérer la raison du naïf Sauvage. Ondouré représenta les liaisons du frère d'Amélie et du capitaine d'Artaguette comme la première cause de toutes les trahisons et de toutes les violences des François.

« Quant aux persécutions que cet homme semble
« essuyer de ses compatriotes, ajouta-t-il, ce n'est
« évidemment qu'un jeu entre des conspirateurs.
« Remarquez que René échappe toujours à ces per-
« sécutions apparentes : il n'a point été pris aux Nat-
« chez avec Adario. Sous le prétexte de délivrer ce
« Sachem, il est allé rendre compte à la Nouvelle-
« Orléans de ce qui se passoit au fort Rosalie. On a
« feint de juger le mari de Céluta; mais la preuve
« que ce n'étoit qu'un vain appareil, déployé pour
« nous donner plus de confiance dans un traître,
« c'est que ce traître n'a point subi sa sentence, et
« qu'à la grande surprise des François eux-mêmes,
« il est revenu sain et sauf aux Natchez. Vous ne
« douterez pas un moment des pernicieuses intrigues
« de ce misérable, si vous observez son inclination
« à errer seul dans les bois : il craint que sa con-
« science ne se montre sur son visage, et il se dé-
« robe aux regards des hommes. »

Ondouré obtint un succès complet; le conseil fut convaincu : comment ne l'auroit-il pas été ? Quelle liaison dans les faits! quelle vraisemblance dans les accusations! Tout se transforme en crime : pas un sourire qui ne soit interprété, pas une démarche qui n'ait un but! Les sentiments que René inspire deviennent des sujets de calomnie : s'il a sauvé Mila, c'est qu'il l'a séduite; s'il a fait d'Outougamiz le modèle d'une amitié sublime, c'est qu'il a jeté un sort à ce simple jeune homme. Des rapports d'estime avec d'Artaguette sont une trahison ; un acte religieux est un infanticide; un noble dévouement pour un Sachem est une basse délation; les persécutions, les souffrances même ne sont que des moyens de tromper, et si René cherche la solitude, c'est qu'il y va cacher des remords ou méditer des forfaits. Dieu tout-puissant! quelle est la destinée de la créature lorsque le malheur s'attache à ses pas! quelle lumière as-tu donnée aux mortels pour connoître la vérité? quelle est la pierre de touche où l'innocence peut laisser sa marque d'or?

Les Sachems déclarèrent que René méritoit la mort, et qu'il se falloit saisir du perfide. Ondouré loua le vertueux courroux des Sachems, mais il soutint qu'il étoit prudent de ne sacrifier le principal coupable qu'avec les autres coupables : une mort prématurée et isolée pouvant faire avorter le plan général Il proposa donc d'éloigner seulement René jusqu'au jour où le grand coup seroit frappé. Le jongleur déclara que telle étoit la volonté des génies : le conseil adopta l'opinion d'Ondouré.

L'intégrité d'Adario avoit elle-même été surprise : l'erreur dans laquelle il étoit fut la cause des regards farouches qu'il lança au frère d'Amélie lorsque celui-ci revint de la Nouvelle-Orléans. Si les Indiens rencontroient l'homme blanc dans les bois, ils se détournoient de lui comme d'un sacrilége. René, qui ne voyoit rien, qui n'entendoit rien, qui ne se soucioit de rien, partit pour le pays des Illinois, ignorant que la sentence de mort dont les juges civilisés l'avoient menacé à la Nouvelle-Orléans, avoit été prononcée contre lui aux Natchez par des juges sauvages.

On voit quelquefois à la fin de l'automne une fleur tardive; elle sourit seule dans les campagnes et s'épanouit au milieu des feuilles séchées qui tombent de la cime des bois : ainsi les amours de Mila et d'Outougamiz répandoient un dernier charme sur des jours de désolation. Avant de demander la jeune fille en mariage, le frère de Céluta se conforma à la coutume indienne, appelée l'*Épreuve du flambeau :* éteindre le flambeau qu'on lui présente, c'est pour une vierge donner son consentement à un hymen projeté.

Outougamiz, tenant une torche odorante à la main, sortit au milieu de la nuit; les brises agitoient les rayons d'or de l'étoile amoureuse, comme on raconte que les zéphyrs se jouoient à Paphos dans la chevelure embaumée de la mère des Grâces. Le jeune homme entrevoit le toit de sa maîtresse : des craintes et des espérances soulèvent son sein. Il s'approche, il relève l'écorce suspendue devant la porte de la cabane de Mila, et se trouve dans la partie même de cette cabane où l'Indienne dormoit seule.

La jeune fille étoit couchée sur un lit de mousse. Un voile d'écorce de mûrier se rouloit en écharpe autour d'elle; ses bras nus reposoient croisés sur la tête, et ses mains avoient laissé tomber des fleurs.

Un pied tendu en arrière, le corps penché en avant, Outougamiz contemploit à la lueur de son flambeau la scène charmante. Agitée par les illusions d'un songe, Mila murmure quelques mots; un sourire se répand sur ses lèvres. Outougamiz croit distinguer son nom dans des paroles à demi formées; il s'incline au bord de la couche, prend une branche de jasmin des Florides échappée à la main de Mila, et réveille la fille des bois, en passant légèrement sur sa bouche virginale la fleur parfumée.

Mila s'éveille, fixe des regards effrayés sur son amant, sourit, reprend son air d'épouvante, sourit encore. « C'est moi ! s'écrie Outougamiz, moi, le frère « de Céluta, le guerrier qui veut être ton époux. » Mila hésite, avance ses lèvres pour éteindre la torche de l'hymen, retire la tête avec précipitation, rapproche encore sa bouche du flambeau..., la nuit s'étend dans la cabane.

Quelques instants de silence suivirent l'invasion des ombres. Outougamiz dit ensuite à Mila : « Je « t'aime comme la lumière du soleil; je veux être « ton frère. »

— « Et moi, ta sœur, » répondit Mila.

« Tu deviendras mon épouse, continua l'ami « de René; un petit guerrier te sourira; tu baiseras

« ses yeux, tu lui chanteras les exploits de ses
« pères; tu lui apprendras à prononcer le nom
« d'Outougamiz. »

— « Tu me fais pleurer, répondit Mila : moi, je
« t'accompagnerai dans les forêts, je porterai tes
« flèches, et j'allumerai le bûcher de la nuit. »

La lune descendoit alors à l'occident : un de ses rayons, pénétrant par la porte de la hutte, vint tomber sur le visage et sur le sein de Mila. La reine des nuits se montroit au milieu d'un cortége d'étoiles : quelques nuages étoient déployés autour d'elle, comme les rideaux de sa couche. Dans les bois régnoit une sorte de douteuse obscurité, semblable à celle d'une âme qui s'entr'ouvre pour la première fois aux tendres passions de la vie. Le couple heureux tomba dans un recueillement d'esprit involontaire : on n'entendoit que le bruit de la respiration tremblante de la jeune Sauvage. Mais bientôt Mila :

« Il faut nous quitter; l'oiseau de l'aube a com-
« mencé son premier chant; retourne sans être
« aperçu à ta demeure. Si les guerriers te voyoient,
« ils diroient : Outougamiz est foible; les Illinois
« le prendront dans la bataille, car il fréquente la
« cabane des Indiennes. »

Outougamiz répondit : « Je serai la liane noire
« qui se détourne dans la forêt de tous les autres
« arbres, et qui va chercher le sassafras, auquel elle
« veut uniquement s'attacher. »

Mila se couvrit la tête d'un manteau, et dit :
« Guerrier, je ne te vois plus. »

4.

Outougamiz enterra le flambeau nuptial à la porte de la cabane, et s'enfonça dans les bois.

Le mariage fut célébré avec la pompe ordinaire chez les Sauvages. Les deux époux souffroient de cet appareil et se disoient : « Nous ne nous marions « pas pour être heureux, puisque nos amis ne le sont « pas. » Laissés seuls dans leur cabane nouvelle, ils y goûtèrent une joie digne de leur innocence. Ils pleurèrent aussi, comme ils en avoient fait le projet. Les larmes qui couloient de leurs yeux descendoient jusqu'à leurs lèvres, et Mila disoit en recevant les embrassements d'Outougamiz : « Ta bouche « touche la mienne à travers les malheurs de René. »

Hélas ! le fidèle Indien alloit verser bien d'autres pleurs ! Ce n'étoit pas assez pour le tuteur du Soleil d'avoir perdu le frère d'Amélie auprès de la foule, de l'avoir fait condamner au conseil des vieillards, il le vouloit frapper jusque dans le cœur d'un ami.

Le succès des complots d'Ondouré exigeoit qu'Outougamiz assistât à la grande assemblée des Sauvages, où le plan général devoit être développé.

Si Outougamiz étoit absent de cette assemblée, il ne porteroit point le joug du serment que l'on y devoit prononcer, et il pourroit dans ce cas s'opposer au complot à l'instant de l'exécution.

Si Outougamiz ne croyoit pas René coupable de trahison envers les Natchez, rien n'empêcheroit le frère de Céluta, aussitôt qu'il connoîtroit le secret, de le confier au frère d'Amélie.

Il falloit donc, combinaison digne de l'enfer !

qu'Outougamiz fût enchaîné par un serment, et que, persuadé en même temps du crime de René, il se trouvât placé entre la nécessité de perdre son ami pour sauver sa patrie, ou de perdre sa patrie pour sauver son ami.

Le lendemain du mariage de l'héroïque ami et de la courageuse amie de René, le jour même où Mila, toute brillante de ses félicités, conversoit avec Outougamiz sur une natte semée de fleurs, Ondouré entra dans la cabane.

« Mauvais esprit ! s'écria Mila, que viens-tu faire « ici ? viens-tu nous porter malheur ? »

Ondouré, affectant un sourire ironique, s'assit à terre et dit :

« Outougamiz ! je viens t'offrir les vœux que je « fais pour toi ; tu méritois d'être heureux. »

—« Heureux ! repartit Outougamiz, et quel homme « l'est plus que moi ? Où pourrois-tu rien trouver de « comparable à ma femme et à mon ami ? »

—« Je ne veux point détruire tes illusions, dit « Ondouré d'un air attristé, mais si tu savois ce que « toute la nation sait ! quel méchant Manitou t'a lié « avec cette chair blanche ! »

—« Tuteur du Soleil ! répliqua Outougamiz rou-« gissant, je te respecte ; mais ne calomnie pas mon « ami. Il vaudroit mieux pour toi que tu n'eusses « jamais existé. »

Ondouré repartit : « Admirable jeune homme ! « que n'as-tu trouvé une amitié digne de la tienne ! »

—« Chef ! s'écria Outougamiz avec l'accent de « l'impatience, tu me tourmentes comme le vent

« qui agite la flamme du bûcher; qu'y a-t-il? que
« veux-tu? que cherches-tu? »

— « O patrie ! patrie ! » dit avec un soupir Ondouré.

Au mot de patrie, les yeux d'Outougamiz se troublent; il se lève précipitamment de sa natte et s'approche d'Ondouré, qui s'étoit levé à son tour. La crainte de quelque affreux secret avoit passé à travers le cœur du frère de Céluta.

« Qu'y a-t-il donc dans la patrie? dit le noble
« Sauvage. Faut-il prendre les armes? marchons :
« où sont les ennemis? »

— « Les ennemis! dit Ondouré, ils sont dans nos
« entrailles! Nous étions vendus, livrés comme des
« esclaves; un traître..... »

— « Un traître! nomme-le, s'écria Outougamiz
« d'une voix où mille sentiments contraires avoient
« mêlé leurs accents; nomme-le; mais prends garde
« à ce que tu vas dire. »

Ondouré observe Outougamiz, dont les mains trembloient de colère; il saisit le bras du jeune homme pour prévenir le premier coup; il s'écrie :
« René ! »

— « Tu mens, réplique Outougamiz cherchant
« à dégager son bras; je t'arracherai ta langue in-
« fernale; je ferai de toi un mémorable exemple. »

Mila se jette entre les deux guerriers. « Laisse
« vivre ce misérable, dit-elle à Outougamiz; chasse-
« le seulement de ta cabane. »

A la voix de Mila les transports d'Outougamiz s'apaisent.

« Tuteur du Soleil! dit-il, je le vois à présent, tu
« te voulois amuser de ma simplicité; mais ne renou-
« velle pas ces jeux, cela me fait trop de mal. »

— « Je te quitte, dit Ondouré; bientôt tu me
« rendras plus de justice : interroge le prêtre du
« Soleil et ton oncle Adario. » Ondouré sort de la
cabane.

Outougamiz veut paroître tranquille, il ne l'est
plus; il se veut reposer, et il ne sait comment les
joncs de sa natte sont plus piquants que les épines
de l'acacia. Il se relève, marche, s'assied de nouveau. Mila lui parle et il ne l'entend pas. « Pourquoi,
« murmuroit-il à voix basse, pourquoi ce chef a-t-il
« parlé! J'étois si heureux! »

— « N'y pense plus, lui dit Mila; les paroles du
« méchant sont comme le sable qu'un vent brûlant
« chasse au visage : il aveugle et fait pleurer le voya-
« geur. » — « Tu as raison, Mila, s'écrie Outougamiz;
« me voilà bien tranquille à présent. »

Infortuné! le coup mortel est frappé : tu ne trou-
veras plus le repos; ton sommeil, naguère léger
comme ton innocence, se va charger de songes funestes! Tel est le bonheur des hommes, un mot
suffit pour le détruire. Douce confiance de l'âme
union intime et sacrée, adieu pour toujours! Sainte
amitié, elles sont passées tes délices, tes tourments
commencent! finiront-ils jamais?

« Mila, dit Outougamiz, je me sens malade, je
« veux aller voir le jongleur. »

— « Le jongleur! repartit Mila. Ne va pas voir
« cet homme-là. René t'aime, tu l'aimes; il te doit

« suffire comme tu me suffis. Si la colombe prête
« l'oreille à la voix de la corneille, celle-ci lui dira
« des choses qui la troubleront, parce qu'elle ne
« parle pas son langage. »

— « Ce n'est pas pour parler de René que je veux
« voir le jongleur, dit Outougamiz; je suis malade,
« il me guérira. »

Mila posa la main sur le cœur d'Outougamiz, et
dit à son époux, en le regardant avec un demi-
sourire : « Malade! oui, bien malade, puisqu'un
« mensonge vient de sortir de tes lèvres. »

Outougamiz s'obstina à vouloir consulter le jongleur qu'Ondouré lui avoit exprès nommé dans ses
révélations mystérieuses. « Va donc, dit Mila, pau-
« vre abeille de la savane; mais évite de te reposer
« sur la fleur empoisonnée de l'acota. »

L'homme ne peut être parfait; aux qualités les
plus héroïques, Outougamiz mêloit une foiblesse :
de la crainte de Dieu, crainte salutaire sans laquelle
il n'y a point de vertu, Outougamiz étoit descendu
jusqu'à la plus aveugle crédulité. La simplicité de
son caractère le rendoit facile à tromper; un prêtre
étoit pour le frère de Céluta un oracle; et si ce
ministre du Grand-Esprit parloit au nom de la
patrie, de la patrie si chère aux Sauvages, quel
moyen pour Outougamiz d'échapper à ce double
pouvoir de la terre et du ciel?

L'ami de René arrive à la porte de la cabane du
jongleur : dans ce moment même Ondouré sortoit
de la demeure du prêtre, et, avec un regard qui
disoit tout, il laissa le passage libre à l'ami de René.

Le jongleur, apercevant Outougamiz, se mit à tracer des cercles magiques : Outougamiz élève vers lui une voix suppliante.

« Qui parle ? s'écrie le prêtre d'un air égaré. Quel « audacieux mortel trouble l'interprète des génies? «Fuyez, profane! la patrie demande seule mes « prières. O patrie! tu nourrissois un monstre dans « ton sein ! L'infâme étranger méditoit ta ruine : par « lui les femelles des castors ont été massacrées; il « trahissoit Céluta; il versoit sur la tête de son en- « fant l'eau mortelle du maléfice ! Comme il trom- « poit ce jeune et innocent Outougamiz! Malheur à « toi, époux de Mila! si désormais tu ne te séparois « de ce traître, si tu refusois de croire à ses crimes ! « Les fantômes s'attacheroient à tes pas, et les os « de tes aïeux s'agiteroient dans leur tombe. »

Le jongleur bondit hors de sa cabane, et se jeta dans une forêt où on l'entendit pousser des hurlements.

Le frère de Céluta demeure anéanti : une sueur froide, qu'il croit sentir découler de son cœur et pénétrer à travers ses membres, l'inonde. Il faudroit avoir fait les prodiges d'amitié d'Outougamiz pour pouvoir peindre sa douleur : René un traître ! lui? Qui l'ose ainsi calomnier ? Où est-il le calomniateur, qu'Outougamiz le puisse dévorer ? Mais, n'est-ce pas le prêtre du Soleil, celui qui commerce avec les esprits ? celui qui parle au nom de la patrie ? Malheureux! tu ne crois pas quand le ciel même t'ordonne de croire ?... Non, cet ami n'est point coupable; des monstres seuls ont élevé la voix contre lui. Le frère de Céluta vengera René aux yeux de la nation; l'éloquence descendra sur les lèvres d'Outougamiz; il s'exprimera mieux que Chactas; il proposera de combattre les accusateurs... Je pars, je vole où m'appelle le Manitou d'or... Insensé! n'entends-tu pas le cri des fantômes? ne vois-tu pas se lever les os de tes pères, qui viennent témoigner des crimes de ton ami?

Telle est la foible peinture des combats qui se passoient dans l'âme du frère de Céluta. Il quitte la cabane du jongleur; lent et pâle, il se traîne sur la terre; il croit ouïr des bruits dans l'air et l'herbe murmurer sous ses pas. Où va-t-il...? il l'ignore. Quelque chose de fatal le pousse involontairement vers Adario. Adario est son oncle; Adario lui tient lieu de père; Adario, dans l'absence de Chactas, est le premier Sachem de la nation; enfin, Adario est le plus affligé des hommes. Le malheur est aussi une religion : il doit être consulté; il rend des oracles : la voix de l'infortune est celle de la vérité. Voilà ce que se disoit Outougamiz en allant chercher le rigide vieillard.

Le Sachem avoit vu tuer son fils à ses côtés et les flammes dévorer sa cabane; le Sachem avoit étouffé son petit-fils de ses propres mains; la femme du Sachem étoit tombée dans l'émeute qui suivit l'affreux sacrifice : il ne restoit de toute sa famille, à Adario, que la fille même dont il avoit étranglé l'enfant. Renfermé, avec cette fille, dans les cachots du fort Rosalie, il avoit dû terminer ses jours à un gibet : « Élève-moi bien haut, disoit-il au bourreau

« qui le conduisoit au supplice, afin que je puisse
« découvrir, en expirant, les arbres de ma patrie. »
On sait pourquoi, comment, à quel prix, et dans
quel dessein Ondouré racheta la vie d'Adario.

Ce fut un grand spectacle que le retour de l'ami
de Chactas aux Natchez. Le Sachem ressembloit à
un squelette échappé de la tombe : quelques cheveux gris, souillés de poussière, tomboient des deux
côtés de sa tête chauve : ses vêtements pendoient
en lambeaux. Il cheminoit en silence, les yeux
baissés ; sa fille venoit derrière lui, dans le même
silence, comme la victime marche après le sacrificateur : elle portoit, attachés à ses épaules, un
berceau vide et les langes désormais inutiles d'un
nouveau-né.

Adario ne voulut point relever sa cabane : il établit sa demeure au milieu des bois. Sa fille suivoit
de loin son terrible père, n'osant lui parler, veillant sur ses jours, s'asseyant quand il s'asseyoit,
avançant quand il poursuivoit sa route. Quelquefois le Sachem contemploit les François qui labouroient les champs de sa patrie : l'ange exterminateur
n'auroit pas lancé des regards plus dévorants sur un
monde dont le Dieu vivant auroit retiré sa main.

Après la délivrance d'Adario, Ondouré déroula
aux yeux du vieillard le plan d'une grande vengeance. Il lui présenta pour but la liberté des
Natchez, et l'expulsion de la race des Blancs de
tous les rivages de l'Amérique ; il lui cacha les ressorts secrets, les sentiments honteux, les mystérieuses lâchetés qui faisoient mouvoir cette conspi-

ration : Adario n'eût jamais emprunté le voile du crime pour couvrir un seul moment la vertu.

Le Sachem assista au conseil secret convoqué la nuit par Ondouré; il approuva ce que le tuteur du Soleil exposa de ses desseins; savoir : la convocation des nations indiennes dans une assemblée générale, afin de prendre contre les étrangers une mesure commune; il ratifia la condamnation de René, de René qu'il croyoit coupable d'impiété et de trahison. Ces résolutions adoptées, les vieillards voulurent déterminer Adario à se livrer à ses occupations ordinaires.

« Tant que je respirerai, dit le Sachem, je n'au-
« rai d'abri que la voûte du ciel. Comme défenseur
« de la patrie, je suis innocent; comme père, je
« suis criminel. Je consens à vivre encore quelques
« jours pour mon pays; mais Adario s'est réservé
« le droit de se punir, lorsque les Natchez auront
« cessé d'avoir besoin de lui. »

C'étoit à ce cœur inflexible, c'étoit à l'homme le moins compatissant aux sentiments de la nature, à l'homme le plus aigri par le chagrin, que l'ami de René alloit demander des conseils en sortant de l'audience du prêtre.

Outougamiz trouva le Sachem à moitié nu, assis au bord d'un torrent sur la pointe d'un roc : il lui raconte les inspirations du jongleur. Adario fait à son neveu le tableau des prétendus crimes de René. « Tu me tues comme ton fils! » s'écrie le frère de Céluta avec un accent dont le Sachem même fut touché.

Jamais le malheur ne se grava si subitement et d'une manière plus énergique sur le front d'un homme, que sur celui d'Outougamiz : plus le marbre est pur, plus l'inscription est profonde. L'infortuné s'éloigne d'Adario : il saisit la chaîne d'or, la regarde avec passion, la veut jeter dans le torrent, puis la presse contre son cœur et la suspend de nouveau sur sa poitrine. Cependant Outougamiz ignoroit le sort réservé à René : Adario avoit peint l'homme blanc coupable, mais il n'avoit pas voulu accabler entièrement son neveu ; il s'étoit abstenu de l'instruire de la sentence des Sachems ; sentence prononcée d'ailleurs sous le sceau du secret. Le souvenir de Mila vint, comme une brise rafraîchissante, soulager un peu le brûlant chagrin d'Outougamiz : le jeune époux songe que l'épouse nouvelle, qui porte encore sur sa tête la couronne du premier matin, est déjà demeurée veuve sous son toit ; il se détermine à chercher des consolations auprès de sa compagne.

Mila vole à lui : elle s'aperçoit qu'il chancelle ; elle le soutient en disant : « C'est la liane qui appuie « maintenant le tulipier ! Eh bien ! je te l'avois pré-« dit ! assieds-toi et repose ta tête sur mon sein. « Que t'ont dit les méchants ? »

— « Ils m'ont répété ce que m'avoit dit Ondouré, « répondit Outougamiz : Adario parle aussi comme « le jongleur. »

— « Quand ce seroit Kitchimanitou lui-même, « s'écria Mila, je soutiendrois qu'il fait un men-« songe : moi ! je croirois aux calomnies répandues

« contre mon ami ! Celui qui t'a donné le Manitou
« d'or croiroit-il le mal qu'on lui diroit de toi ? »

Cette question fit monter les larmes dans les yeux
d'Outougamiz ; Mila pleurant à son tour : « Ah ! c'est
« un bon guerrier que le guerrier blanc ! ils le tueront, j'en suis sûre. »

— « Ils le tueront ! reprit Outougamiz : qui t'a
« dit cela ? »

— « Je le devine, répondit l'Indienne : si tu ne
« sauves René une troisième fois, ils le mettront
« dans le bocage de la mort. »

— « Non, non, s'écria Outougamiz, ou j'y dormi-
« rai près de lui. Que ne suis-je déjà au lieu de mon
« repos ! Tout est si agité à la surface de la terre !
« tout est si calme, une longueur de flèche au-des-
« sous ! Mais Mila, la patrie ! »

— « La patrie ! repartit Mila ; et que me fait à
« moi la patrie si elle est injuste ? J'aime mieux un
« seul cheveu d'Outougamiz innocent que toutes
« les têtes grises des Sachéms pervertis. Qu'ai-je
« besoin d'une cabane aux Natchez ? j'en puis bâtir
« une dans un lieu où il n'y aura personne : j'em-
« mènerai mon mari, et son ami avec moi, malgré
« vous tous, méchants ! Voilà comme j'aurois parlé
« au jongleur. Il auroit fait des tours, tracé des
« cercles, bondi trois fois comme un orignal ; j'au-
« rois ri à sa face, joué, tourné, sauté comme lui et
« mieux que lui. Il y a là un génie (et elle appuyoit
« la main sur son cœur) qui n'obéit point aux noirs
« enchantements. »

— « Comme tu me consoles ! comme tu parles

« bien ! s'écrie l'excellent Sauvage ; tu me voudrois
« donc suivre dans le désert? »

Mila le regarda et lui dit : « C'est comme si le
« ruisseau disoit à la fleur qu'il a détachée de son
« rivage et qu'il entraîne dans son cours : Fleur,
« veux-tu suivre mon onde ? La fleur répondroit :
« Non, je ne le veux pas; et cependant les flots la
« pousseroient doucement devant eux..»

L'aimable Indienne avoit préparé le repas du
soir; après avoir mouillé ses lèvres dans la coupe,
elle retourna à ce lit nuptial non chanté, qui ne
tiroit sa pompe que de sa simplicité et de la grâce
des deux époux. Les jeunes bras de Mila bercèrent
et calmèrent les chagrins d'Outougamiz, comme ces
légères bandes de soie qui pressent et soulagent à la
fois la blessure d'un guerrier.

Heures fugitives, dérobées par l'amour à la douleur, que vous deviez promptement disparoître !
Déjà le conseil des Sachems avoit reçu les premiers
colliers de ses messagers secrets : toutes les nuits
Ondouré rassembloit quelques-uns des chefs dans
les cavernes. Le gouverneur de la Louisiane, moins
facile à tromper que le commandant du fort Rosalie,
ne s'endormoit point au milieu des périls : il regrettoit d'avoir rendu la liberté au frère d'Amélie, et
s'il ne fit pas arrêter Céluta, c'est qu'il se laissa
fléchir aux larmes d'Adélaïde.

Lorsque Céluta apprit le départ de René, on
essaya inutilement de la retenir à la Nouvelle-Orléans. En vain Adélaïde, Harlay, le général d'Artaguette (le capitaine avec le grenadier étoient re-

tournés aux Natchez) lui représentèrent que ses forces ne suffiroient pas aux fatigues d'un si long voyage; elle conjura sa sœur et ses frères de la chair blanche, comme elle les appeloit, de la laisser reprendre le chemin de son pays; il fallut céder à ses ardentes prières, que traduisoit la vieille mère de Jacques; Céluta embrassa avec émotion cette pauvre et vénérable matrone, son hôtesse dans la nuit funeste. « Mon frère et ma sœur, dit-elle à « Harlay et à Adélaïde, souvenez-vous de Céluta « quand vous serez au pays des Blancs. J'espère « vous retrouver quelque jour dans la contrée des « âmes, si l'on permet l'entrée de la belle forêt que « vous habiterez à de misérables Indiennes comme « moi. »

La fille du gouverneur conduisit son amie jusqu'aux pirogues d'un grand parti de Pannis qui se préparoient à remonter le fleuve : là se renouvelèrent de tendres adieux. Céluta s'embarqua sur la flotte pannisienne. « Adieu, disoit-elle à Adélaïde « qui pleuroit assise au rivage; que les bons génies « vous rendent vos bienfaits! je ne vous reverrai « plus sur la terre, où vous resterez long-temps « après moi; mais je tâcherai de faire le moins de « mal que je pourrai dans mon rapide passage, afin de « me rendre digne de votre souvenir. » Les pirogues s'éloignèrent.

Lorsque Céluta sortit de la ville des François, son front étoit couvert de la pâleur des chagrins et d'une maladie cessant à peine. Sa fille, qui montroit déjà dans son regard quelque chose de la beauté et de la tristesse d'Amélie, sa fille, dont le jour natal n'avoit point encore été éclairé deux fois par le soleil, sembloit elle-même au moment d'expirer. Céluta la tenoit suspendue à ses épaules, dans des peaux blanches d'hermine : tel un cygne qui transporte ses petits, les place entre son cou flexible et ses ailes un peu soulevées; les charmants passagers se jouent à demi cachés dans le duvet de leur mère.

L'âme entière de Céluta étoit partagée entre son enfant et son époux : que de maux déjà passés ! quels étoient ceux qui devoient naître encore ? Les pirogues avoient à peine remonté le Meschacebé pendant quelques heures, que les Pannis, par un de ces caprices si fréquents chez les Sauvages, s'arrêtèrent sur la rive orientale du fleuve. Céluta descendit à terre avec ses conducteurs; mais ceux-ci, par un autre caprice, se dispersèrent bientôt, les uns commençant une chasse, les autres se rembarquant sans bruit. Céluta s'étoit assoupie à l'écart, derrière un rocher qui lui cachoit le fleuve : la nuit étoit venue. Quand l'épouse de René se réveilla, elle étoit abandonnée.

L'insouciance indienne l'avoit délaissée, le courage indien la soutint : elle étoit accoutumée à la solitude. Les ténèbres empêchoient les Pannis de voir la sœur d'Outougamiz, et le vent ne leur permettoit pas d'entendre ses cris; résignée, elle attendit le jour.

Lorsque l'aurore parut, Céluta sortit de l'abri du rocher; regardant les différents points du ciel, elle se dit : « Mon mari est de ce côté-là. » Et ses pas se dirigèrent vers le septentrion. Elle n'eut pas même la pensée de retourner à la Nouvelle-Orléans ; elle se trouvoit plus en sûreté dans les bois que parmi les hommes. Pour sa nourriture elle comptoit sur les fruits sauvages, et son sein suffiroit au besoin de sa fille.

Tout le jour elle marcha, cueillant çà et là quelques baies dans les buissons.

A l'heure où la hulotte bleue commence à voltiger dans les forêts américaines, Céluta atteignit le sommet d'une colline ; elle se détermina à passer la nuit au pied d'un tamarin, dans le tronc caverneux duquel les Indiens allumoient quelquefois le feu du voyageur. Au midi on découvroit la ville des Blancs, au couchant le Meschacebé, au nord de hautes falaises où s'élevoit une croix.

Prenant dans ses bras la fille de l'homme des passions, Céluta lui présenta son sein que l'enfant débile serroit à peine dans ses lèvres : un jardinier arrose une plante qui languit ; mais elle continue de dépérir, car la terre ne l'a point reçue favorablement à sa naissance. Dans son effroi maternel, Céluta n'osoit regarder le tendre nourrisson, de peur d'apercevoir les progrès du mal ; ses yeux, chargés de pleurs, erroient vaguement sur les objets d'alentour. Telles furent vos douleurs dans la solitude de Bersabée, malheureuse Agar, lorsque, détournant la vue d'Ismaël, vous dites : « Je ne ver- « rai point mourir mon enfant. » La nuit fut triste et froide.

Au lever du jour, après avoir fait un repas de pommes de mai et de racines de canneberge, la voyageuse, chargée de son trésor, reprit sa route. La monotonie du désert n'étoit interrompue que par la vue encore plus monotone de la croix. Cette croix étoit celle où René avoit accompli un pèlerinage en descendant à la Nouvelle-Orléans; Dieu seul savoit ce qu'avoit demandé en secret le fervent pèlerin. Une pierre encore tachée du sang de l'homme assassiné gisoit près de l'arbre expiatoire : un torrent s'écouloit à quelque distance.

La sœur d'Outougamiz s'assit sur la pierre du meurtre : elle prit involontairement dans sa main la branche de chêne que René avoit déposée en *ex-voto* au pied du calvaire; les regards de l'Indienne se fixoient sur le rameau desséché qu'elle balançoit lentement, comme si elle eût trouvé une ressemblance de destinée entre elle et la branche flétrie. Céluta rêvoit au bruit aride du vent dans le bois de la croix et dans la cime de quelques chardons qui perçoient les roches. Plusieurs fois elle crut entendre des voix, comme si les anges de la Croix et de la Mort eussent conversé invisiblement dans ce lieu.

L'épouse de René se hâta de quitter un monument de douleur, qu'elle supposoit gardé par les esprits redoutables des Européens. Le large vallon qui terminoit le plateau des bruyères la conduisit au bord d'un courant d'eau. Dans le fond de ce vallon s'élevoient de petits tertres couverts de tulipiers, de liquidambars, de cyprès, de magnolias, et autour desquels se reploit l'onde qui portoit son tribut au Meschacebé. Du sein de la terre échauffée sortoit le parfum de l'angélique et de différentes herbes odorantes.

Attirée et presque rassurée par le charme de cette solitude, Céluta s'assied sur la mousse et prépare le banquet maternel. Elle couche Amélie sur ses genoux, et déroule l'une après l'autre les peaux d'hermine dont l'enfant étoit enveloppé. Quelques larmes, tombées des yeux de la mère, ranimèrent la fille souffrante, comme si cet enfant ne devoit tenir la vie que de la douleur.

Quand Céluta eut prodigué à sa fille ses caresses et ses soins, elle chercha pour elle-même un peu de nourriture.

Les lieux où elle se trouvoit avoient naguère été habités par une tribu indienne. On voyoit encore dans un champ anciennement moissonné quelques rejets de maïs, et l'épi de ce blé-sauvageon étoit rempli d'une crème onctueuse : il servit au repas de Céluta.

Vers le baisser du soleil, la sœur d'Outougamiz se retira à l'entrée d'une grotte tapissée de jasmin des Florides, et environnée de buissons d'azaléas. Dans cette grotte se vinrent réfugier une foule de nonpareilles, de cardinaux, d'oiseaux moqueurs, de perruches, de colibris qui brilloient comme des pierreries au feu du couchant.

La nuit se leva revêtue de cette beauté qu'elle n'a que dans les solitudes américaines. Le ciel étoilé étoit parsemé de nuages blancs semblables à de légers flocons d'écume, ou à des troupeaux errants dans une plaine azurée. Toutes les bêtes de la création, les biches, les caribous, les bisons, les chevreuils, les orignaux, sortoient de leur retraite pour paître les savanes. Dans le lointain on entendoit les chants extraordinaires des raines, dont les unes imitant le mugissement du bœuf laboureur, les autres le tintement d'une cloche champêtre, rappeloient les scènes rustiques de l'Europe civilisée, au milieu des tableaux agrestes de l'Amérique sauvage.

Les zéphyrs embaumés par les magnolias, les oiseaux cachés sous le feuillage, murmuroient d'harmonieuses plaintes, que Célúta prenoit pour la voix des enfants à naître; elle croyoit voir les petits génies des ombres, et ceux qui président au silence des bois, descendre du firmament sur les rayons de la lune; légers fantômes qui s'égaroient à travers les arbres et le long des ruisseaux. Alors elle adressoit la parole à sa fille couchée sur ses genoux; elle lui disoit: « Si j'avois le malheur de « te perdre à présent, que deviendrois-je? Ah! si « ton père m'aimoit encore, je t'aurois bientôt re- « trouvée! Je découvrirois mon sein; j'épierois ton « âme errante avec les brises de l'aube, sur la tige « humectée des fleurs, et mes lèvres te recueille- « roient dans la rosée. Mais ton père s'éloigne de « moi, et les âmes des enfants ne rentrent jamais « dans le sein des mères qui ne sont point aimées. »

L'Indienne versoit, en prononçant ces mots, des larmes religieuses, semblable à un délicieux ananas qui a perdu sa couronne, et dont le cœur exposé aux pluies se fond et s'écoule en eau.

Des pélicans, qui voloient au haut des airs, et dont le plumage couleur de rose réfléchissoit les premiers feux de l'aurore, avertirent Céluta qu'il étoit temps de reprendre sa course. Elle dépouilla d'abord son enfant pour le baigner dans une fontaine où se désaltéroient, en allongeant la tête, des écureuils noirs accrochés à l'extrémité d'une liane flottante. La blanche et souffreteuse Amélie, couchée sur l'herbe, ressembloit à un narcisse abattu par l'orage, ou à un oiseau tombé de son nid avant d'avoir des ailes. Céluta enveloppa dans des mousses de cyprès plus fines que la soie sa fille purifiée ; elle n'oublia point de la parer avec des graines de différentes couleurs et des fleurs de divers parfums ; enfin elle la renferma dans les peaux d'hermine et la suspendit de nouveau à ses épaules par une tresse de chèvre-feuille : la pèlerine qui s'avance pieds nus dans les montagnes de Jérusalem porte ainsi les présents sacrés qu'elle doit offrir au saint tombeau.

La fille de Tabamica traversa, sur un pont de liane, la rivière qui lui fermoit le chemin. Elle avoit à peine marché une heure, qu'elle se trouva engagée au milieu d'un terrain coupé de flaques d'eau remplies de crocodiles. Tandis qu'elle hésite sur le parti qu'elle doit prendre, elle entend haleter derrière elle ; elle tourne la tête et voit briller les yeux vitrés et sanglants d'un énorme reptile. Elle fuit ; mais elle heurte du pied un autre monstre ;

et tombe sur les écailles sonores. Le dragon rugit, Céluta se relève, et ne sent plus le poids léger que portoient ses épaules. Elle jette un cri ; prête à être dévorée, elle n'est attentive qu'à ce qu'elle a perdu. Tout à coup les deux monstres, dont elle sentoit déjà la brûlante haleine sur ses pieds, se détournent ; ils se hâtent vers une autre proie. Que les regards d'une mère sont perçants! ils découvrent parmi de hautes herbes l'objet qui attire les affreux animaux ! Céluta s'élance, saisit son enfant, et ses pas, que n'auroit point alors devancés le vol de l'hirondelle, la portent au sommet d'un promontoire d'où l'œil suit au loin les détours du Meschacebé.

Victoire d'une femme, qui dira ton orgueil et tes joies ? L'astre des nuits, qui vient de dissiper dans le ciel les nuages d'une tempête, paroît moins beau que la pâle Céluta, triomphante au désert. Amélie avoit ignoré le péril ; elle ne s'étoit pas même réveillée dans son lit de mousse ; sa parure conservoit la fraîcheur et la symétrie. Chargée du berceau où l'innocence dormoit sous des fleurs, Céluta avoit accompli sa fuite, comme l'élégante Canéphore achevoit sa course, sans déranger dans sa corbeille les guirlandes et les couronnes. Mais la frayeur, qui n'avoit pu troubler l'enfant, avoit exercé son pouvoir sur la mère ; le sein de Céluta s'étoit tari : ainsi, quand la terre est ébranlée par les secousses de l'Etna, disparoît une fontaine dans les champs de la Sicile, et l'agneau demande en vain l'eau salutaire à la source épuisée.

Que Céluta manquât de nourriture pour son

enfant; que son sein fût stérile, quand son cœur surabondoit de tendresse, voilà ce que l'Indienne ne pouvoit comprendre. Elle accusoit sa foiblesse, elle se reprochoit jusqu'à ses douleurs, jusqu'à l'excès de sa frayeur maternelle. Elle cherchoit une cause à ce châtiment du Grand-Esprit : elle se demandoit si elle avoit cessé d'être fidèle à son époux, si elle avoit aimé assez sa fille, si elle avoit été injuste envers ses amis, si elle avoit souhaité du mal à ses ennemis, si sa cabane, sa famille, sa tribu, son pays, les Manitous, les génies, n'avoient point eu à se plaindre d'elle. Les yeux levés vers le séjour du père nourricier des hommes, elle montroit au ciel son sein desséché, réclamant sa fécondité première, se plaignant d'une rigueur non méritée.

Tout à coup Amélie, déposée sur l'herbe, pousse un gémissement; elle sollicite le festin accoutumé; ses mains suppliantes se tournent vers sa mère. Le désespoir s'empare de la sœur d'Outougamiz; elle prend son enfant dans ses bras, le presse sur son sein avec des sanglots : que ne pouvoit-elle l'abreuver de ses larmes! du moins cette source étoit inépuisable.

Une inspiration funeste fait battre le cœur de la femme délaissée : Céluta se dit que le lait maternel n'étoit que le sang de son époux, que c'étoit René qui retiroit à lui cette source de vie; mais ne pouvoit-elle pas elle-même s'ouvrir une veine, et remplacer par son propre sang le sang qui se refusoit aux lèvres de sa fille?

Peut-être auroit-elle pris quelque résolution

extrême si ses regards n'avoient aperçu des fumées qui montoient des deux côtés du Meschacebé, et qui annonçoient l'habitation de l'homme. Cette vue rendit des forces à Céluta ; l'Indienne n'étoit pas d'ailleurs tout-à-fait déterminée à mourir, car son époux vivoit et vivoit infortuné. Elle descendit donc du promontoire portant le cher et funeste gage de son amour ; mais le fleuve étoit plus éloigné qu'il ne lui avoit paru, et lorsqu'elle arriva sur ses bords la nuit enveloppoit le ciel.

La fumée des cabanes s'étoit perdue dans les ombres ; la lune, en se levant, versa sur les flots du Meschacebé moins de lumière que de mélancolie et de silence. Céluta cherchoit des yeux quelque nacelle. Ses regards suivoient, dans leur succession rapide, les lames passagères qui tour à tour élevoient leur sommet brillant vers l'astre de la nuit. Elle aperçut un objet flottant.

Bientôt elle vit sortir du fleuve, à quelques pas d'elle, un jeune nègre presque entièrement nu : une pagne lui ceignoit les reins à la mode de son pays, et sa tête étoit ornée d'une couronne de plumes rouges. Il chantoit à demi-voix quelque chose de doux dans sa langue ; il étendoit les bras vers les eaux, et sembloit adresser à un objet invisible des paroles passionnées. Céluta reconnut Imley, qui la reconnut à son tour ; il s'approcha d'elle en s'écriant : « Céluta ! ô redoutable Niang[1] ! Céluta ici ! »

Céluta répondit : « Je viens de la ville des Pleurs ;

---

[1] Dieu du mal : l'Arimane des nègres.

« la biche des Natchez va perdre son faon que voilà,
« car son sein est tari. »

Alors Imley : « La biche des Natchez ne perdra
« point son faon ; nous trouverons une mère pour
« le nourrir. Céluta est belle comme une Fétiche
« bienfaisante. »

— « Comment Imley est-il dans ce lieu ? » dit
Céluta.

« Mon ancien maître, répondit Imley, après
« m'avoir battu, parce que j'aimois ma liberté, m'a
« vendu à l'habitant des cases voisines. Venez avec
« moi, je vous donnerai du maïs et une femme
« noire de mes bois pour allaiter l'enfant rouge
« de vos forêts ; les Blancs ne sauront rien de tout
« cela. »

Céluta se mit à suivre son guide.

« Et tu es toujours infortunée, pauvre Céluta !
« disoit en marchant l'Africain. Et moi aussi je suis
« bien malheureux le jour, mais la nuit !... » Imley
posa un doigt sur sa bouche en signe de mystère.

« Et la nuit tu es moins à plaindre, dit Céluta ; moi je pleure toujours. »

— « Céluta, reprit Imley, si tu savois ! elle est
« belle comme le palmier des sables ! Quand elle dit
« au sourire de venir visiter ses lèvres, ses dents
« ressemblent aux perles de la rosée dans les feuilles
« rouges du bétel. »

L'enfant de Cham arrêtant tout à coup Céluta, et
lui montrant le fleuve : « Vois-tu la cime argentée
« de ces copalmes, là-bas sur les eaux ? Vois-tu
« tout auprès les ombres de ces hêtres pourpres,

« presque aussi belles que celles du front de ma
« maîtresse ? Vois-tu les deux colonnes de ces pa-
« payas entre lesquelles apparoît la face de la lune,
« comme la tête de mon Izéphar entre ses deux bras
« levés pour me caresser ? Eh bien ! ce sont les
« arbres d'une île. Ile de l'Amour, île d'Izéphar, les
« ondes ne cesseront de baigner tes rivages, les
« oiseaux d'enchanter tes bois, et les brises d'y sou-
« pirer la volupté ! C'est là, Céluta !... Elle habite sur
« l'autre bord du Meschacebé; moi j'ai ma case sur
« cette rive; chaque nuit elle traverse à la nage le
« bras du fleuve pour se rendre dans l'île : son Imley
« s'y trouve toujours le premier. Je reçois Izéphar au
« moment où elle sort de l'onde; je la cache dans
« mon sein; je lui sers d'abri et de vêtement; nos
« baisers sont plus lents que ceux des brises qui
« caressent les fleurs de l'aloès au déclin du jour;
« deux beaux serpents noirs s'entrelacent moins
« étroitement : nous sommeillons au bord du fleuve
« en disputant de paresse avec ses ondes.

« Souvent aussi nous parlons de la patrie : nous
« chantons Niang, Zanhar [1], et les amours des lions.
« Je reprends toutes les nuits la parure que tu me
« vois, et que je portois quand j'étois libre sous les
« bananiers de Madinga. J'agite la force de ma main
« dans les airs; il me semble que je lance encore la
« zagaie contre le tigre, ou que j'enfonce dans la
« gueule de la panthère mon bras entouré d'une
« écorce. Ces souvenirs remplissent mes yeux de

---

[1] Dieu du bien.

« larmes plus douces que celles du benjoin, ou que
« la fumée de la pipe chargée d'encens. Alors je crois
« boire avec Izéphar le lait du coco sous l'arcade de
« figuiers; je m'imagine errer avec ma gazelle à
« travers les forêts de girofliers, d'acajous et de
« sandals. Que tu es belle, ô mon Izéphar! tu rends
« délicieux tout ce qui touche à tes charmes. Je
« voudrois dévorer les feuilles de ton lit, car ta
« couche est divine, ô fille de la Nuit! divine comme
« le nid des hirondelles africaines, comme ce nid
« qu'on sert à la table de nos rois et que composent
« avec des débris de fleurs les aromates les plus
« précieux. »

Ainsi disoit Imley; il baisoit l'air en feu autour de lui, et chargeoit l'éther brûlant d'aller trouver les lèvres de la femme aimée, par la route impatiente des désirs.

La petite Amélie vint alors à jeter un cri. Imley imposa ses deux mains sur la tête de la mère, et dit : « Vous êtes la femme des tribulations. »

A quoi Céluta répondit : « Je prie le Grand-Esprit « qu'Izéphar ait des entrailles plus heureuses que les « miennes. »

Enfant des peuples de Caïn, vous répliquâtes avec une grande vivacité : « J'aime Izéphar comme « une perle; mais son sein ne portera jamais un « esclave : l'éléphant m'a enseigné sa sagesse. »

En conversant de la sorte, l'épouse de René et son guide étoient arrivés aux cases des nègres de l'habitation. Les toits écrasés de ces cases se montroient entre de hauts tournesols. Imley et Céluta

traversèrent des carrés d'ignames et de patates, que l'esclave africain cultive dans ses courts moments de loisirs, pour sa subsistance et pour celle de sa famille. Un calme profond régnoit dans ces lieux : sur cette terre étrangère, dans la couche de la servitude, le sommeil berçoit ces exilés des illusions de la liberté et de la patrie. Imley dit à voix basse à Céluta : « Ils dorment, mes frères noirs ! les insen-
« sés ! ils prennent des forces, afin de travailler pour
« un maître. Moi.... »

L'Américaine et l'Africain entrèrent dans une case dont Imley poussa doucement la porte. Il se dépouilla de sa pagne, qu'il cacha sous des chaumes : « Car, disoit-il, nos maîtres prétendent que l'habit
« de mon pays est une Fétiche qui leur portera
« malheur. » Il reprit l'habit de l'esclave et réveilla une femme. Cette femme descend de son hamac de coton bleu, souffle des charbons assoupis, en jetant dans le foyer des cannes de sucre desséchées; une grande flamme éclaire subitement l'intérieur de la case. Céluta reconnoît la négresse Glazirne! Glazirne demeure immobile d'étonnement. Les deux femmes se prennent à pleurer.

« Bonne mère des pays lointains, dit Céluta, votre
« petite fille indienne est prête à mourir; mon sein
« s'est fermé : j'espère que le vôtre est resté ouvert
« à votre fils. »

Glazirne répondit : « Je croyois ne plus vous
« revoir. Mon maître, aux Natchez, m'a vendue
« avec Imley, parce que j'avois eu trop de pitié de
« vous chez le bon Blanc d'Artaguette. Mon maître

« n'aimoit point la pitié : voilà ma joie dans son
« berceau. »

Glazirne découvrit un berceau caché sous une
natte, prit son nourrisson, le mit à l'une de ses
mamelles, suspendit à l'autre l'enfant de Céluta, et
s'assit à terre.

Quand l'épouse de René vit cette pauvre esclave
presser sur son sein les deux petites créatures si
étrangères par leur pays, si différentes par leur
race, si ressemblantes par leur misère; quand elle
la vit les nourrir en leur prodiguant ces petits chants,
ce langage maternel, le même en tous climats, elle
adressa au ciel la prière de la reconnoissance. Elle
regardoit les deux enfants; comparant la foiblesse
de sa fille à la force du fils de Glazirne, elle dit
avec un mélange de joie, de douleur et d'une tendre jalousie : « Femme noire, que ton fils est grand
« et fort! Il est pourtant de l'âge de ma fille ! »

— « Femme rouge, dit Glazirne en se levant, j'ai
« commencé par ta fille; prends maintenant pour
« toi ces ignames, et bois ce suc d'une plante de
« mon pays, qui te rendra la fécondité. Mais hâte-
« toi de t'éloigner, le jour va naître; mon nouveau
« maître hait les femmes indiennes; ne reviens plus
« aux cases. Cache-toi dans la forêt; Imley te con-
« duira à un lieu secret connu de nous autres
« esclaves. Au milieu du jour je t'irai porter la
« pâture, et au milieu de la nuit pleurer avec toi.
« Mon cœur n'est point fait de l'acier des Blancs; je
« ne suis point née sans père ni sans mère, quoique
« ma mère m'ait vendue pour un collier. »

Glazirne remplit une coupe de bois de citronnier d'une liqueur particulière, et la présenta à la voyageuse, comme la Madianite offroit un vase d'eau à l'étranger, au bord du puits du Chameau. Céluta vida la coupe et sortit avec Imley, qui la conduisit au lieu désigné.

A l'heure où les cigales, vaincues par l'ardeur du soleil, cessent leurs chants, Céluta entendit un cri : c'étoit celui que les nègres poussent dans le désert pour écarter les serpents et les tigres. Elle découvrit Glazirne qui regardoit s'il n'y avoit point de Blancs alentour.

La négresse, se glissant dans le bois, déposa quelque chose au pied d'un arbre et se retira. Céluta, s'avançant à son tour, enleva la calebasse déposée. Il y avoit du lait pour la fille, des fruits et des gâteaux pour la mère : ce commerce clandestin de l'infortune et de la misère se faisoit à la porte du riche et de l'heureux.

Les ombres revinrent sur la terre. Céluta ouït vers le milieu de la nuit un bruissement léger ; elle étendit la main dans les ténèbres et rencontra bientôt celle de Glazirne : le bonheur repousse le bonheur, mais les larmes appellent les larmes ; elles viennent se mêler dans les cœurs des infortunés, comme ces eaux sympathiques qui se cherchent à travers les feuilles d'un livre mystérieux, et qui y font paroître, en se confondant, des caractères disposés d'avance par l'amour.

La négresse apportoit avec elle son fils : elle mit l'hostie pacifique entre les bras de l'Indienne, qui sentit ce compliment à la façon de la nature. Les deux femmes s'assirent ensuite sous un térébinthe dans une clairière; elles parlèrent de leur frère d'Artaguette, que l'une avoit sauvé, que l'autre avoit ramené blessé au camp des François. Glazirne prononça des paroles magiques de son pays sur la fille de Céluta, sur ce vaisseau à peine ébauché que la flamme avoit à demi dévoré dans le chantier de la vie. Puis la négresse ouvrit le haut de sa tunique d'esclave, dans laquelle elle tenoit cachée une colombe : elle rendit la liberté à l'oiseau blanc qui, plein de frayeur, allongeoit le cou hors du sein de l'Africaine. Cet emblème d'une âme pure qui s'envole vers les cieux, échappée des prisons de la vie, rappeloit en même temps l'idée de la liberté que Glazirne avoit perdue.

« Est-ce que tu crois que ma fille va mourir, dit
« Céluta, puisque la colombe s'est envolée ? »

— « Non, dit Glazirne; la colombe a porté au
« redoutable Niang les paroles que j'ai murmurées
« tout bas, pour guérir ta fille. »

— « Fais à la mode de ton pays, repartit l'In-
« dienne : je m'y accoutumerai mieux qu'à la mode
« du pays des Blancs. »

Glazirne déroula une feuille de roseau dans laquelle elle avoit enveloppé un coquillage de l'océan africain; elle adressa à cette Fétiche des reproches et des prières. Céluta porte à ses lèvres ce Manitou du malheur. Religion des infortunés, vous êtes partout la même ! les chagrins ont une source commune : cette source est le cœur de l'homme.

Ces femmes sauvages, si remplies des merveilles de Dieu, voulurent endormir leurs enfants : elles les placèrent sur des peaux moelleuses, l'un auprès de l'autre, dans les festons d'une liane fleurie qui descendoit des branches d'un vieux liquidambar : le fils de Glazirne tout nu et obscur comme l'ébène, la fille de Céluta parée d'un collier et éclatante comme l'ivoire ; ensuite elles agitèrent doucement le berceau suspendu. Céluta chantoit, et la nature lui inspiroit à la fois l'air et les paroles de son hymne au Sommeil.

« Enfants, plus heureux que vos mères, que votre
« sommeil soit également paisible et sans songes !
« N'êtes-vous point sur cette branche de fleurs les
« deux génies de la nuit et de la lumière ? vous êtes
« blanc et noir comme ces jumeaux célestes.
« L'un porte la chevelure dorée du matin ; l'autre
« couvre son front du léger crêpe du soir. Char-
« mantes nonpareilles, reposez ensemble dans ce
« nid : soyez plus heureux que vos mères. »

Les accents de la voix de Céluta étoient pleins de mélodie ! ils sortoient de son âme, et son âme étoit comme une lyre sous la main des anges. Sollicité au repos par le ralentissement graduel du mouvement de la branche, le couple innocent s'endormit : les mères confièrent à la brise le soin de balancer encore leurs gracieux nourrissons.

Mais le maukawis commençoit à chanter le réveil de l'aurore; les deux amies songèrent à se séparer; avant de quitter ce lieu, elles amassèrent quelques pierres pour en faire une marque au siècle futur, et les appelèrent, chacune dans sa langue, l'autel des Femmes Affligées.

L'Africaine promit de revenir. Cependant l'Indienne en vain espéra de revoir sa compagne; sa compagne ne reparut plus. Une fois seulement Céluta crut avoir entendu dans le lointain la voix de Glazirne: il arrive que les vents de l'automne jettent, le soir, sur nos bords, un oiseau de l'autre hémisphère; nous comptons retrouver au matin l'hôte de la tempête, mais il est déjà remonté sur le tourbillon, et son cri, du milieu des nuages, nous apporte son dernier adieu.

Après deux jours d'attente, Céluta se résolut à poursuivre sa route; il lui tardoit de revoir ses amis. Elle part; elle franchit des ruisseaux sur des branches entrelacées, légers ponts que les Sauvages jettent en passant; elle traverse des marais, en sautant d'une racine à une autre racine; elle se cache quelquefois auprès d'une habitation où des Blancs prennent leur repas dans le champ par eux labouré; lorsqu'ils se sont retirés, elle accourt avec une nuée de petits oiseaux qui guettoient comme elle les miettes tombées de la table de l'homme. Après une marche longue et pénible elle entre dans ses forêts natales, et arrive enfin aux Natchez.

Le premier Indien qu'elle aperçoit c'est Ondouré. Le bourreau a reconnu la victime; il s'avance vers elle, et, d'une voix adoucie, il la félicite de son retour. « Où est René? dit Céluta; chef cruel, « te devois-je rencontrer le premier! »

—« Ton mari, répondit Ondouré avec une modé-
« ration de langage que ses regards démentoient, ton
« mari est allé, par ordre des Sachems, chanter le
« calumet de paix aux Illinois. »

Quand on s'est attendu à quelque malheur, tout
ce qui n'est pas ce malheur semble un bien. « Il
« vit! » s'écrie Céluta, et elle se sent soulagée.

Les Sauvages environnent bientôt la nièce d'Adario; Mila et Outougamiz fendent la foule et se précipitent dans le sein de leur sœur.

« Je suis la femme de ton frère, s'écrie Mila
« sanglotant de joie, mais je suis toujours ta petite
« fille. »

—« Tu es la femme de mon frère, dit Céluta
« avec un mouvement de plaisir dont elle ne se
« rendit pas compte; aime-le et partage ses peines! »

—« Oh! dit Mila, j'ai déjà plus pleuré pour lui
« dans quelques jours que je n'ai pleuré pour moi
« dans toute ma vie. »

La voyageuse, conduite à sa cabane, la trouva
dévastée, telle que René l'avoit trouvée lui-même
à son retour. Céluta jeta un regard triste sur la
vallée, sur la rivière, sur le sentier de la colline
à demi caché dans l'herbe, sur tous ces objets où
son œil découvroit des traces de la fuite du temps.
La cabane fut promptement rétablie dans son premier ordre par Outougamiz et par Mila; ils y
vinrent demeurer avec leur sœur.

Cependant le couple ingénu n'osa raconter à
Céluta, déjà trop éprouvée, ce qui s'étoit passé
aux Natchez pendant son absence; il n'osa lui

dire les malheurs d'Adario, les calomnies dont René étoit la victime, les vertueuses inquiétudes d'Outougamiz. La fille de Tabamica voyoit qu'on lui cachoit quelque chose : tout lui paroissoit extraordinaire, l'éloignement de Chactas et de René, l'établissement des François sur le champ des Indiens, l'affectation des Indiens qui murmuroient des paroles de paix du même air qu'ils auroient entonné l'hymne de guerre. Adario n'étoit point venu voir sa nièce, où étoit-il ? Céluta résolut d'aller trouver son oncle, de lui demander l'explication de ces mystères, et de s'éclaircir du sort de René.

Enveloppée d'un voile, elle sort de sa cabane, lorsque les étoiles, déjà chassées de l'orient par le crépuscule, sembloient s'être réfugiées dans la partie occidentale du ciel. Elle glisse le long des prairies comme ces vapeurs matinales qui suivent le cours des ruisseaux ; elle arrive au grand village, cherche la cabane d'Adario, et ne trouve qu'un amas de cendres. Un chasseur vient à passer : « Chasseur, lui dit Céluta, où est maintenant la « demeure d'Adario ? » Le chasseur lui montre un bois avec son arc, et continue sa route.

La sœur d'Outougamiz s'avance vers le bois ; elle aperçoit à l'entrée la fille d'Adario, sentinelle vigilante qui observoit de loin les mouvements de son père Le Sachem erroit lentement entre les arbres, comme un de ces spectres de la nuit qui se retirent au lever du jour. Sa tête chauve et ses membres dépouillés étoient humides de rosée, sa hache si terrible dans les combats, reposant sur une de ses épaules nues près de son oreille, sembloit lui conseiller la vengeance.

Céluta ne se sentoit pas la hardiesse d'aborder le Sachem ; elle l'entendit pousser de profonds soupirs. Le vieillard tourne tout à coup la tête, et s'écrie d'une voix menaçante : « Qui suit mes pas ? »

— « C'est moi, » répond doucement Céluta.

« C'est toi, ma nièce ! Ne me présente pas ton « enfant ; mes mains sont dévorantes. »

— « Je n'ai point apporté ma fille, » reprend l'épouse de René, qui déjà embrasse les genoux du Sachem : « Et ma cousine ? » ajoute Céluta d'une voix suppliante.

« Ta cousine ! dit Adario ; où est-elle ? qu'elle « vienne ! elle n'a plus rien à craindre de mes em-« brassements. »

La fille d'Adario, assise à l'écart sur une pierre, regardoit de loin cette scène avec un mélange de terreur et d'envie. Elle accourt au signe que lui fait Céluta : pour la première fois, depuis le retour du fort Rosalie, elle se sent pressée sur le cœur paternel par la main qui lui a ravi son fils. Adario, surmontant de la tête ces deux femmes, et les serrant contre sa poitrine avec son bras armé de la hache, ressembloit à un bûcheron qui va couper deux arbustes chargés de fleurs.

Le Sachem, se dégageant des caresses de ces femmes : « Il n'est pas temps de pleurer comme un « cerf ; c'est du sang qu'il nous faut. » Montrant d'une main la terre à Céluta, et de l'autre la voûte

des arbres : « Voilà, lui dit-il, le lit et le toit que
« les étrangers m'ont laissés. »

— « Est-ce eux qui ont incendié ta cabane ? dit
« Céluta ; tes enfants t'en pourront bâtir une autre. »

Les lèvres d'Adario tremblèrent, son regard
parut égaré; il saisit sa nièce par la main : « Mes
« enfants! dis-tu; mes enfants, ils sont libres! Ils
« ne rebâtiront point ma hutte dans la terre de
« l'esclavage. »

Adario rejeta avec violence la main de Céluta. La
fille du Sachem cachoit dans ses cheveux son visage
baigné de larmes. Céluta s'aperçut alors que sa cousine ne portoit point son fils : elle eut un affreux
soupçon de la vérité.

L'épouse de René crut devoir calmer ces douleurs, dont elle ne connoissoit pas encore la source,
par quelques paroles d'amour. « Sachem, dit-elle,
« tu es un rempart pour les Natchez; et j'espère
« que mon mari reviendra bientôt chargé de colliers
« pacifiques. »

— « N'appelle pas ton mari, dit le vieillard, l'in-
« fâme que la colère d'Athaënsic a vomi sur ces ri-
« vages. Si tu conserves encore quelque attachement
« pour lui, ôte-toi de devant mes yeux ; que le roc
« qui me sert de couche ne soit pas souillé de
« l'empreinte de tes pas. »

— « Ah! s'écrie Céluta, voici le commencement
« des mystères dont j'étois venue demander l'expli-
« cation! Eh bien! Adario, qu'a donc fait René ?
« Parle, je t'écoute. »

Adario s'appuie contre un chêne, et répète à

Céluta la longue série des calomnies inventées par
Ondouré. A ce discours, qui auroit dû foudroyer
l'Indienne, vous l'eussiez vue prendre un air serein,
une contenance hardie : « Je respire ! dit-elle ; cher
« et malheureux époux ! si je t'avois jamais soup-
« çonné, maintenant tu serois pur à mes yeux comme
« la rosée du ciel. Que le monde entier te déclare
« coupable, je te proclame innocent ; que l'univers
« te déteste, j'aurai le bonheur de t'aimer sans ri-
« vale. Moi, t'abandonner, lorsque tu es calomnié,
« persécuté ! »

Les grandes âmes s'entendent : Adario admira sa
nièce. « Tu es de mon sang, dit-il, et c'est pour cela
« que l'amour de la patrie triomphera dans ton
« cœur de l'amour d'un homme. Que peux-tu oppo-
« ser à ce que je t'ai raconté ? »

— « Ce que j'y oppose ? répliqua vivement Céluta :
« le malheur de René. Mon mari coupable ! Il ne l'est
« point : tu en as trop dit, Adario, pour me con-
« vaincre. N'as-tu pas été jusqu'à me parler de Mila ?
« C'est à moi d'avoir affaire avec mon cœur, de dé-
« vorer mes peines, si j'en ai ; mais chercher à me
« faire croire à des trahisons envers les Natchez, par
« le ressentiment d'une infidélité qui ne regarde-
« roit que moi ! Sachem, je rougis pour ta vertu !
« j'ignorois que ton grand cœur fût si sensible à
« un chagrin de femme ! »

La fureur d'Adario s'allume ; il ne voit dans ce
dévouement de l'amour conjugal que la foiblesse
d'un esprit fasciné par la passion. Blessé des paroles de Céluta, il s'écrie : « Tremble, misérable

« servante d'un Blanc ; tremble qu'un indigne amour
« te fasse hésiter sur tes devoirs ; apprends que si
« ton sang étoit demandé par la patrie, cette main
« qui a étouffé mon fils te sauroit bien retrouver. »
Adario, s'arrachant du chêne contre lequel il est
appuyé, va chercher la caverne des ours pour y
fuir la vue des hommes, aussi insensible au mal
qu'il a fait que le poignard qui ne sent pas les palpitations du cœur qu'il a percé.

Le coup a pénétré jusqu'aux sources de la vie : la
victime s'est débattue contre le trait au moment où
ce trait l'a frappée, mais à la blessure refroidie
s'attache une douleur cuisante. Céluta ne croit point
au crime de René, mais il suffit qu'on accuse celui
qu'elle aime pour qu'elle soit navrée de douleur ;
elle ne croit pas à l'inconstance de son époux ; elle
ne supposera jamais René capable d'avoir donné
pour femme sa maîtresse à son ami ; mais que font
la raison, l'élévation des sentiments, la générosité
de caractère contre ces vagues soupçons qui traversent le cœur ? on s'en défend, on les repousse ;
vaine tentative ! ils renaissent comme ces songes
qui se reproduisent dans le cours d'un pénible
sommeil.

Céluta regagne à pas tremblants sa cabane, elle
y trouve ses aimables hôtes. « Mon frère, dit-elle
« en entrant, je sais tout : on trame quelque com« plot. Sauvons ton ami ! »

— « C'est parler cela, dit Mila en avançant d'un
« air courageux son joli visage. Ce n'est pas comme
« toi, Outougamiz, qui es triste comme un che-

« vreuil blessé : sauvons René ! c'est ce que je di-
« sois tantôt. »

Les deux sœurs et le frère s'assirent ensemble sur la même natte, approchèrent leurs trois têtes, et se mirent à examiner comment ils pourroient sauver René. Les conspirations des bons ne sont pas comme celles des méchants : on nuit facilement, on répare avec peine. Le fond du secret étoit ignoré de la femme, de l'ami et de l'amie de René : ils ne pouvoient donc apporter de remède à un mal dont la nature leur étoit inconnue. Mila ne savoit autre chose que de tuer Ondouré : elle soutenoit par son caractère résolu le frère et la sœur, dont les âmes, disoit-elle, étoient aussi pesantes que le vol d'un aigle blanc. « Les Sachems, ajoutoit Mila, ont
« plus de sagesse que nous, mais ils n'aiment point.
« Opposons nos cœurs à leurs têtes, et nous saurons
« bien comment agir quand le moment sera venu. »

Prêt à consommer ses forfaits, Ondouré sentoit ses passions s'exalter. Céluta, de retour de son pèlerinage, parut toute divine aux yeux du scélérat. Une femme en pleurs, une femme qui vient de faire des choses extraordinaires, a des attraits irrésistibles : plus l'âme s'élève vers le ciel, plus le corps se couvre de grâce, et le criminel, pour son supplice comme pour celui de sa victime, aime particulièrement la beauté qui tient à la vertu. « Quoi !
« cette femme, disoit Ondouré, si dévouée à mon
« rival, ne m'accorderoit pas même un sourire !
« Céluta, tu seras à moi ! j'assouvirai sur toi mes
« désirs, fusses-tu dans les bras de la mort. »

Au milieu de son triomphe, Ondouré éprouvoit pourtant une vive inquiétude : la jalousie de la Femme-Chef, endormie pendant les troubles aux Natchez et pendant l'absence de Céluta, jetoit maintenant de nouvelles flammes ; elle menaçoit le tuteur du Soleil d'un éclat qui l'eût perdu. Une scène inattendue fut au moment de produire la catastrophe qu'il redoutoit.

La fête de la pêche avoit été proclamée, fête sacrée à laquelle personne ne se pouvoit dispenser d'assister. Céluta s'y rendit avec Mila et son frère : le grand-prêtre ordonna la danse générale des femmes. La sœur d'Outougamiz fut obligée de figurer dans ce chœur religieux : émue par ses souvenirs, se laissant aller à une imagination attendrie, elle commence à faire parler ses pas, car la danse a aussi son langage ; tantôt elle lève les bras vers le ciel, comme le rameau d'un suppliant ; tantôt elle incline sa tête comme une rose affaissée sur sa tige. L'air de langueur et de tristesse de Céluta ajoutoit un charme à ses grâces.

Ondouré dévoroit des yeux la touchante Sauvage ; Akansie, qui ne le perdoit pas de vue, se sentoit prête à rugir comme une lionne. Dans l'illusion de sa passion, elle crut pouvoir lutter avec sa rivale, et descendit dans l'arène. Les mouvements de la femme jalouse étoient durs ; ses mains s'agitoient par convulsions ; ses pas se marquoient par intervalles courts et précipités ; le crime avoit l'air de peser sur le ressort qui la faisoit tressaillir. Honteux pour elle, le tuteur du Soleil détourna la vue :

la Femme-Chef s'en aperçut, et n'ayant le courage ni de cesser, ni de continuer la danse, elle se mit à tourner sur elle-même avec des espèces de hurlements.

Alors Mila, qui voulut tenir compagnie à sa sœur et se rire d'Akansie, vint voltiger sur le gazon. Ses pieds et ses bras se déploient par des mouvements brillants et onduleux; elle se balance comme un jeune peuplier caressé des brises : le sourire de l'amour est sur ses lèvres, l'ivresse du plaisir dans ses yeux; c'est un faon qui bondit, un oiseau qui vole; elle se joue, flotte, nage dans l'air comme un papillon.

Le contraste qu'offroient les trois femmes étonnoit les Natchez et les François présents à la fête : c'étoient la douleur, la jalousie et le plaisir qui mêloient leurs pas. Un hymne ordinairement chanté à cette cérémonie étoit répété en dialogue par les danseuses; Céluta disoit :

« Retire-toi, vagabonde du désert : le bruit de tes
« pleurs est pour moi plus détestable que celui de
« l'ondée qui perd la moisson : je hais les infortu-
« nés. Ma cabane se plaît dans la solitude : jamais
« un tombeau ne m'a détournée de mon chemin ;
« je le foule aux pieds, et je passe sur son gazon. »

La Femme-Chef répondoit :

« Je suis étrangère, je suis le serpent noir qui ne
« fait point de mal. Mon époux est loin, mon enfant
« va mourir : matrone de la cabane solitaire, sois
« bonne, donne à manger à ma faim; les génies t'en
« récompenseront : celui que tu aimes ne sera jamais
« loin, ni ton enfant prêt à mourir. »

Mila répliquoit :

« Viens dans ma cabane, viens, pauvre étrangère :
« malheur à qui repousse l'infortuné ! Viens, n'im-
« plore plus cette matrone. C'est une femme de
« sang : ses mains sont homicides, les lèvres de son
« enfant ne caressoient point son sein ; elles la fai-
« soient souffrir. Lorsque son enfant lui disoit : « Ma
« mère ! » elle n'avoit jamais besoin de sourire. Viens
« dans ma cabane, pauvre étrangère : malheur à qui
« poursuit l'innocent ! »

Il étoit temps que cette danse cessât : Céluta et Akansie étoient prêtes à s'évanouir. Le hasard, en mettant dans leur bouche le chant opposé à leur position et à leur caractère, les accabloit. Quelle leçon pour la Femme-Chef ! le persécuteur avoit pris un moment la place du persécuté, afin que le premier eût une idée de sa propre injustice. Lorsqu'à la fin du chant les trois femmes vinrent à mêler leurs voix, il sortit de ces voix confondues des sons qui arrachèrent un cri d'étonnement à la foule. La mère du Soleil quitta brusquement les jeux, faisant signe à Ondouré de la suivre : il ne lui osa désobéir.

Le couple impur arrive à la cabane du Soleil. Akansie éclate en reproches : « Voilà donc, s'écrie-
« t-elle, celui à qui j'ai tout sacrifié ! Honneur, re-
« pos, vertu, tout a péri dans la fatale passion qui
« me dévore ! Pour toi j'ai livré mon âme aux mau-
« vais génies ; pour toi j'ai consenti à laisser tuer le
« Grand-Chef. J'ai approuvé tous tes complots ; es-
« clave de ton ambition comme de ton amour, je

« me suis étudiée à satisfaire les moindres caprices
« de tes crimes. Heureuse, autant qu'on peut l'être
« sous le poids d'une conscience bourrelée, je me
« disois : Il m'aime ! Esprit des ombres, enseignez-moi
« ce qu'il faut faire pour conserver son cœur ! De
« quel nouveau forfait dois-je souiller mes mains
« pour donner plus de charmes à mes caresses ?
« Parle, je suis prête : renversons les lois, usurpons
« le pouvoir, immolons la patrie, et, s'il le faut,
« l'enfant royal que j'ai porté dans mes flancs ! »

Ces paroles, sortant à flots pressés d'un sein qui les avoit long-temps retenues, suffoquent la misérable Akansie : elle tombe dans les convulsions du désespoir aux pieds d'Ondouré. Effrayé des révélations qu'elle pouvait faire, le monstre eut un moment la pensée d'étouffer sa complice au milieu de cette crise de remords, avant que le repentir la rendît à l'innocence ; mais il avoit encore besoin du pouvoir de la Femme-Chef ; il la rappelle donc à la vie, il essaie de la calmer par des paroles d'amour.

« Tu ne me tromperas plus, dit-elle, je n'ai déjà été
« que trop crédule ; j'ai vu tes regards idolâtrer
« ma rivale ; je les ai vus se détourner de moi avec
« dégoût. Je repousse tes caresses ; tu te les repro-
« cherois, ou peut-être, en me les prodiguant, les
« offrirais-tu, dans le secret de ton cœur, à cette
« Céluta qui te méprise. »

Akansie s'arrête comme épouvantée de ce qu'elle va dire : ses yeux sont tachés de sang, son sein se gonfle et rompt les liens de fleurs dont il étoit entouré. Elle s'approche du chef inquiet, appuie ses mains aux épaules du guerrier, et parlant d'une voix étouffée, presque sur les lèvres du traître : « Écoute, lui dit-elle, plus d'amour ; il ne me faut « à présent que des vengeances ! J'ai favorisé tes pro-« jets, sers les miens ! Que Céluta soit enveloppée, « avec son mari, dans le massacre que tu médites. « Je veux tenir dans ma main cette tête charmante, « la présenter par ses cheveux sanglants à tes bai-« sers. Si tu hésites à m'offrir ce présent, dès de-« main j'assemble la nation, je rends l'éclat à la « vertu que tu as ternie, je dévoile tes crimes et les « miens, et nous recevrons ensemble le châtiment « dû à notre perversité. »

Akansie, les yeux attachés sur ceux d'Ondouré, cherche à surprendre sa pensée : « N'est-ce que cela « que tu demandes pour t'assurer de mon amour, « répondit l'homme infernal d'un ton glacé, tu se-« ras satisfaite : tu m'as livré René, je te livrerai « Céluta. »

— « Mais avant qu'elle soit à toi ! » s'écrie Akansie.

Ce mot fit hocher la tête à Ondouré : le scélérat vit qu'il étoit deviné. Il recula quelques pas. « Il faut « donc tout te promettre ! » s'écria-t-il à son tour.

Il sort, méditant un crime qui le délivreroit de la crainte de voir publier ceux qu'il avoit déjà commis. Les affreux amants se quittèrent, pénétrés de l'horreur qu'ils s'inspiroient mutuellement : au seul souvenir de ce qu'ils avoient découvert dans l'âme l'un de l'autre, leurs cheveux se hérissoient.

Céluta, dont la tête venoit d'être demandée et promise, étoit rentrée dans sa cabane, plus languissante que jamais : elle avoit trouvé Amélie accablée d'une fièvre violente. Mila prenoit l'enfant dans ses bras et lui disoit : « Fille de René, en cas que tu « viennes à mourir, j'irai, le matin, respirer ton âme « dans les parfums de l'aurore. Je te rendrai ensuite « à Céluta ; car que seroit-ce si une autre femme alloit « te ravir à nous, si tu descendois, par exemple, dans « le sein d'Akansie ? »

Outougamiz, qui écoutoit ce monologue, s'écria : « Mila, tu es toute notre joie et toute notre tristesse. « Est-ce que tu vas bientôt cueillir une âme ? Tu me « donnerois envie de mourir pour renaître dans ton « sein. »

L'idée de la mort, tout adoucie qu'elle étoit par cette gracieuse croyance, ne pouvoit cependant entrer dans le cœur d'une mère sans l'épouvanter. Cette mère demandoit inutilement des nouvelles de son époux. On n'avoit point entendu parler de René depuis son départ. Chactas étoit absent ; le capitaine d'Artaguette et le grenadier Jacques, après avoir passé un moment au fort Rosalie, avoient été envoyés à un poste avancé sur la frontière des tribus sauvages ; tous les appuis manquoient à la fois à Céluta, et elle alloit encore être privée de la protection d'Outougamiz.

Un soir, assise avec sa sœur à quelque distance de sa cabane, elle entendit du bruit dans l'ombre : Mila prétendit qu'elle voyoit un fantôme. « Ce n'est « point un fantôme, dit Imley, c'est moi qui viens « visiter Céluta. » — « Guerrier noir, s'écria Céluta, « qui te ramène ici ? Glazirne est-elle avec toi, cette

« colombe étrangère qui a réchauffé ma petite co-
« lombe sous ses ailes? »

— « Glazirne est toujours esclave, répondit Imley,
« mais j'ai rompu mes chaînes et celles d'Izéphar.
« Ondouré, le fameux chef, me nourrit dans la
« forêt, en attendant l'assemblée au grand lac. »

— « De quelle assemblée parles-tu? » demande
Céluta étonnée.

« Tais-toi, reprit Imley, c'est un secret que je ne
« sais pas entièrement, mais Outougamiz sera du
« voyage. Céluta, nous serons tous libres! Izéphar
« est avec moi; depuis qu'elle est fugitive, jamais
« elle n'a été si belle. Si tu la voyois dans les grandes
« herbes, où je la cache le jour, tu la prendrois pour
« une jeune lionne. Quand la nuit vient, nous nous
« promenons, en parlant de notre pays, où nous
« allons bientôt retourner. J'entends déjà le chant
« du coq de ma case; je vois déjà à travers les arbres
« la fumée des pipes des Zangars! » Imley, dansant et
chantant, se replongea dans le bois, laissant Mila
riante et charmée du caribou noir.

L'indiscrète légèreté de l'Africain jeta Céluta dans
de nouvelles inquiétudes : quel étoit le voyage que
devoit bientôt entreprendre Outougamiz et dont
l'Indien n'avoit jamais parlé?

Outougamiz n'avoit pu parler de ce voyage, car
il ignoroit encore ce qu'il étoit au moment d'apprendre. Imley, chef des noirs qu'Ondouré avoit
débauchés à leurs maîtres, pour les armer un jour
contre les Blancs, ne savoit pas lui-même le fond
du complot : il connoissoit seulement quelques

détails qu'on s'étoit cru obligé de lui apprendre, afin de soutenir son courage et celui de ses compagnons.

L'apparition d'Imley ne fut précédée de celle d'Adario que de quelques heures. Le Sachem vint à la cabane de Céluta chercher son neveu; il l'emmène dans un champ stérile et dépouillé où toute surprise étoit impossible; il parle ainsi au jeune homme :

« L'assemblée générale des Indiens pour la déli-
« vrance des chairs rouges a été convoquée au nom
« du Grand-Esprit par les Natchez. Quatre messa-
« gers ont été envoyés avec le calumet d'alliance
« aux quatre points de l'horizon : les guerres parti-
« culières sont pour un moment suspendues. Le
« calumet a été remis à la première nation que les
« messagers ont rencontrée; cette nation l'a porté
« à une autre, et ainsi de suite jusqu'à la limite où
« la terre a été bornée par le ciel et l'eau : nulle
« tribu n'a désobéi à l'ordre de Kitchimanitou[1]. Des
« députés de tous les peuples sont en marche pour
« le rendez-vous fixé au rocher du grand lac. Le
« conseil des Sachems t'a nommé avec le jongleur
« et le tuteur du Soleil, pour assister à l'assemblée
« générale.

« Outougamiz, il faut partir: la patrie te réclame;
« montre-toi digne du choix des vieillards. Cepen-
« dant si tu te sentois foible, dis-le-moi : nous cher-
« cherons un autre guerrier jaloux de faire vivre

[1] Le Grand-Esprit.

« son nom dans la bouche des hommes. Toi, tu
« prendras la tunique de la vieille matrone; le jour
« tu iras dans les bois abattre de petits oiseaux avec
« des flèches d'enfant; la nuit, tu reviendras secrè-
« tement dans les bras de ta femme qui te proté-
« gera; elle te donnera pour postérité des filles que
« personne ne voudra épouser. »

Outougamiz regarda le Sachem avec des larmes
d'indignation. « Qu'ai-je fait? lui dit-il. Ai-je mérité
« que mon oncle me parle ainsi? Depuis quand ai-je
« refusé de donner mon sang à mon pays? Si j'ai
« jamais eu quelque amour de la vie, ce n'est pas
« en ce moment. »

— « Nourris cette noble ardeur, s'écrie Adario.
« Oui! je le vois; tu es prêt à sacrifier... »

— « Qui? » dit Outougamiz en l'interrompant.

« Toi-même, » repartit le Sachem, qui sentit
l'imprudence de la parole à demi échappée à ses
lèvres; « va, mon neveu, va t'occuper de ton dé-
« part; tu apprendras le reste sur le rocher du grand
« lac. » Adario quitta Outougamiz, et celui-ci rentra
dans la cabane de René plein d'une nouvelle tristesse dont il ne pouvoit trouver la cause. On sait
par quelle profondeur de haine et de crime Ondouré avoit voulu qu'Outougamiz se trouvât à l'assemblée générale, afin de le lier par un serment
qu'il ne pourroit rompre.

Mila et Céluta observoient Outougamiz; elles le
virent préparer ses armes dans un endroit obscur
de la cabane; il tira de son sein la chaîne d'or, et
lui dit: « Manitou, te porterai-je avec moi? oui;

« les guerriers disent que tu me feras mourir, je te
« veux donc garder. » Les deux sœurs étoient hors
d'elles-mêmes en entendant Outougamiz parler
ainsi.

« Mon frère, dit Céluta, tu vas donc faire un
« voyage ? »

— « Oui, ma sœur, » répondit le jeune guerrier.

« Seras-tu long-temps ? dit Mila. Je sais que tu
« vas au rocher du grand lac. »

— « Cela est vrai, repartit Outougamiz ; mais
« comment le sais-tu ? Il s'agit de la patrie, il faut
« partir. »

Mila ne trouvoit plus de paroles : assise sur sa
natte, elle pleuroit ; un Allouez de la garde du Soleil se présente. « Guerrier, dit-il à Outougamiz, les
« Sachems assemblés t'attendent. »

— « Je te suis, » répond Outougamiz. Mila et
Céluta volent à leur mari et à leur frère. « Quand
« te reverrons-nous ? » dirent-elles en l'entourant
de leurs bras.

« Les lierres, répondit Outougamiz, ne pressent
« que les vieux chênes : je suis trop jeune encore
« pour que vous vous attachiez à moi ; je ne vous
« pourrois soutenir. »

— « Si je portois ton fils dans mon sein, dit Mila,
« me quitterois-tu ? Comment ferons-nous sans René
« et sans Outougamiz ? »

— « Tu es sage comme une vieille matrone, Mila, »
repartit le Sauvage.

« Ne te fie pas à mes cheveux blancs, dit Mila
« avec un sourire ; c'est de la neige d'été sur la

7.

« montagne ; elle fond au premier rayon du soleil. »

L'Allouez pressant Outougamiz de partir, Céluta s'écria : « Grand-Esprit ! fais qu'il nous rapporte le « bonheur ! » prière qui n'arriva pas jusqu'au ciel. Les deux femmes restèrent sur le seuil de la cabane à écouter les pas d'Outougamiz, qui retentissoient dans la nuit. Quand elles n'entendirent plus rien, elles rentrèrent et pleurèrent jusqu'au lever du jour.

Arrivé à la grotte des Sachems, Outougamiz apprit que le jongleur et Ondouré, avec leur suite et les présents, étoient déjà partis, et qu'il les devoit rejoindre. Les vieillards exhortèrent le frère de Céluta à soutenir l'honneur et la liberté de sa patrie. Le même garde qui l'avoit amené au conseil le conduisit dans la forêt où se croisoient divers chemins. Outougamiz marcha vers le nord ; il trouva le jongleur et Ondouré au lieu désigné : ce lieu étoit la fontaine même où Céluta avoit rencontré son mari et son frère, lors de leur retour du pays des Illinois.

Sur la côte septentrionale du lac Supérieur s'élève une roche d'une hauteur prodigieuse ; sa cime porte une forêt de pins ; de cette forêt sort un torrent qui, se précipitant dans le lac, ressemble à une zone blanche suspendue dans l'azur du ciel. Le lac s'étend comme une mer sans bornes ; l'île des Ames apparoît à peine à l'horizon. Sur les côtes du lac la nature se montre dans toute sa magnificence sauvage. Les Indiens racontent que ce fut du sommet de la *Roche-Isolée* que le Grand-Esprit examina la terre après l'avoir faite, et qu'en mémoire de cette merveille il voulut qu'une partie de cette terre restât visible du lieu d'où il avoit contemplé la création au sortir de ses mains.

C'étoit à ce rocher, témoin des œuvres du Grand-Esprit, que toutes les nations indiennes se devoient réunir. Une flotte aussi nombreuse que singulière commençoit à s'assembler au pied du rocher; le canot pesant de l'Iroquois voguoit auprès du canot léger du Huron; la pirogue de l'Illinois, d'un seul tronc de chêne, flottoit avec le radeau du Pannis; la barque ronde du Poutoüais étoit soulevée par la vague qui ballottoit l'outre de l'Esquimaux.

Les députés des Natchez gravirent la roche sauvage; de jeunes Indiens de toutes les tribus les accompagnèrent. Sur les deux rives du torrent, dans l'épaisseur du bois, ils construisirent, en abattant des pins, une salle dont les troncs des arbres renversés formoient les siéges. Au milieu de cet amphithéâtre ils allumèrent un immense bûcher.

Toutes les nations étant arrivées, elles montèrent au rocher du Grand-Esprit, et vinrent occuper tour à tour l'enceinte préparée.

Les Iroquois parurent les premiers: nulle autre nation n'auroit osé passer avant eux. Ces guerriers avoient la tête rasée, à l'exception d'une touffe de cheveux qui composoit, avec des plumes de corbeau, une espèce de diadème; leur front étoit peint en rouge; leurs sourcils étoient épilés: leurs longues oreilles découpées se rattachoient sur leur poitrine. Chargés d'armes européennes et sauvages, ils portoient une carabine en bandoulière, un poignard à la ceinture, un casse-tête à la main. Leur démarche étoit fière, leur regard intrépide : c'étoient les républicains de l'état de nature. Seuls de tous les Sauvages, ils avoient résisté aux Européens et dompté les Indiens de l'Amérique septentrionale. Le Canada étoit leur pays. Ils entrèrent dans la salle du conseil en exécutant le pas d'une danse guerrière ; ils prirent, à la droite du torrent, la place la plus honorable.

Après eux parurent les Algonquins, reste d'une nation, autrefois si puissante, et qu'après trois siècles de guerre les Iroquois avoient presque exterminée. Leur langue, devenue la langue polie du désert, comme celle des Grecs et des Romains dans l'ancien monde, attestoit leur grandeur passée. Ils n'avoient que deux jeunes hommes pour députés : ceux-ci, d'une taille élevée, d'une contenance guerrière, ne portant ni ornements ni peintures, entrèrent simplement et sans danser dans l'enceinte. Ils passèrent devant les Iroquois, la tête haute, et se placèrent en silence sur la gauche du torrent, en face de leurs ennemis.

Les Hurons venoient les troisièmes : vifs, légers, braves, d'une figure sensible et animée, c'étoient les François du Nouveau-Monde. De tout temps alliés d'Ononthio [1] et ennemis des Iroquois, ils occupoient quelques bourgades autour de Québec. Ils se précipitèrent dans la salle du conseil, jetèrent

---

[1] Le gouverneur du Canada.

en passant un regard moqueur aux Iroquois, et s'assirent auprès de leurs amis les Algonquins.

Un prêtre, suivi d'un vieillard, et ce vieillard suivi lui-même d'un guerrier sur l'âge, arrivèrent après les Hurons. Le prêtre n'avoit pour tout vêtement qu'une étoffe rouge roulée en écharpe autour de lui : il tenoit à la main deux tisons enflammés, et murmuroit à voix basse des paroles magiques. Le vieillard qui le suivoit étoit un Sagamo ou un roi ; ses cheveux longs flottoient sur ses épaules ; son corps nu étoit chargé d'hiéroglyphes. Le guerrier qui marchoit après le vieillard portoit sur la tête un berceau, par honneur pour les enfants qu'on adoroit dans son pays. Ces trois Sauvages représentoient les nations Abénaquises, habitantes de l'Acadie et des côtes du Canada. Ils prirent la gauche des Iroquois.

Un homme, dont le visage annonçoit la majesté tombée, se présenta le cinquième sur le rocher. Un manteau de plumes de perruches et de geais bleus, suspendu à son cou par un cordon, flottoit derrière lui comme des ailes. C'étoit un empereur de ces anciens peuples qui habitoient jadis la Virginie, et qui depuis se sont retirés dans les montagnes aux confins des Carolines.

Un autre débris des grandeurs sauvages venoit après l'empereur virginien : il étoit chef des Paraoustis, races indigènes des Carolines, presque totalement extirpées par les Européens. Le prince étoit jeune, d'une mine fière, mais aimable ; tout son corps, frotté d'huile, avoit une couleur cuivrée ;

un androgyne, être douteux très commun chez les Paraoustis, portoit les armes de ce chef. Un Ionas, prêtre, ou un jongleur, le précédoit en jouant d'un instrument bizarre.

Parurent alors les députés des nations confédérées de la Floride, les fameux Criques, Muscogulges, Siminoles et Chéroquois. Un nez aquilin, un front élevé, des yeux longs, distinguoient ces Indiens des autres Sauvages : leur tête étoit ceinte d'un bandeau, ombragée d'un panache; en guise de tunique, ils portoient une chemise européenne bouffante, rattachée par une ceinture; le Mico ou le roi marchoit à leur tête; des esclaves Yamasées et des femmes gracieuses les suivoient. Tout ce cortége entra avec de grandes cérémonies : les nations déjà assises, excepté les Iroquois, se levèrent et chantèrent sur son passage. Les Criques s'assirent au fond de la salle sur les troncs des pins qui faisoient face au lac, et qui n'étoient point encore occupés.

Les Chicassaws et les Illinois, voisins des Natchez, leur ressembloient par l'habillement et par les armes. Après eux défilèrent les députés des peuples Transmeschacebéens : les Clamoëts, qui souffloient en passant dans l'oreille des autres Sauvages pour les saluer; les Cénis, qui portoient au bras gauche un petit plastron de cuir pour parer les flèches; les Macoulas, qui habitent des espèces de ruches, comme des abeilles; les Cachenouks, qui ont appris à faire la guerre à cheval, qui lancent une fronde avec le pied, et cassent, en galopant, la tête à leurs ennemis ; les Ouras, au crâne aplati, qui marchent en imitant la danse de l'ours, et dont les joues sont traversées par des os de poissons.

Des Sauvages petits, d'un air doux et timide, vêtus d'un habit qui leur descendoit jusqu'à la moitié des cuisses, s'avancèrent : ils avoient sur la tête des touffes de plumes, à la main des quipos, aux bras et au cou des colliers de cet or qui leur fut si funeste. Un Cacique portoit devant lui le premier calumet envoyé de l'île de Saint-Salvador pour annoncer aux nations américaines l'arrivée de Colomb. On reconnut les tristes débris des Mexicains. Il se fit un profond silence dans l'assemblée à mesure que ces Indiens passoient.

Les Sioux, peuple pasteur, anciens hôtes de Chactas, auroient fermé la marche, si derrière eux on n'eût aperçu les Esquimaux. Une triple paire de chaussons et de bottes fourrées abritoient les cuisses, les jambes et les pieds de ces Sauvages ; deux casaques, l'une de peau de cygne, l'autre de peau de veau marin, enveloppoient leur corps ; un capuchon, ramené sur leur tête, laissoit à peine voir leurs petits yeux couverts de lunettes ; un toupet de cheveux noirs, qui leur pendoit sur le front, venoit rejoindre leur barbe rousse. Ils menoient en laisse des chiens semblables à des loups ; de la main droite ils tenoient un harpon, de la main gauche une outre remplie d'huile de baleine.

Ces pauvres Barbares, en horreur aux autres Sauvages, furent repoussés de tous les rangs où ils se voulurent asseoir : le Cacique mexicain les appela, et leur fit une place auprès de lui ; Outougamiz le remercia de son hospitalité. L'assemblée ainsi complète, un grand festin fut servi. Les guerriers des diverses nations s'étonnoient de ne point voir Chactas ; tous croyoient avoir été convoqués par son ordre, et les vieillards avoient amené leurs fils pour être témoins de sa sagesse. Ondouré balbutia quelques excuses où, mieux instruit, on eût découvert ses crimes.

C'étoit au coucher du soleil que devoit commencer la délibération ; Outougamiz ne savoit ce qu'il alloit apprendre, mais il pressentoit quelque chose de sinistre. L'ouverture de la salle étoit tournée vers le couchant, de sorte que les députés, assis dans le bois sur le tronc des pins, découvroient la vaste perspective du lac et le soleil incliné sur l'horizon : le bûcher brûloit au milieu du conseil. La roche élevée portoit dans les airs, comme sur un piédestal, et ce bois né avec la terre, et cette assemblée de Sauvages, prête à délibérer sur la liberté de tout un monde.

Aussitôt que le disque du soleil toucha les flots du lac, par-delà l'île des Ames, le jongleur des Natchez, les bras tendus vers l'astre du jour, s'écria : « Peuples, levez-vous ! » Quatre interprètes des quatre langues-mères de l'Amérique répétèrent le commandement du jongleur, et les députés se levèrent.

Le silence règne : on n'entend que le bruit de torrent qui coule au milieu du conseil, et qui cesse de gronder en se précipitant dans le lac où il n'arrive qu'en vapeur.

Tous les yeux sont fixés sur le jongleur : il déploie lentement un rouleau de peaux de castor; la dernière enveloppe s'entr'ouvre : on aperçoit des ossements humains!

« Les voilà, s'écrie le prêtre, ces témoins redou-
« tables! Ossements sacrés, vous reposerez encore
« dans une terre libre! Oui! pour vous, nous allons
« entreprendre des choses qui ne se sont point en-
« core vues! sur vous, nous allons prêter le serment
« d'un secret plus profond que les abîmes de la
« tombe, dont nous vous avons retirés. »

Le jongleur s'arrête, puis s'écrie de nouveau : « Peuples, jurez! » Il prononce ainsi la formule du plus terrible des serments :

« Par le Grand-Esprit, par Athaënsic, par les
« cendres de nos pères, par la patrie, par la liberté,
« je jure d'adhérer fidèlement à la résolution qui
« sera prise, soit en général par tous les peuples,
« soit en particulier par ma nation. Je jure que,
« quelles que soient les mesures que les peuples en
« général, ou ma nation en particulier, adoptent
« dans cette assemblée, je garderai un inviolable
« secret. Je ne révélerai ce secret ni à mes frères, ni
« à mes sœurs, ni à mon père, ni à ma mère, ni à
« ma femme, ni à mes amis, encore moins à ceux
« contre qui ces mesures pourroient être adoptées.
« Si je révèle ce secret, que ma langue soit coupée
« en morceaux, que l'on m'enferme vivant dans un
« tombeau, qu'Athaënsic me poursuive, que mon

« corps après ma mort soit livré aux mouches,
« et que mon âme n'arrive jamais au pays des
« âmes! »

Agité du génie de la mort, le jongleur se tait ;
il promène des yeux hagards sur l'assemblée, que
glace une religieuse terreur. Tout à coup les Sauvages, déployant un bras armé, s'écrient : « Nous le
« jurons! »

Le soleil tombe sous l'horizon, le lac bat ses
rivages, le bois murmure, le bûcher du conseil
pousse une noire fumée, les ossements semblent
tressaillir : Outougamiz a juré.

Il a juré! et comment eût-il pu ne pas prononcer
le serment? La religion, la mort, la patrie, avoient
parlé! Cent vieillards avoient promis de se taire
sur la délivrance de toutes les nations américaines!

Ondouré avoit prévu pour Outougamiz cet entraînement inévitable, il jeta un regard plein d'une
joie affreuse sur l'infortuné : Outougamiz sentit
passer sur lui ce fatal regard. Il leva les yeux et
lut son malheur au visage du monstre. Un cri aigu
sort de la poitrine du frère de Céluta : « René est
« mort! j'ai tué mon ami! »

Ce cri, ce désespoir trouble l'assemblée. Ondouré explique tout bas aux Sachems que ce neveu du grand Adario a quelquefois des accès de
frénésie, effet d'un sort à lui jeté par un magicien de la chair blanche. Les prêtres entourent
le jeune Sauvage, et prononcent sur lui des paroles mystérieuses. Outougamiz revient du pre-

mier égarement de sa douleur : il n'ose plus se plaindre devant les ministres du Grand-Esprit ; il écoute la délibération qui commence. Un vague espoir lui reste de trouver le moyen d'échapper à des maux qu'il prévoit, mais que cependant il ne connoît pas, puisqu'il ignore ce qu'on va proposer.

Ondouré porte la parole au nom des Natchez. Six Sachems, chargés de garder dans leur mémoire le discours du chef, se distribuèrent les bûchettes qui devoient servir à noter la partie du discours que chacun d'eux étoit obligé de retenir.

« L'arbre de la paix, dit Ondouré, étendoit ses « rameaux sur toute la terre des chairs rouges qui « croyoient être seules dans le monde. Nos pères « vivoient rassemblés à l'ombre de l'arbre : les fo- « rêts ne savoient que faire de leurs chevreuils et « les lacs de leurs poissons.

« Donnez douze colliers de porcelaine bleue. »

Le jongleur des Natchez jette douze colliers au milieu du conseil.

« Un jour, reprit Ondouré, jour fatal ! un bruit « vint du Levant ; ce bruit disoit : Des guerriers « vomissant le feu et montés sur des monstres ma- « rins sont arrivés à travers le lac sans rivages. Nos « aïeux rirent : guerriers mexicains, que je vois ici, « vous savez si le bruit disoit vrai.

« Nos pères, enfin convaincus de l'apparition « des étrangers, délibérèrent. Ils dirent : Bien « que les étrangers soient blancs, ils n'en sont

« pas moins des hommes, on leur doit l'hospita-
« lité.

« Alléchés par nos richesses, les Blancs descen-
« dirent de toutes parts sur nos rives. Mexicains,
« ils vous ensevelirent dans la terre; Chicassaws, ils
« vous obligèrent de vous enfoncer dans la solitude;
« Paraoustis, ils vous exterminèrent; Abénaquis, ils
« vous empoisonnèrent avec une poudre; Iroquois,
« Algonquins, Hurons, ils vous détruisirent les uns
« par les autres; Esquimaux, ils s'emparèrent de
« vos filets; et nous, infortunés Natchez, nous suc-
« combons aujourd'hui sous leurs perfidies. Nos Sa-
« chems ont été enchaînés; le champ qui couvroit
« les cendres de nos ancêtres est labouré par les
« étrangers que nous avions reçus avec le calumet
« de paix.

« Donnez douze peaux d'élan pour la cendre des
« morts. »

Le jongleur donne douze peaux d'élan.

« Mais pourquoi, continua Ondouré, m'étendrois-
« je sur les maux que les étrangers ont fait souffrir
« à notre patrie? Voyez ces hommes injustes se
« multiplier à l'infini, tandis que nos nations dimi-
« nuent sans cesse. Ils nous détruisent encore plus
« par leurs vices que par leurs armes; ils nous dé-
« vorent en s'approchant de nous : nous ne pouvons
« respirer l'air qu'ils respirent; nous ne pouvons
« vivre sur le même sol. Les Blancs, en avançant et
« en abattant nos bois, nous chassent devant eux
« comme un troupeau de chevreuils sans asile. La
« terre manquera bientôt à notre fuite, et le der-

« nier des Indiens sera massacré dans la dernière
« de ces forêts.

« Donnez un grand soleil de pierre rouge, pour le
« malheur des Natchez. »

Le jongleur jette une pierre en forme de soleil
au centre du conseil.

Ondouré se rassied : les Sauvages frappent leurs
casse-têtes en signe d'applaudissements.

Le chef natchez, voyant les esprits préparés à
tout entendre, crut qu'il étoit temps de dévoiler le
secret. Il se lève de nouveau, et, reprenant la parole, il fait observer d'abord qu'un coup soudainement frappé est le seul moyen de délivrer les Indiens; qu'attaquer les Blancs à force ouverte, c'étoit
s'exposer à une destruction certaine, puisque ceux-ci étoient sûrs de triompher par la supériorité de
leurs armes; que le crime étant prouvé, peu importoit la manière de le punir; que se laisser arrêter par une pitié pusillanime, c'étoit sacrifier la
liberté des générations à venir aux petites considérations d'un moment. « Voici donc, dit-il, ce que
« les Natchez vous proposent. »

Le silence redouble dans l'assemblée; Outougamiz sent sa peau se coller à ses os.

« Dans tous les lieux où il se trouve des Blancs,
« il faut que les Indiens paroissent leurs amis et
« même leurs esclaves. Une nuit, les chairs rouges
« se lèveront à la fois, et extermineront leurs en-
« nemis. Les esclaves noirs nous aideront dans
« notre vengeance, qui sera la leur; deux races
« seront délivrées du même coup : les Indiens

« chez lesquels il n'y a point d'étrangers se réuni-
« ront à leurs frères opprimés pour accomplir la
« justice.

« Le moment de cette justice sera fixé à l'épo-
« que des grands jeux chez les nations. Ces jeux
« offriront le prétexte naturel des rassemblements ;
« mais, comme il est essentiel que le coup soit
« frappé partout la même nuit, on formera des
« gerbes de roseaux contenant autant de roseaux
« qu'il y aura de jours à compter du jour de l'ou-
« verture des jeux au jour de l'exécution ; les jon-
« gleurs seront chargés de la garde de ces gerbes ;
« chaque nuit ils retireront un roseau et le brû-
« leront, de sorte que le dernier roseau brûlé
« sera la dernière heure des Blancs. Jetez un
« poignard. »

Le jongleur jette un poignard aux pieds des
guerriers.

Ici se brisent les paroles d'Ondouré, de même
que se rompent quelquefois ces chaînes de fer qui
attachent les prisonniers dans les cachots : libre
d'une attention pénible, le conseil commence à
s'agiter. Un murmure d'horreur, d'étonnement, de
blâme, d'approbation, circule dans les rangs de
l'assemblée, grossit et bientôt éclate en mille clameurs. Les Sauvages montés sur les pins abattus
n'étoient éclairés, dans la profondeur de la nuit,
qu'à la lueur des flammes du bûcher ; on les eût
pris, à travers les branches et les troncs des arbres,
pour un peuple répandu parmi les ruines et les
colonnes d'une ville embrasée. Tous vouloient par-

ler à la fois; on se menaçoit; on levoit les massues; le cri de guerre, poussé de la cime du roc, se perdoit sur les flots du lac où le bûcher du conseil se reflétoit comme un phare sinistre.

Les jongleurs courant çà et là, agitant des baguettes, maniant des serpents, au lieu de rétablir la paix, ne faisoient qu'augmenter le désordre. On venoit de mettre aux prises les principes les plus chers aux hommes : la liberté-de tout temps, la morale de toute éternité. Ondouré avoit conçu le crime et les détails du crime, le plan et les moyens d'exécution, avec la férocité d'un tigre et la ruse d'un serpent. Cependant le calme peu à peu se rétablit. Outougamiz, qui veut élever la voix, est sévèrement réprimandé par les Sachems; c'étoit aux Iroquois à se faire entendre. Le chef de cette nation s'étant levé, on prête une oreille attentive et inquiète à l'opinion d'un peuple si célèbre.

L'orateur répéta d'abord, selon l'usage, le discours entier d'Ondouré, dont chaque division lui étoit soufflée par un des six Sachems chargés des bûchettes de la mémoire. Ensuite, répondant à ce discours, il dit :

« Ce que le chef des Natchez a proposé est grand,
« mais est-il juste? Chactas, mon vieil ami, n'est pas
« là-dedans; j'y vois Adario : les yeux de Chactas
« sont tombés comme deux étoiles, sous un ciel qui
« annonce l'orage. J'ai dit.

« Nous ne sommes point les amis des Blancs; de-
« puis deux cents neiges nous les combattons; mais
« une injustice justifie-t-elle un meurtre? Devien-

« drons-nous, en nous vengeant, semblables aux
« chairs blanches ? L'Iroquois est un chêne qui op-
« pose la dureté de son bois à la hache qui le veut
« couper; mais il ne laisse point tomber ses branches
« pour écraser celui qui le frappe. On n'est pas libre
« parce qu'on se dit libre : la première pierre de la
« cabane de la liberté est la vertu. J'ai dit.

« L'Iroquois avoit cru qu'il s'agissoit de s'associer
« pour lever la hache[1]; veut-on chanter la guerre
« à l'étranger, l'Iroquois se met à votre tête. Mar-
« chons, volons. L'Iroquois rugit comme un ours, il
« fend les flots des chairs blanches, il brise les têtes
« avec sa massue, il crie : « Suivez-moi au fort des
« Blancs. » Il s'élance dans le fossé; de son corps il
« vous fait un pont comme une liane pour passer
« sur le fleuve de sang, pour rendre la liberté aux
« chairs rouges. Voilà l'Iroquois, mais l'Iroquois
« n'est pas une fouine; il ne suce pas le sang de
« l'oiseau qui dort. J'ai dit. »

L'orateur, en prononçant la dernière partie de
son discours, imitoit à chaque parole l'objet dont
il empruntoit l'image. Il disoit : « Marchons, » et il
marchoit; « volons, » et il étendoit les bras. Il ru-
gissoit comme un ours, il frappoit les pins avec
son casse-tête, il montoit à l'escalade; il se jetoit en
arc comme un pont.

Des acclamations, les unes de joie, les autres de
rage, ébranlent le bois sacré. Outougamiz s'écrioit :
« Voilà l'Iroquois, voilà Chactas, voilà moi, voilà
« René, voilà Céluta, voilà Mila ! »

[1] Déclarer la guerre.

Ondouré paroissoit consterné : de ses desseins avortés, il ne lui restoit que le crime. Un Chicassaws, prenant impétueusement la parole, rompit l'ordre de la délibération, et rendit l'espérance au tuteur du Soleil.

« Quoi ! dit ce Chicassaws, est-ce bien un Iro-
« quois que nous venons d'entendre? Le peuple qui
« devroit nous soutenir dans une guerre sacrée
« nous abandonne! Si ces orgueilleux cyprès, qui
« portoient jadis leur tête dans le ciel, sont deve-
« nus des lierres rampants, qu'ils se laissent fouler
« aux pieds du chasseur étranger! Quant au Chicas-
« saws, déterminé à délivrer la patrie, il adopte
« le plan des Natchez. »

Ces paroles furent vivement ressenties par les Iroquois, qui donnèrent aux Chicassaws le nom de daims fugitifs et de furets cruels. Les Chicassaws répliquèrent en appelant les Iroquois oiseaux parleurs, et loups changés en dogues apprivoisés. Toutes ces nations, se divisant, sembloient prêtes à se charger sur la pointe du roc, à se précipiter dans le lac avec l'eau du torrent et les débris du bûcher, lorsque les jongleurs parvinrent à obtenir un moment de silence. Le grand-prêtre des Natchez, du milieu des branches d'un pin dont il tient le tronc embrassé, s'écrie :

« Par Michabou, génie des eaux, dont vous trou-
« blez ici l'empire, cessez vos discordes funestes !
« Aucune nation présente à cette assemblée n'est
« obligée de suivre l'opinion d'une autre nation : tout
« ce qu'elle a promis, c'est le secret, et elle ne peut

« le dévoiler sans périr subitement. Trois opinions
« divisent le conseil : la première rejette le plan des
« Natchez, la seconde l'adopte, la troisième veut
« garder la neutralité. Eh bien ! que chaque peuple
« suive l'opinion à laquelle il se range, cela n'em-
« pêchera pas ceux qui veulent une vengeance écla-
« tante de l'accomplir. Quand nos frères demeurés
« en paix sur leurs nattes verront nos succès, peut-
« être se détermineront-ils à nous imiter. »

La sagesse du jongleur fut louée et son avis adopté. Alors se fit la séparation dans l'assemblée : les Indiens du nord et de l'est, les Iroquois à leur tête, se déclarèrent opposants au projet des Natchez; les peuples de l'ouest, les Mexicains, les Sioux, les Pannis, dirent qu'ils ne blâmoient ni ne désapprouvoient le projet, mais qu'ils vouloient vivre en paix; les peuples du midi, et ceux qui, en remontant vers le septentrion, habitoient les rives du Meschacebé, les Chicassaws, les Yazous, les Miamis, entrèrent dans la conjuration. Mais tous ces peuples, quelles que fussent leurs diverses opinions, avoient juré sur la cendre des morts qu'ils garderoient un secret inviolable, et tous déclarèrent de nouveau, avec cette foi indienne rarement démentie, qu'ils seroient fidèles à leur serment.

« Le voilà donc décidé le sort des Blancs aux Nat-
« chez ! » s'écria Ondouré dans un transport de joie, en voyant le nombre considérable des nations du midi engagées dans le complot.

Jusqu'alors un rayon d'espérance avoit soutenu le malheureux Outougamiz; mais quand un tiers de l'assemblée se fut déclaré pour le projet du tuteur du Soleil, l'ami de René se sentit comme un homme dont le Créateur a détourné sa face. Il s'avance, ou plutôt il se traîne au milieu de l'assemblée : les uns, selon leur position, le voyoient comme une ombre noire sur la flamme du bûcher; les autres l'apercevoient comme le génie de la douleur, à travers le voile mobile de la flamme.

« Eh bien ! » dit-il d'une voix concentrée, mais qu'on entendoit dans l'immense silence de la terre et du ciel, « il faut que je tue mon ami ! C'est moi, « sans doute, Ondouré, que tu chargeras de porter « le coup de poignard. Nations, vous avez surpris « ma foi ; hélas ! elle n'étoit pas difficile à surpren-«dre ! Je suis simple ; mais ce que vous ne sur-« prendrez pas, c'est l'amitié d'Outougamiz. Il se « taira, car il a prêté le serment du secret, mais « quand vous serez prêts à frapper, Outougamiz, « avec le Manitou d'or que voici, sera debout de-« vant René. Forgez le fer bien long : pour atteindre « le cœur de mon ami, il faut que ce fer passe par « le mien. »

Le jeune homme se tut : ses yeux étoient levés vers le firmament ; c'étoit l'ange de l'Amitié redemandant sa céleste patrie. Les Sachems écoutoient pleins de pensées ; ils entrevoyoient un secret qu'ils croyoient important de connoître ; ils commandoient le silence au conseil : les prodiges de l'amitié d'Outougamiz, connus de toute la solitude, faisoient l'admiration des jeunes Sauvages.

Le frère de Céluta ramenant ses regards sur l'as-

semblée : « Guerriers, pourquoi êtes-vous muets ?
« Enseignez-moi donc ce qu'il faut que je dise à ma
« sœur et à ma femme, lorsqu'elles viendront au-
« devant de moi. Que dirai-je à René lui-même ?
« Lui dirai-je : « Chevreuil, que j'avois trouvé dans
« le marais des Illinois, viens que je rouvre la bles-
« sure que ma main avoit fermée ? »

Outougamiz, portant tout à coup ses deux mains
à sa poitrine : « Je t'arracherai bien de mon sein,
« affreux secret ! s'écria-t-il. Os de mes pères, vous
« avez beau vous soulever et marcher devant moi,
« je parlerai ; oui, je parlerai ; je ne serai point un
« assassin ! René, écoute, entends-tu ?.... Voilà tout
« ce qui s'est passé au conseil ; ne va pas le répéter !
« Mais, René, n'es-tu pas coupable ?.... Ah ! Dieu ! j'ai
« parlé, j'ai violé mes serments, j'ai trahi la patrie ! »
Outougamiz défaillit devant le bûcher ; si les guerriers voisins ne l'eussent retenu, il tomboit dans
la flamme. On le couche à l'écart sur des branches.

Cet évanouissement donna le temps au jongleur et
à Ondouré de répéter ce qu'ils avoient déjà dit de la
frénésie d'Outougamiz, causée par un maléfice. Im-
patientes de partir, les nations se levèrent, et l'on
oublia le frère de Céluta.

Les tribus qui avoient adopté le plan des Natchez reçurent du jongleur les gerbes funéraires :
dans chaque gerbe il y avoit douze roseaux. L'é-
poque des grands jeux, qui duroient douze jours,
commençoit le dix-huitième jour de la lune des
chasses ; c'étoit ce jour-là même que les jongleurs,
chez les différentes nations conjurées, devoient

brûler le premier roseau : les autres roseaux, successivement retirés pendant onze nuits, annonceroient le massacre avec l'épuisement de la gerbe.

Les Indiens commencèrent à descendre le sentier étroit et dangereux qui conduisoit au bas du rocher. Lorsqu'ils arrivèrent au rivage, le jour éclairoit l'horizon, mais il étoit sombre; et le soleil, enveloppé dans les nuages d'une tempête, s'étoit levé sans aurore. Les Indiens se rembarquèrent dans leurs canots, se dirigeant vers tous les points de l'horizon : la flotte, bientôt dispersée, s'évanouit dans l'immensité du lac. Le jongleur et Ondouré abandonnèrent les derniers le rocher du conseil. Ils invitèrent Outougamiz, qui avoit repris ses sens, à les suivre ; l'ami de René, les regardant avec horreur, leur répondit que jamais il ne se trouveroit dans la société de deux pareils méchants ; ils le quittèrent sans insister davantage. Qu'importoit à Ondouré qu'Outougamiz se précipitât ou non du haut du rocher ? Outougamiz étoit lié par un serment qu'il ne romproit sans doute jamais ; mais si, dans son désespoir, il attentoit à sa vie, le secret de la tombe paroissoit encore plus sûr à Ondouré que celui de la vertu.

Outougamiz demeure assis sur la pointe du rocher, en face du lac, à l'endroit où le torrent, quittant la terre, s'élançoit dans l'abîme; la grandeur des sentiments que ce spectacle inspiroit s'allioit avec la grandeur d'une amitié sublime et malheureuse. Les flots du lac, poussés par le vent, mordoient leurs rivages dont ils emportoient les débris : partout des déserts autour de cette mer intérieure, elle-même solitude vaste et profonde ; partout l'absence des hommes et la présence de Dieu dans ses œuvres.

Le coude appuyé sur son genou, la tête posée dans sa main, les pieds pendants sur l'abîme, ayant derrière lui le bois du conseil, naguère si animé, maintenant rendu à la solitude, Outougamiz fut long-temps à fixer ses résolutions : il se détermina à vivre. Si les Blancs alloient découvrir le complot, qui défendroit la patrie, qui défendroit Céluta, qui défendroit Mila, dont le sein porte peut-être le fils d'Outougamiz ? On ne peut pas révéler le secret à René, puisque René est peut-être coupable, comme l'affirment les Sachems ; mais n'y a-t-il pas quelque moyen de sauver l'homme blanc ? Chactas reviendra, Chactas sera initié au mystère : la sagesse de ce Sachem ne peut-elle prévenir tant de malheurs ? Si Outougamiz se précipite dans le lac, sa mort sera inutile à René : celui-ci n'en périra pas moins : Outougamiz, en prolongeant sa vie, peut trouver une occasion inespérée de mettre à l'abri les jours de son ami. Ah ! si l'on pouvoit faire savoir le secret à Mila, qui a tant d'esprit, elle auroit bientôt tout arrangé ! Qui sait aussi si l'innocence de René ne sera pas découverte ? Alors, quel bonheur ! comme les obstacles s'aplaniroient, comme on passeroit du désespoir au comble de la joie !

Outougamiz, après avoir roulé toutes ces pensées dans son âme, se lève : « Vivons, dit-il, ne laissons

« pas à Céluta le poids de tous les maux ; ne nous
« reposons pas lâchement dans la tombe. Adieu,
« bois du sang ! adieu, rocher de malédiction :
« puisse Athaënsic te prendre pour son autel ! »

Outougamiz se précipite par l'étroit sentier, laissant au bûcher du conseil quelques cendres qui fumoient encore; image de ce qui reste des vains projets' des hommes.

Le frère de Céluta marcha tout le jour et une partie de la nuit suivante : des Sioux, qu'il rencontra, le portèrent, dans leur canot, de fleuve en fleuve, jusqu'au pays des Illinois : ceux-ci, craignant une nouvelle invasion des Natchez, s'étoient retirés à deux cents lieues plus haut, vers l'occident. Outougamiz, reprenant sa route par terre, traversa les champs témoins des prodiges de son amitié. Le poteau où René devoit être brûlé étoit encore debout: Outougamiz embrassa ce monument sacré. Il descendit aux marais, et visita la racine sur laquelle il avoit tenu son ami dans ses bras, il retrouva les roseaux séchés dont il couvroit, pendant la nuit, l'objet de sa tendresse; il ramassa quelques plumes des oiseaux dont il avoit nourri son frère. Il dit :
« Belles plumes, si jamais je suis heureux, je vous
« attacherai avec des fils d'or, et je vous porterai
« autour de mon front les jours de fêtes. Auriez-vous
« jamais cru que je tuerois mon ami ? »

Cet homme excellent cherchoit à puiser dans ses souvenirs de nouvelles forces, pour qu'elles devinssent égales aux périls de René ; il se retrempoit, pour ainsi dire, dans ses malheurs passés, pour s'endurcir contre son malheur présent; il s'excitoit à l'amitié par son propre exemple, tandis qu'il s'accusoit naïvement d'être changé, et d'avoir juré la mort de René.

Suivant ainsi son amitié à la trace, l'Indien arrive jusqu'aux Natchez : là commencèrent ces douleurs qui ne devoient plus finir. René étoit-il revenu? Comment soutenir sa première entrevue? Que dire aux deux femmes affligées?

René n'étoit point encore aux Natchez. Ondouré seul et le jongleur avoient devancé de deux aurores le retour du malheureux Outougamiz. Les jours de Céluta et de Mila s'étoient écoulés dans la plus profonde retraite. Par l'habitude de souffrir et par la longueur du temps, l'épouse de René étoit tombée dans une tristesse profonde : la tristesse est le relâchement de la douleur; sorte d'intermission de la fièvre de l'âme, qui conduit à la guérison ou à la mort. Il n'y avoit plus que les yeux de Céluta à sourire; sa bouche ne le pouvoit plus.

« Tu me sembles un peu calme, » disoit Mila.

« Oui, lui répondoit sa sœur, je suis faite à pré-
« sent à la mauvaise nourriture : mon cœur s'ali-
« mente du chagrin qu'il repoussoit avant d'y être
« accoutumé. »

La nuit qui précéda l'arrivée d'Outougamiz, les deux Indiennes veillèrent plus tard que de coutume : elles s'occupoient de René, inépuisable sujet de leurs entretiens. Lorsqu'elles furent couchées sur la natte, elles continuèrent de parler, et, faisant au milieu de leur adversité des projets de bonheur, elles s'endormirent avec l'espérance : l'enfant malade s'assoupit avec le hochet qu'on lui a donné dans son berceau.

A leur réveil Mila et Céluta trouvèrent debout devant elles Outougamiz pâle, défait, les yeux fixes, la bouche entr'ouverte. Elles s'élancent de leur couche : « Mon frère ! » — « Mon mari ! » dirent-elles à la fois. « Qu'y a-t-il ? René est-il mort ? Allez-« vous mourir ? »

— « C'en est fait, répond l'Indien sans changer « d'attitude, plus d'épouse, plus de sœur ! »

— « René est mort ! » s'écrie Céluta.

« Que dis-tu ! repartit Outougamiz avec une « joie sauvage, René est mort ? Kitchimanitou soit « béni ! »

— « Ciel ! dit Céluta, tu désires la mort de ton « ami ! De quel malheur est-il donc menacé ? »

— « Nous sommes tous perdus ! » murmure Outougamiz d'une voix sombre. Se dégageant des bras de sa femme et de sa sœur, il se précipite hors de la cabane : Mila et Céluta le suivent.

Elles sont arrêtées tout à coup par Ondouré. « Avez-vous vu Outougamiz ? » leur dit-il d'un air alarmé. « Oui, répondent-elles ensemble ; il est « hors de ses sens, nous volons après lui. »

—« Que vous a-t-il dit ? » reprit le tuteur du Soleil.

« Il nous a dit que nous étions tous perdus, » répliqua Céluta.

« Ne le croyez pas, dit le chef rassuré, tout va « bien au contraire; mais Outougamiz est malade : « je vais chercher Adario. »

Comme Ondouré s'éloignoit, Outougamiz, par un autre sentier, se rapprochoit de la cabane : il marchoit lentement, les bras croisés. Les deux femmes qui s'avançoient vers lui l'entendoient parler seul ; il disoit : « Manitou d'or, tu m'as privé « de la raison : dis-moi donc maintenant ce qu'il « faut faire. »

Mila et Céluta saisissent l'infortuné par ses vêtements.

« Que voulez-vous de moi ? s'écrie-t-il. Oui, je le « jure, j'aimerai René en dépit de vous ; je me ris « des vers du sépulcre qui déjà dévorent mes chairs « vivantes. Je frapperai mon ami sans doute ; mais « je baiserai sa blessure, je sucerai son sang, et, « quand il sera mort, je m'attacherai à son cada- « vre, jusqu'à ce que la corruption ait passé dans « mes os. »

Les deux Indiennes éplorées embrassoient les genoux d'Outougamiz : il les reconnoît. « C'est nous, « dit Mila, parle ! »

Outougamiz lui met la main sur la bouche : « Qu'as-tu dit ? on ne parle plus, à moins que ce « ne soit comme une tombe : tout vient à présent « des morts. Il y a un secret. »

— « Un secret ! repartit vivement Mila, un secret « pour tes amis ! de quoi s'agit-il donc ? de notre « vie ? de celle de René ? »

Alors Outougamiz : « Arrache-moi le cœur, » dit-il à Mila en lui présentant son sein où la jeune épouse applique ses lèvres de flamme.

« Ne déchirez pas ainsi mes entrailles, dit Céluta :

« parle, mon cher Outougamiz; viens te reposer
« avec nous dans ta cabane. »

Une voix foudroyante interrompit cette scène.
« As-tu parlé? disoit cette voix; la terre a-t-elle
« tremblé sous tes pas? »

— « Non, je n'ai pas parlé, répondit Outougamiz
« en se tournant vers Adario que conduisoit On-
« douré; mais ne croyez plus trouver en moi le
« docile Outougamiz : homme de fer, allez porter
« votre vertu parmi les ours du Labrador; buvez
« avec délices le sang de vos enfants; quant à moi,
« je ne boirai que celui que vous ferez entrer de
« force dans ma bouche; je vous en rejetterai une
« partie au visage, et je vous couvrirai d'une tache
« que la mort n'effacera pas. »

Adario fut terrassé. « Que me reproches-tu? dit-il
« à son neveu. Mes enfants?... Barbare, cent fois
« plus barbare que moi! »

Il n'en falloit pas tant pour abattre le ressentiment d'Outougamiz. « Pardonne, dit-il au vieillard;
« oui, j'ai été cruel; Outougamiz pourtant ne l'est
« pas! Je suis indigne de ton amitié, mais laisse-moi
« la mienne; laisse-moi mourir; console, après moi,
« ces deux femmes. Je t'en avertis, je succomberai,
« je parlerai : je n'ai pas la force d'aller jusqu'au
« bout. »

— « Nous consoler! dit Céluta; est-ce là l'homme
« qui console? Jusqu'ici je me suis tue, j'ai écouté,
« j'ai deviné, il s'agit de la mort de René. Allons,
« Outougamiz, couronne ton ouvrage, égorge celui
« que tu as délivré! Sa voix mourante te remerciera

« encore de ce que tu as fait pour lui ; il cherchera
« ta main ensanglantée pour la porter à sa bouche ;
« ses yeux ne te voient déjà plus, mais ils te cher-
« chent encore ; ils se tournent vers toi avec son
« cœur expirant. »

— « L'entends-tu, Adario? dit Outougamiz. Ré-
« siste si tu le peux ! »

Outougamiz saisit Céluta, et, dans les étreintes les plus tendres, il se sent tenté de l'étouffer.

« Femmes, s'écrie Adario, retirez-vous avec vos
« larmes. »

— « Oui, oui ! dit Mila, prends ce ton menaçant ;
« mais sache que nous sauverons René, malgré toi,
« malgré la patrie : il faut que cette dernière périsse
« de ma propre main ; j'incendierai les cabanes. »

— « Vile Ikouessen [1], s'écria le vieillard, si jamais
« tu oses te présenter devant moi avec ta langue
« maudite, tu n'échapperas pas à ma colère. »

— « Tu m'appelles Ikouessen ! dit Mila ; de qui ?
« de mon libérateur ? Tu as raison : je ne serois
« pas ce que je suis, si je n'avois dormi sur ses
« genoux ! »

— « Quitte ces femmes, dit le vieillard à son
« neveu ; ce n'est pas le moment de pleurer et de
« gémir. Viens avec les Sachems qui nous attendent. »
Outougamiz se laissa entraîner par Adario et par Ondouré.

Mila et Céluta, voyant leurs premiers efforts inutiles, cherchèrent d'autres moyens de découvrir le secret d'Outougamiz. Par les mots énigmatiques

[1] Courtisane.

du jeune guerrier, elles savoient qu'il y avoit un mystère, et par sa douleur elles devinoient que ce mystère enveloppoit le frère d'Amélie. Dans cette pensée, avec toute l'activité de l'amitié fraternelle et de l'amour conjugal, elles suspendirent leurs plaintes; elles convinrent de se séparer, d'aller chacune de son côté errer à l'entrée des cavernes où s'assembloit le conseil. Elles espéroient surprendre quelques paroles intuitives de leur destinée.

Dès le soir même, Céluta se rendit à la Grotte des Rochers, et Mila à la Caverne des Reliques.

En approchant de celle-ci, le souvenir des instants passés dans ces mêmes lieux se présenta vivement au cœur de Mila. Les Sachems n'étoient pas dans la caverne; Mila n'entendit rien : la Mort ne raconte point son secret. Céluta n'avoit pas été plus heureuse; les deux sœurs rentrèrent non instruites, mais non découragées, se promettant de recommencer leurs courses.

Outougamiz fut plusieurs jours sans paroître : Adario l'avoit emmené dans le souterrain où s'assembloient les chefs des conjurés, et où l'on s'efforçoit, par les tableaux les plus pathétiques de la patrie opprimée, par les plus grossiers mensonges sur René, par toute l'autorité du grand-prêtre, de lutter contre la force de l'amitié. Lorsque le frère de Céluta voulut sortir, les gardes du Soleil eurent ordre de le suivre de loin; des Sachems et Adario lui-même marchoient à quelque distance sur ses traces.

Il se rendit à la cabane de René; Céluta étoit absente; Mila, solitaire, attendoit le retour de son amie. En voyant entrer Outougamiz, elle lui sourit d'un air de tendresse et de surprise. Mila avoit quelque chose de charmant; on auroit passé ses jours à la voir sourire. « Je croyois, dit-elle à son « mari, que tu m'avois abandonnée. Où es-tu donc « allé? Je ne t'avois pas revu depuis le jour où tu es « revenu du désert. » Elle fit signe à Outougamiz de s'asseoir sur la natte. Outougamiz répondit qu'il étoit resté avec les Sachems; et, plein d'une joie triste en entendant Mila lui parler avec tant de douceur, il s'assit auprès d'elle.

Mila suspendit ses bras au cou du jeune Sauvage : « Tu es infortuné, lui dit-elle, et moi, je « suis malheureuse. Après une si longue absence, « pourquoi n'es-tu pas venu plus tôt me consoler ? « Tu n'as plus ta raison; j'ai à peine la mienne. « Retirons-nous dans les forêts : je serai ton guide; « tu marcheras appuyé sur moi, comme l'aveugle « conduit par l'aveugle. Je porterai les fruits à ta « bouche, j'essuierai tes larmes, je préparerai ta « couche, tu reposeras ta tête sur mes genoux « lorsque tu la sentiras pesante; tu me diras alors « le secret. René viendra nous trouver, et il pleu- « rera avec nous. »

— « Qu'il ne pleure pas! dit Outougamiz; s'il « pleure, je parlerai. Je veux qu'il me promette de « ne pas m'aimer, afin que je tienne mon serment. « S'il dit qu'il m'aime, je le tuerai, parce que je « trahirais mon pays. »

Mila crut qu'elle alloit découvrir quelque chose; mais toutes ses grâces et toutes ses séductions furent inutiles. Ses caresses, dont une seule auroit suffi à tant d'autres hommes pour leur faire vendre la destinée du monde, échouèrent contre la gravité de la douleur et contre la foi du serment. Mila trouva dans son mari une résistance à laquelle elle ne s'étoit pas attendue; elle ignoroit à quel point Outougamiz étoit passionné pour la patrie; quel empire la religion avoit sur lui; quelle force ajoutoit à sa vertueuse résistance l'idée que René étoit coupable, et que ce Blanc pourroit apprendre le secret aux autres Blancs, si le secret lui étoit révélé. Céluta, qui ressembloit davantage à son frère et qui le connoissoit mieux, avoit désespéré dès le premier moment de lui faire dire ce qu'il croyoit devoir taire; elle l'admiroit en versant des larmes.

La saison déclinoit vers l'automne; saison mélancolique où l'oiseau de passage qui s'envole, la verdure qui se flétrit, la feuille qui tombe, la chaleur qui s'éteint, le jour qui s'abrége, la nuit qui s'étend, et la glace qui vient couronner cette longue nuit, rappellent la destinée de l'homme. Les grands jeux devoient être bientôt proclamés: le jour du massacre approchoit. Aucune nouvelle de René ne parvenoit à Céluta; l'Indienne ne savoit plus si elle devoit craindre ou désirer le retour du voyageur. Un matin elle vit entrer dans sa cabane le religieux d'une mission lointaine. Ce n'étoit pas un prêtre d'autant de science que le père Souël, ni d'un zèle à provoquer le martyre, mais c'étoit un homme charitable et doux. Il ne se mêloit jamais de ce qui ne le regardoit pas, et ne cherchoit à convertir les âmes au Seigneur que par l'exemple d'une bonne vie. Il portoit la robe et la barbe d'un capucin sans orgueil et sans humilité; il trouvoit tout simple que son Ordre eût conservé les usages et les habits d'autrefois, comme il lui sembloit tout naturel que ces usages et ces habits eussent changé.

Céluta s'avança au-devant du missionnaire : « Chef « de la prière, lui dit-elle, tu m'honores de venir à « ma hutte; mais le maître n'est pas ici, et je crains « qu'une femme ne te reçoive pas aussi bien que tu « le mérites. » Le Père lui répondit en s'inclinant : « Je ne vous aurois pas importunée de ma visite, si « le capitaine d'Artaguette ne m'eût ordonné de vous « apporter une lettre de votre mari. »

Céluta rougit d'espérance et de crainte; elle prit la lettre que le missionnaire lui présentoit, et la pressa sur son cœur.

Mila, qui étoit avec sa sœur dans la cabane, et qui tenoit la petite Amélie sur ses genoux, ne vouloit pas qu'on se donnât le temps de servir la cassine au religieux, impatiente qu'elle étoit d'entendre l'explication du collier. Céluta, plus hospitalière, prépara le léger repas.

Tandis qu'elle s'occupoit de ce soin, le religieux voyant la fille de René dans les bras de Mila, la bénit, et demanda si cette petite étoit chrétienne. L'enfant ne paroissoit point effrayé, et sourioit au

vieux solitaire. Celui-ci, interrogé par les deux
sœurs, fit, les larmes aux yeux, l'éloge du capitaine d'Artaguette et du brave grenadier Jacques.
Céluta apprit avec peine que son frère blanc, fixé
à un poste éloigné, étoit souffrant depuis plusieurs
mois.

Mila dit au missionnaire : « Chef de la barbe,
« n'as-tu jamais été repoussé des huttes? » — « Mon
« bâton, répondit le Père, est toujours derrière la
« porte. » Céluta servit la cassine. Quand cela fut
fait, elle tira la lettre qu'elle avoit mise dans son
sein et pria le Père de la traduire.

Inexplicable contradiction du cœur humain!
Cette femme qui, la veille, s'alarmoit du silence
de son mari, désiroit presque maintenant la continuation de ce silence! Que contenoit la lettre?
annonçoit-elle le retour prochain de René? jetoit-
elle quelque lumière sur le secret d'Outougamiz?
dissiperoit-elle ou confirmeroit-elle les soupçons
qui s'étoient élevés contre René? Assises devant
le missionnaire, les deux sœurs fixant les yeux sur
ses lèvres, écoutoient des sons qui n'étoient pas
encore produits. Le Père ouvre la lettre, prend sa
barbe dans sa main gauche, élève de sa main
droite le papier à la hauteur de ses yeux, et parcourt en silence la première page. A mesure qu'il
avançoit dans la lecture, on voyoit l'étonnement
se peindre sur son visage. Céluta étoit comme le
prisonnier de guerre assis sur le trépied avant
d'être livré aux flammes; Mila, perdant toute patience, s'écria : « Explique-nous donc le collier :

9.

« est-ce que tu ne le comprends pas ? » Le Père traduisit en natchez ce qui suit :

LETTRE DE RENÉ A CÉLUTA.

<small>Au désert, la trente-deuxième neige de ma naissance.</small>

« Je comptois vous attendre aux Natchez ; j'ai
« été obligé de partir subitement sur un ordre des
« Sachems. J'ignore quelle sera l'issue de mon
« voyage : il se peut faire que je ne vous revoie
« plus. J'ai dû vous paroître si bizarre, que je serois
« fâché de quitter la vie sans m'être justifié auprès
« de vous.

« J'ai reçu de l'Europe, à mon retour de la
« Nouvelle-Orléans, une lettre qui m'a appris
« l'accomplissement de mes destinées : j'ai ra-
« conté mon histoire à Chactas et au père Souël :
« la sagesse et la religion doivent seules la con-
« noître.

« Un grand malheur m'a frappé dans ma pre-
« mière jeunesse ; ce malheur m'a fait tel que vous
« m'avez vu. J'ai été aimé, trop aimé : l'ange qui
« m'environna de sa tendresse mystérieuse ferma
« pour jamais, sans les tarir, les sources de mon
« existence. Tout amour me fit horreur : un modèle
« de femme étoit devant moi, dont rien ne pouvoit
« approcher ; intérieurement consumé de passions,
« par un contraste inexplicable je suis demeuré
« glacé sous la main du malheur.

« Céluta, il y a des existences si rudes qu'elles
« semblent accuser la Providence et qu'elles corri-

« geroient de la manie d'être. Depuis le commence-
« ment de ma vie, je n'ai cessé de nourrir des cha-
« grins : j'en portois le germe en moi, comme l'arbre
« porte le germe de son fruit. Un poison inconnu
« se mêloit à tous mes sentiments : je me reprochois
« jusqu'à ces joies nées de la jeunesse et fugitives
« comme elle.

« Que fais-je à présent dans le monde, et qu'y
« faisois-je auparavant? j'étois toujours seul, alors
« même que la victime palpitoit encore au pied
« de l'autel. Elle n'est plus, cette victime ; mais le
« tombeau ne m'a rien ôté ; il n'est pas plus inexo-
« rable pour moi que ne l'étoit le sanctuaire. Néan-
« moins je sens que quelque chose de nécessaire
« à mes jours a disparu. Quand je devrois me ré-
« jouir d'une perte qui délivre deux âmes, je pleure ;
« je demande, comme si on me l'avoit ravi, ce que
« je ne devois jamais retrouver ; je désire mourir ;
« et, dans une autre vie, une séparation qui me
« tue n'en continuera pas moins l'éternité du-
« rante.

« L'éternité ! peut-être, dans ma puissance d'ai-
« mer, ai-je compris ce mot incompréhensible. Le
« ciel a su et sait encore, au moment même où ma
« main agitée trace cette lettre, ce que je pouvois
« être : les hommes ne m'ont pas connu.

« J'écris assis sous l'arbre du désert, au bord
« d'un fleuve sans nom, dans la vallée où s'élèvent
« les mêmes forêts qui la couvrirent lorsque les
« temps commencèrent. Je suppose, Céluta, que
« le cœur de René s'ouvre maintenant devant toi :

« vois-tu le monde extraordinaire qu'il renferme ?
« Il sort de ce cœur des flammes qui manquent
« d'aliment, qui dévoreroient la création sans être
« rassasiées, qui te dévoreroient toi-même. Prends
« garde, femme de vertu ! recule devant cet abîme :
« laisse-le dans mon sein! Père tout-puissant, tu
« m'as appelé dans la solitude; tu m'as dit : « René !
« René ! qu'as-tu fait de ta sœur ? » Suis-je donc
« Caïn ? »

CONTINUÉE AU LEVER DE L'AURORE.

« Quelle nuit j'ai passée ! Créateur, je te rends
« grâces ; j'ai encore des forces, puisque mes yeux
« revoient la lumière que tu as faite ! Sans flam-
« beau pour éclairer ma course, j'errois dans les
« ténèbres : mes pas, comme intelligents d'eux-
« mêmes, se frayoient des sentiers à travers les
« lianes et les buissons. Je cherchois ce qui me
« fuit; je pressois le tronc des chênes; mes bras
« avoient besoin de serrer quelque chose. J'ai cru,
« dans mon délire, sentir une écorce aride palpiter
« contre mon cœur : un degré de chaleur de plus,
« et j'animois des êtres insensibles. Le sein nu et
« déchiré, les cheveux trempés de la vapeur de la
« nuit, je croyois voir une femme qui se jetoit dans
« mes bras; elle me disoit : viens échanger des feux
« avec moi, et perdre la vie ! mêlons des voluptés
« à la mort ! que la voûte du ciel nous cache en
« tombant sur nous.

« Céluta, vous me prendrez pour un insensé :
« je n'ai eu qu'un tort envers vous, c'est de vous

« avoir liée à mon sort. Vous savez si René a résisté,
« et à quel prodige d'amitié il a cru devoir le sa-
« crifice d'une indépendance, qui du moins n'étoit
« funeste qu'à lui. Une misère bien grande m'a ôté
« la joie de votre amour, et le bonheur d'être père :
« j'ai vu avec une sorte d'épouvante que ma vie
« s'alloit prolonger au-delà de moi. Le sang qui fit
« battre mon cœur douloureux animera celui de
« ma fille : je t'aurai transmis, pauvre Amélie, ma
« tristesse et mes malheurs! Déjà appelé par la terre,
« je ne protégerai point les jours de ton enfance;
« plus tard je ne verrai point se développer en toi
« la douce image de ta mère, mêlée aux charmes de
« ma sœur et aux grâces de la jeunesse. Ne me re-
« grette pas : dans l'âge des passions j'aurois été un
« mauvais guide.

« Céluta, je vous recommande particulièrement
« Amélie : son nom est un nom fatal. Qu'elle ne soit
« instruite dans aucun art de l'Europe; que sa mère
« lui cache l'excès de sa tendresse : il n'est pas bon
« de s'accoutumer à être trop aimé. Qu'on ne parle
« jamais de moi à ma fille; elle ne me doit rien :
« je ne souhaitois pas lui donner la vie.

« Que René reste pour elle un homme inconnu,
« dont l'étrange destin raconté la fasse rêver sans
« qu'elle en pénètre la cause : je ne veux être à ses
« yeux que ce que je suis, un pénible songe.

« Céluta, il y a dans ma cabane des papiers écrits
« de ma main : c'est l'histoire de mon cœur; elle
« n'est bonne à personne, et personne ne la com-
« prendroit : anéantissez ces chimères.

« Retournez sous le toit fraternel ; brûlez celui
« que j'ai élevé de mes mains ; semez des plantes
« parmi ses cendres ; rendez à la forêt l'héritage
« que j'avois envahi. Effacez le sentier qui monte
« de la rivière à la porte de ma demeure ; je ne veux
« pas qu'il reste sur la terre la moindre trace de
« mon passage. Cependant j'ai écrit un nom sur des
« arbres, dans la profondeur des bois : il seroit im-
« possible de le retrouver ; qu'il croisse donc avec le
« chêne inconnu qui le porte : le chasseur indien
« s'enfuira à la vue de ces caractères gravés par un
« mauvais génie.

« Donnez mes armes à Outougamiz ; que cet
« homme sublime fasse, en mémoire de moi, un der-
« nier effort : qu'il vive. Chactas me suivra, s'il ne
« m'a devancé.

« Si enfin, Céluta, je dois mourir, vous pourrez
« chercher après moi l'union d'une âme plus égale
« que la mienne. Toutefois ne croyez pas désormais
« recevoir impunément les caresses d'un autre
« homme ; ne croyez pas que de foibles embras-
« sements puissent effacer de votre âme ceux de
« René. Je vous ai tenue sur ma poitrine au milieu
« du désert, dans les vents de l'orage, lorsque après
« vous avoir portée de l'autre côté d'un torrent ;
« j'aurois voulu vous poignarder pour fixer le bon-
« heur dans votre sein, et pour me punir de vous
« avoir donné ce bonheur. C'est toi, Être suprême,
« source d'amour et de beauté, c'est toi seul qui
« me créas tel que je suis, et toi seul me peux com-
« prendre ! Oh ! que ne me suis-je précipité dans

« les cataractes au milieu des ondes écumantes ! je
« serois rentré dans le sein de la nature avec toute
« mon énergie.

« Oui, Céluta, si vous me perdez, vous resterez
« veuve : qui pourroit vous environner de cette
« flamme que je porte avec moi, même en n'aimant
« pas ? Ces solitudes que je rendois brûlantes vous
« paroîtroient glacées auprès d'un autre époux. Que
« chercheriez-vous dans les bois et sous les om-
« brages ? Il n'est plus pour vous d'illusions, d'eni-
« vrement, de délire : je t'ai tout ravi en te don-
« nant tout, ou plutôt en ne te donnant rien, car
« une plaie incurable étoit au fond de mon âme.
« Ne crois pas, Céluta, qu'une femme à laquelle on
« a fait des aveux aussi cruels, pour laquelle on a
« formé des souhaits aussi odieux que les miens, ne
« crois pas que cette femme oublie jamais l'homme
« qui l'aima de cet amour ou de cette haine extraor-
« dinaire.

« Je m'ennuie de la vie; l'ennui m'a toujours dé-
« voré : ce qui intéresse les autres hommes ne me
« touche point. Pasteur ou roi, qu'aurois-je fait de
« ma houlette ou de ma couronne ? Je serois égale-
« ment fatigué de la gloire et du génie, du travail et
« du loisir, de la prospérité et de l'infortune. En
« Europe, en Amérique, la société et la nature m'ont
« lassé. Je suis vertueux sans plaisir; si j'étois cri-
« minel, je le serois sans remords. Je voudrois
« n'être pas né, ou être à jamais oublié.

« Que ce soit ici un dernier adieu, ou que je
« doive vous revoir encore, Céluta, quelque chose

« me dit que ma destinée s'accomplit; si ce n'est
« pas aujourd'hui même, elle n'en sera que plus
« funeste : René ne peut reculer que vers le mal-
« heur. Regardez donc cette lettre comme un tes-
« tament. »

La lecture étoit achevée que Céluta ne relevoit point sa tête, qui s'étoit penchée sur son sein : toute la sagacité de Mila n'avoit pas suffi pour expliquer le collier ; toute la religion du missionnaire n'avoit pu pénétrer le sens de la lettre ; mais le cœur d'une épouse l'avoit mieux compris : rien n'est intelligent comme l'amour malheureux. Céluta apprenoit qu'elle n'étoit point aimée; qu'un lien paternel ne lui avoit pas même attaché René; qu'il y avoit, dans l'âme de cet homme, du trouble, presque du remords, et qu'il se repentoit d'un malheur comme on se repentiroit d'un crime.

Céluta releva lentement son front abattu : « Al-
« lons, dit-elle, mon mari est encore plus infortuné
« que je ne le supposois; un méchant esprit l'a per-
« sécuté : je dois être son bon génie. »

Le religieux rendit la lettre à l'Indienne en lui disant : « Souffrir est notre partage; la nouvelle
« alliance que Jésus-Christ a faite avec les hommes
« est une alliance de douleur : c'est de son sang
« qu'il l'a scellée ; je vais prier pour vous. »

Le missionnaire tomba à genoux, et, les mains jointes, il répéta, dans la langue des Natchez, l'Oraison Dominicale : le calme de cette prière fut une espèce de baume répandu sur une plaie vive. Quand le Père prononça ces mots : *Délivrez-nous du mal*, les deux femmes sanglotèrent d'attendrissement. Alors le religieux, se relevant avec peine, ramena son froc sur sa tête grise, traversa la cabane d'un pas grave, reprit son bâton à la porte, et alla, aussi rapidement que le lui permettoit sa vieillesse, consoler d'autres adversités.

Mila, qui portoit toujours Amélie, la rendit à Céluta : celle-ci la reçut en la couvrant de baisers et en fondant en larmes. Mila, qui devinoit sa sœur, lui dit : « Tu l'aimeras pour toi, toi qui es sa mère ; « moi, je l'aimerai pour son père. »

Mais Mila se sentoit aussi un peu découragée. Qui avoit donc pu trop aimer René ? Quand on arracheroit le guerrier blanc à la mort, que gagneroit-on à cela, puisqu'il ne vouloit pas vivre ? Mila ne s'arrêtant pas long-temps à ces réflexions, et revenant à son caractère :

« C'est assez pleurer pour un collier obscur, mal « interprété, que nous ne comprenons ni toi, ni « moi, ni le Père de la barbe. Le danger est à la « porte de notre cabane : pourquoi mêler à des « peines véritables des peines chimériques ? Entre « la réalité du mal et les songes de nos cœurs, nous « ne saurions où nous tourner. Occupons-nous « du présent, nous penserons une autre fois à l'a- « venir. Découvrons le secret, sauvons René, et, « quand nous l'aurons sauvé, il faudra bien qu'il « s'explique. »

— « Tu as raison, dit Céluta, sauvons mon mari. » Mila prit Amélie dans ses bras, puis la rendant encore à sa mère : « Tiens, dit-elle, je désirois avoir

« un petit guerrier, je n'en veux plus, garde ta fille :
« elle te préfère à moi quand elle pleure ; elle me
« préfère à toi quand elle rit. Ne diroit-on pas que
« le collier lui fait aussi verser des larmes ? » Mila
sortit pour aller à la découverte du secret.

René avoit écrit une autre lettre aux Sachems,
pour leur annoncer que les Illinois ne paroissoient
pas encore disposés à recevoir le calumet de paix.
Plus heureux dans sa mission, Chactas avoit tout
obtenu des Anglois de la Géorgie : il se disposoit à
revenir. Le tuteur du Soleil espéroit que le vieillard seroit mort avant de revoir sa cabane : on racontoit qu'il touchoit à sa fin.

La Femme-Chef, attendant la tête de sa rivale,
laissoit en apparence Ondouré plus tranquille,
mais elle le surveilloit avec toute l'activité de la
jalousie. Le Sauvage, craignant toujours de se trahir, n'échappoit au péril qu'à l'aide de précautions
dont il lui tardoit de se délivrer.

D'un autre côté, il étoit difficile que le secret
d'une conjuration connue de tant de monde ne
transpirât pas au dehors. De temps en temps il
s'élevoit des bruits dont tout commandant moins
prévenu que celui du fort Rosalie eût recherché
la source. Le gouverneur général avoit écrit à
Chépar de ne se pas laisser trop rassurer par la
concession des terres. Une lettre d'Adélaïde, adressée à René, s'étant trouvée dans les dépêches,
Ondouré, que Fébriano instruisoit de tout, s'empressa d'annoncer une nouvelle trahison du fils
adoptif de Chactas ; mais, en même temps, pour

achever de tromper le commandant, et pour avoir l'air de ne s'occuper que de plaisirs, il ordonna une chasse au buffle de l'autre côté du Meschacebé.

Mila n'eut pas plutôt appris cette nouvelle qu'elle dit à Céluta : « Il nous faut aller à cette « chasse, où se trouveront toutes les matrones; « je veux que le jongleur m'apprenne aujour- « d'hui même le secret. » Céluta consentit tristement à suivre Mila; elle doutoit du succès de sa jeune amie, qui refusoit de dire le moyen dont elle se comptoit servir pour faire parler le jongleur.

Le jour de la chasse arrivé, les deux sœurs partirent ensemble : elles marchoient seules hors de la foule, car tout le monde les fuyoit comme on fuit les malheureux. On s'embarque dans les canots; on traverse le fleuve; on descend sur l'autre rive; on entre dans les savanes parsemées d'étangs d'une eau saumâtre, où les buffles viennent lécher le sel.

Divisés en trois bandes, les chasseurs commencent l'attaque : on voyoit bondir les buffles audessus des grandes forêts de cannes de plus de quinze pieds de hauteur. Mila avoit quitté Céluta. Elle s'étoit attachée aux pas du jongleur, qui prononçoit des paroles afin d'amener les victimes sous la lance des guerriers. Un buffle blessé fond tout à coup sur le magicien, qui prend la fuite : le buffle est arrêté par les chasseurs, mais le prêtre continue à s'enfoncer dans les cannes, et, entendant courir derrière lui, il fuit encore plus vite : ce n'étoit pourtant que Mila qui voloit sur ses traces comme les colibris volent sur la cime des roseaux. Elle appelle le jongleur; celui-ci tourne enfin la tête, et, reconnoissant une femme, il se précipite à terre tout haletant.

« Je t'assure, dit Mila en arrivant à lui, que j'ai
« eu autant de peur que toi. Je te suivois, parce
« que tu m'aurois sauvée. D'une seule parole tu
« aurois fait tomber le buffle mort à tes pieds. »

— « C'est vrai, dit le jongleur reprenant un air
« solennel; mais que j'ai soif! »

Mila portoit à son bras une corbeille, dans cette corbeille un flacon et une coupe.

« Le Grand-Esprit m'a bien inspirée, s'écria Mila :
« j'ai par hasard ici de l'essence de feu [1]. Ah! bon
« génie! si un homme comme toi alloit mourir, que
« deviendroient les Natchez? »

— « Mila, dit le prêtre essuyant son front et se
« rapprochant de la malicieuse enchanteresse, tu
« m'as toujours semblé avoir de l'esprit comme une
« hermine. »

— « Et toi, dit Mila versant l'essence de feu dans
« la coupe, tu m'as toujours paru beau comme le
« génie qui préside aux chasses, comme le Grand-
« Lièvre honoré dans les forêts. » Le prêtre vida la coupe.

Les Sauvages, passionnés pour les liqueurs de l'Europe, recherchent les fumées de l'ivresse comme

---

[1] Eau-de-vie.

les peuples de l'Orient les vapeurs de l'opium. « Je
« ne t'avois jamais vu de si près, dit Mila remplis-
« sant de nouveau la coupe et la présentant à la
« main avide du jongleur; que tu es beau! que tu
« es beau! on dit que tu parles tant de langues!
« Est-ce que tu entends tout ce que tu dis? »

Triplement enivré de vin, d'amour et de louanges, le prêtre commençoit à faire parler ses yeux. Mila remplit encore la coupe, la porte de sa main droite aux lèvres du jongleur, et, appuyant doucement sa main gauche sur son épaule, semble regarder avec admiration sa victime déjà séduite.

Le lieu étoit solitaire, les roseaux élevés. « Mila? » dit le jongleur.

« Que veux-tu? » dit l'Indienne affectant un air troublé et un peu honteux.

« Approche-toi, » repartit le prêtre. Mila parut se vouloir défendre.

« N'aie pas peur, dit le prêtre, je puis répandre
« la nuit autour de nous. »

— « C'est pour cela que j'ai tant de peur! répon-
« dit Mila; tu es un si grand magicien! » Le prêtre, prenant Mila dans ses bras, l'attira sur ses genoux. « Bois donc à ton tour, charmante colombe, » dit-il.

« Moi! » s'écria Mila : elle feignit de porter la liqueur à sa bouche, tandis que le prêtre, tournant la coupe, cherchoit à boire sur le bord que les lèvres de Mila avoient touché.

Le jongleur commençoit à sentir les effets du poison, les objets flottoient devant ses yeux.

« Ne vois-je pas, dit-il à Mila, une grande ca-
« bane ? » C'étoient des roseaux agités par le vent.

« Oui, dit Mila, c'est la cabane où les Sachems sont
« rassemblés pour délibérer sur la mort de René. »

— « C'est étonnant, repartit le prêtre balbutiant,
« car ce n'est pas encore si tôt. »

Le cœur de Mila tressaillit; elle pressa involontairement le jongleur, qui la serra à son tour dans ses bras.

« Pas encore si tôt ? dit Mila; mais c'est... »

— « La douzième nuit, pendant la lune des chas-
« ses, » dit le prêtre.

« Je croyois, répondit Mila, que c'étoit la trei-
« zième ? »

— « Je sais mieux cela que toi, repartit le jon-
« gleur; il y a douze roseaux dans la gerbe; nous
« en retirons un chaque nuit. »

— « C'est fort bien imaginé, dit Mila, et René
« sera tué quand tu retireras le dernier ? » — « Oui,
« dit le prêtre; et il sera tué le premier de tous. »

Le prêtre voulut ravir un baiser à Mila, qui, au lieu de ses lèvres, lui présenta l'essence de feu.
« J'aimerois mieux l'autre coupe, » dit le jongleur.

« Mais, reprit Mila, tu dis que René sera tué le
« premier de tous; on tuera donc d'autres chairs
« blanches ? » — « Eh! certainement, dit le jongleur
« riant de la simplicité de Mila; cela sera d'autant
« plus admirable, qu'ils seront assemblés comme
« un troupeau de chevreuils pour regarder les
« grands jeux. »

— « Oh! comme j'y danserai avec toi ! s'écria Mila;

« appliquant, avec le dégoût de la nature, mais
« l'exaltation de l'amitié, un baiser sur le front du
« jongleur: je n'avois pas entendu parler de ces
« grands jeux ! J'aime tant les jeux ! »

— « Toutes les nations qui ont juré le secret, dit
« le jongleur, se rendront aux Natchez. Outougamiz
« le Simple á juré comme les autres; nous le force-
« rons de tuer son René. »

Mila se lève, s'arrache aux bras du prêtre qui
tombe, et dont le front va frapper la terre. Cet
homme eut une idée confuse de la faute qu'il venoit de commettre; mais l'ivresse l'emportant, il
s'endormit.

Mila cherche Céluta; elle l'aperçoit seule assise
à l'écart; elle lui dit : « Tout est découvert; les Blancs
« seront massacrés aux grands jeux : ton mari pé-
« rira le premier. »

L'épouse de René est prête à s'évanouir; son amie
la soutient : « Du courage, dit-elle; il faut sauver
« René. Je cours au fort avertir Chépar. Toi, va
« chercher Outougamiz. »

— « Arrête, s'écrie Céluta; qu'as-tu dit? avertir
« Chépar! Malheureuse! ton pays! »

Ces mots retentissent dans le cœur de Mila; immobile, elle fixe ses regards sur sa sœur, puis s'é-
crie : « Périsse la patrie qui a pu tramer un complot
« si odieux! Ce n'est plus qu'un repaire d'assassins.
« Je cours les dénoncer. »

Céluta frémit : « Mila, dit-elle, songe à ta mère,
« à ton père, à moi, à Outougamiz. Ne vois-tu pas
« qu'en prévenant un massacre, tu ne le fais que

« changer en un meurtre beaucoup plus terrible
« pour toi ? »

Mila frémit ; elle n'avoit pas aperçu cet autre
péril ; mais tout à coup : « Je ne m'attendois pas,
« lorsqu'il s'agissoit de la vie de René, que tu serois
« si calme ; que tu balancerois prudemment, comme
« un Sachem, le bien et le mal. »

— « Femme, reprit Céluta avec émotion, quel que
« soit ton cœur, tu ne m'apprendras pas à aimer ;
« mais ne crois pas non plus m'aveugler : je serai
« maintenant aussi malheureuse que mon frère et
« aussi discrète que lui. Je sais mourir de douleur ; je
« ne sais pas perdre ma patrie. »

Mila embrasse Céluta. « Pardonne-moi, dit-elle,
« je suis trop au-dessous de toi pour te juger. »

Mila raconte à sa sœur comment elle a surpris la
foi du jongleur. Céluta blâme doucement son amie :
« On ne fait pas impunément ce qui n'est pas bien,
« lui dit-elle ; quand il n'y auroit que le tourment
« du secret que tu viens d'apprendre, secret dont
« tu réponds à présent devant ton pays, ne serois-
« tu pas déjà assez punie ? »

Mila et Céluta se déterminèrent à aller trouver
Outougamiz : elles le rencontrèrent sur le bord du
fleuve, loin de la chasse, à laquelle il n'avoit pris
aucune part. En voyant s'avancer les deux femmes,
Outougamiz, pour la première fois, fut tenté de
s'éloigner. Que pouvoit-il leur dire ? N'étoit-il pas
aussi malheureux qu'elles ? Céluta lui dit en l'abordant : « Ne nous fuis pas ; nous ne te demandons
« plus rien ; nous connoissons tes malheurs. Mon

« frère, je ne t'accuse plus; je t'admire : tu es le
« génie de la vertu comme celui de l'amitié. » Outougamiz ne comprit pas sa sœur.

« Pleurons tous trois, dit Mila, nous savons tous
« trois le secret. »

—« Vous savez le secret! s'écrie d'une voix formi-
« dable le jeune Indien. Qui vous l'a dit? ce n'est pas
« moi! je n'ai pas menti au Grand-Esprit! je n'ai pas
« violé le serment des morts! je n'ai pas tué la pa-
« trie! » Et, plein de l'effroi du parjure, il échappe
aux bras dans lesquels il eût voulu mourir. Mila
vole sur ses pas sans le pouvoir rejoindre. Céluta,
abandonnée, se jette dans une pirogue avec des chasseurs qui repassoient le fleuve, et regagne sa cabane.

Un ami qui disparoît au moment d'un grand danger laisse un vide immense : Céluta appelle sa sœur
en approchant de sa demeure; aucune voix ne lui
répond : Mila n'étoit point rentrée sous le toit
fraternel. Céluta pénètre dans la cabane; elle en
parcourt les différents réduits, revient à la porte,
regarde dans la campagne et ne voit personne.
Accablée de fatigue, elle s'assied près du foyer,
tenant sa fille dans ses bras. Là, se livrant à ses
pensées, elle est encore moins oppressée par le
péril du moment que par le souvenir de la lettre
de René. La sœur d'Outougamiz n'étoit point aimée, elle ne le seroit jamais! Et c'étoit celui qu'elle
adoroit, celui qu'elle cherchoit à sauver aux dépens de ses jours, qui lui avoit fait ce barbare
aveu! Céluta se trouvoit tout à coup jetée hors de
la vie : elle sentoit qu'elle s'enfonçoit dans une so-

litude, comme l'être mystérieux qui avoit trop aimé René.

Le maukawis chanta le coucher du soleil, le pois parfumé de la Virginie éclata à la première veille de la nuit, la fin de la nuit fut annoncée par le cri de la cigogne, et l'amie de Céluta ne revint pas. L'aube ouvrit les barrières du ciel sans ramener la nymphe, sa compagne fidèle : couronnée de fleurs, Mila paroissoit chaque matin comme la plus jeune des Heures ; précédant les pas de l'Aurore, elle sembloit lui donner ou tenir d'elle ses charmes et sa fraîcheur.

Quand Céluta vit poindre le jour, ses alarmes augmentèrent : que pouvoit être devenue sa sœur ? Une pensée se présente à l'esprit de la fille de Tabamica : en demeurant avec Céluta, Mila n'habitoit point sa propre cabane; la cabane de Mila étoit celle d'Outougamiz. N'étoit-il pas possible qu'Outougamiz eût voulu retourner à ses foyers, et que son épouse y fût rentrée avec lui ?

Céluta passa à son cou l'écharpe où étoit suspendu un léger berceau : elle place dans le berceau cet enfant voyageur qui sourioit par-dessus l'épaule de sa mère. Elle sort, elle arrive bientôt au toit qui lui rappelle de si doux et de si tristes souvenirs; c'étoit là qu'elle habitoit, avec Outougamiz, lorsque René la vint visiter; c'étoit par la porte entr'ouverte de cette cabane qu'elle avoit aperçu l'étranger dans le buisson d'azaléa. Comme le cœur lui battit lorsque le guerrier blanc s'assit auprès d'elle ! Avec quelles délices elle prépara le festin du serment de l'amitié! Qu'ils sont déjà loin ces jours qui virent naître un amour si tendre! Doux enchantements du cœur, projets d'un bonheur sans terme et sans mesure, qu'êtes-vous devenus? Cabane, qui protégeâtes la jeunesse d'Outougamiz et de Céluta, serez-vous changée comme vos maîtres? aurez-vous vieilli comme eux?

Oui, cette cabane n'étoit plus la même; depuis long-temps inhabitée, elle étoit vide et sans génies tutélaires : quelques petits oiseaux y faisoient leurs nids, et l'herbe croissoit alentour.

Environnée d'assassins, abandonnée de tous ses amis, livrée sans défense à l'amour impur du tuteur du Soleil, accablée du malheur et de l'indifférence de René, Céluta ne désiroit plus qu'une tombe pour s'y reposer à jamais. Comme elle s'éloignoit de la cabane, où elle n'avoit trouvé personne, elle aperçut Adario qui cheminoit lentement, traînant ses lambeaux et s'appuyant sur le bras d'Outougamiz; elle fut frappée de terreur en remarquant que Mila n'étoit pas avec eux. Le vieillard penchoit vers la terre; le poids du chagrin paternel avoit enfin courbé ce front inflexible : Adario n'étoit plus qu'un mort resté quelques jours parmi les vivants, pour se venger.

Céluta s'avança vers lui. « Te voilà, ma fille, lui
« dit-il d'une voix pleine d'une douceur inaccoutu-
« mée, j'allois chez toi; mais puisque nous sommes
« auprès de la cabane de ton frère, arrêtons-nous là.
« Le vieux chasseur commence à trouver la course
« un peu longue; il se repose partout où il ren-
« contre un abri. »

Touchée du changement du vieillard, et attendrie par sa bonté, Céluta entra avec son frère et son oncle dans la cabane déserte. Ils furent obligés de s'asseoir sur le sol humide : « C'est ma couche de « tous les jours, dit Adario; il faut que je m'habitue « à la terre. »

Incertain, pour la première fois de sa vie, le Sachem avoit l'air de rassembler ses pensées, de chercher ses paroles. Outougamiz, se réveillant comme d'un songe, et reconnoissant le lieu où il étoit, dit en secouant la tête : « Adario, tu n'es pas « prudent de m'avoir amené ici : tu veux que je tue « René, et c'est ici même que je lui ai juré une « amitié éternelle. J'ai juré depuis, il est vrai, que « je le tuerois; mais, dis-moi, auquel des deux ser- « ments dois-je être fidèle? N'est-ce pas au pre- « mier? »

— « C'est à ta patrie que tu as fait le dernier, « répliqua Adario, et tu l'as prononcé sur les os de « tes aïeux. »

— « Sur des ossements apportés par le jongleur, « répondit Outougamiz; mais étoient-ce ceux de mes « ancêtres? J'ai voulu connoître la vérité. Je suis « allé cette nuit sur la tombe de mon père; je me « suis couché sur le gazon; j'ai prêté l'oreille : mon « père étoit dans sa tombe, car je l'entendois creuser « avec ses mains pour venir vers moi. La couche « de poussière, entre nous deux, n'étoit pas plus « épaisse qu'une feuille de platane. Je sentois mon « cœur refroidir à mesure que le cœur du mort « s'approchoit de ma poitrine; il me communiquoit

« ses glaces. J'étois calme et heureux : c'étoit comme
« le sommeil. »

— « Insensé ! s'écria Adario, ton amitié t'égare. »

— « Pour ce mot-là, dit Outougamiz, ne le pro-
« nonce jamais, Adario; tu n'entends rien à l'amitié.
« Si tu voulois appeler encore mon père en témoi-
« gnage contre moi, tu te tromperois, car il a reçu
« mon serment d'amitié dans cette cabane, ainsi
« que cette femme que tu ne daignes seulement
« pas regarder, et qui pleure.... Je vois René ; il
« vient réclamer, en ce lieu même, le serment que
« je lui ai fait. Le Manitou d'or s'agite sur ma poi-
« trine : non, mon ami ! non, mon frère ! je ne renie
« point mon serment ! Approche, que je le renou-
« velle entre tes mains, entre celles de ma sœur :
« Je te jure... »

— « Impie ! s'écrie Adario, lui portant une main
« ridée à la bouche; crains que la terre ne te dévore
« comme l'onde a englouti Mila. »

— « Mila ! » dirent à la fois le frère et la sœur.

« Oui, Mila, répète Adario d'une voix inspirée :
« elle a su le secret, et elle a péri ! »

Outougamiz reste pétrifié; Céluta inonde la terre
de ses larmes. Adario, un bras levé entre son neveu
et sa nièce, semble encore proférer le mot qui vient
de les anéantir : elle a péri !

Outougamiz se lève, prend sa sœur par la main,
la contraint de se lever, la regarde quelque temps
en silence, et lui dit : « Il ne sera plus aimé. René !
« le seul cœur qui t'aimât encore, le seul qui te
« voulût sauver, le seul qui protestât de ton inno-

« cence a cessé de battre; car ma sœur et moi nous
« doutons; nous sommes sans force; nous ne savons
« nous décider ni pour la patrie ni pour l'amitié.
« Céluta, j'ai perdu ma femme, tu as perdu ta com-
« pagne, celle qui t'a suivie à la cité des Blancs, qui
« t'a soignée dans mon absence, qui t'a soutenue
« dans l'absence de cet autre que nous allons tuer.
« Mila morte! René mort! sa petite fille va bientôt
« mourir! Chactas, qui s'en va aussi! Céluta, reste-
« rons-nous seuls? »

Céluta ne pouvoit répondre. Outougamiz se tourne vers Adario, toujours assis à terre. Il lève son casse-tête, et dit : « Qui a tué Mila? »

— « Athaënsic, répond froidement Adario; l'esprit
« de malheur l'a saisie : elle s'est elle-même préci-
« pitée dans le fleuve. »

— « Si je savois, reprit le jeune Sauvage les
« dents serrées, qu'un homme eût porté la main
« sur Mila, fût-il mon propre père.... Et puis j'irois
« trouver Chépar et me mettre à la tête des chairs
« blanches. »

Adario, se levant indigné, et secouant ses lambeaux : « J'ai cru, infâme, que tu n'en voulois qu'à
« mes cheveux blancs; je te les livrois avec joie, afin
« de t'engager à garder le secret, à sauver la patrie.
« Je me disois : Il lui faut une libation de sang pour
« satisfaire au premier serment qu'il a fait; qu'il
« la puise à mes veines! Mais que l'ombre même de
« la pensée de trahir ton pays ait pu passer dans
« ton lâche cœur!.... Retire-toi, scélérat! je te vais
« livrer aux Sachems qui te vouloient faire périr

« avec ta sœur, lorsqu'ils ont appris l'indiscrétion
« du prêtre. J'avois juré de votre vertu; je m'étois
« engagé pour elle; je venois demander à Céluta le
« serment du secret : vous êtes deux traîtres, et je
« vous abandonne. »

Adario fait un mouvement pour se retirer; Céluta
l'arrête. « Désespérez de moi, lui dit-elle, mais non
« pas d'Outougamiz. »

— « Et pourquoi, dit celui-ci, veux-tu qu'il es-
« père de moi? Oui, je sauverai mon ami, si l'on
« ne me prévient par ma mort. »

— « Allons, dit Adario, épouse fidèle, ami géné-
« reux, révélez le secret à René! livrez ensuite votre
« pays aux étrangers; mais, dignes enfants, songez
« qu'avant cette victoire il faut avoir incendié nos
« cabanes, il faut avoir égorgé vos proches et vos
« amis, il faut avoir arraché un à un les cheveux
« de la tête d'Adario, il faut avoir fait de son crâne
« la coupe du festin de René. »

Pendant ce discours affreux, Céluta et Outougamiz ressembloient à deux spectres. Adario s'approche de sa nièce. « Ma Céluta, lui dit-il, faut-il
« qu'Adario tombe à tes pieds? parle, et tu le verras
« à tes genoux, celui qui n'a jamais fléchi devant
« personne. Mon enfant! René doit mourir quelque
« jour, puisqu'il est homme; mais ta patrie, si tu
« le veux, ta patrie peut être immortelle. Ta cou-
« sine! ma pauvre fille, n'a-t-elle pas perdu son fils
« unique, et ne sais-tu pas par quelle main? N'ai-je
« pas arraché ma postérité, pour qu'elle ne poussât
« pas des racines dans une terre esclave? Regarde-

«moi, et ose dire qu'il ne m'en a rien coûté! ose
« dire que mes entrailles déchirées ne saignent plus,
« que la plaie que je leur ai faite est guérie! S'il
« reste des enfants libres aux Natchez, Céluta, ils te
« devront leur liberté; ils te souriront dans les bras
« de leur mère; les bénédictions t'accompagneront
« quand tu traverseras les villages de ta patrie; les
« Sachems se rangeront avec respect sur ton pas-
« sage; ils s'écrieront : Faites place à Céluta! Ces
« moissons florissantes, c'est toi qui les auras se-
« mées; ces cris de joie et d'amour, c'est toi qui
« les exciteras. Qu'est-ce que le sacrifice d'une pas-
« sion, que le temps doit éteindre, auprès de ces
« plaisirs puisés dans la plus grande des vertus?
« Peux-tu balancer? peux-tu consentir à n'être
« qu'une femme vulgaire dans ta passion, qu'une
« femme criminelle dans ta conduite, quand tu peux
« te donner en exemple à l'univers? »

Outougamiz avoit écouté dans un sombre silence;
Céluta paroissoit suspendue entre la mort et la vie.
« Que veux-tu de moi? » dit-elle d'une voix tremblante. « Un serment pareil à celui de ton frère,
« répond Adario : jure entre mes mains que tu gar-
« deras le secret; que tu ne le révéleras pas au cou-
« pable, qui le divulgueroit, à un homme dont tu
« ne possèdes pas même l'amour, et qui te trahis-
« soit comme la patrie. »

Ces mots entrèrent profondément dans le cœur
de Céluta; mais la noble créature, s'élevant au-
dessus de son malheur, répondit : « Pourquoi sup-
« poses-tu que je ne possède pas le cœur de mon

« époux ? crois-tu par-là me déterminer à l'immoler
« à ma tendresse méconnue ? Si René ne m'aime
« pas, c'est que je ne suis pas digne de lui ; c'est
« une raison de plus de le sauver, et, par mon dé-
« vouement, de mériter son amour. »

Elle s'arrête, car ses larmes, qu'elle avoit retenues, et qui couloient intérieurement, l'étouffoient :
« Adario, reprit-elle, tu es ingrat : René, à la cité
« des Blancs, proposa sa tête pour la tienne... »

—« Ne crois pas ce mensonge, dit Adario en
« l'interrompant ; cette scène étoit arrangée entre
« nos ennemis pour nous inspirer plus de confiance
« dans un traître. »

— « Malheureux René ! s'écria Céluta, quel fatal
« génie fait méconnoître jusqu'à ta vertu ! »

— « Céluta, dit Adario, le temps s'écoule. Les
« jeux vont être proclamés ; es-tu amie ou ennemie ?
« Déclare-toi ; range-toi du côté des Blancs, ou jure
« le secret. »

La sœur d'Outougamiz regarde autour d'elle ;
elle croit entendre des voix lamentables sortir des
bocages de la mort ; la fille de René gémit dans
son berceau. Après quelques moments de silence :
« Voici l'arrêt, » dit Céluta. Adario et Outougamiz
écoutent.

« Mon frère a pu jurer, parce qu'il ne savoit pas
« à quoi l'engageoit son serment ; moi, qui connois
« d'avance les conséquences de ce serment, je serois
« une femme dénaturée si je le prononçois. Je ne
« jurerai donc point ; mais pour te consoler, Adario,
« sache que si ma vertu ne me fait garder le secret,

« tous les serments de la terre seroient inutiles. »

En prononçant ces mots, Céluta parut transfigurée et rayonnante : « C'est assez ! s'écrie Adario « pressant sur son sein la main de cette femme, je « suis satisfait, les Sachems le seront. Tu viens de « faire un serment plus redoutable que celui que je « te demandois. »

Adario retourne au conseil des Sachems, et Outougamiz prête encore au vieillard l'appui de son bras. Céluta reprend le chemin de la cabane de René : son âme étoit comme un abime où les chagrins divers rouloient confondus.

La plaie la plus récente devint peu à peu la plus vive : lorsque l'épouse de René, descendue au fond de son cœur, commença à débrouiller le chaos de ses souffrances, celle que lui causoit la perte de Mila se fit cruellement sentir. Céluta se représentoit tout ce que valoit sa sœur : quelle inépuisable gaîté avec un cœur profondément sensible ! l'oiseau chantoit moins bien que Mila, et elle aimoit mieux. Les peines même qu'elle donnoit étoient mêlées de plaisir, et elle donnoit tant de plaisir sans mélange de peines ! Ces cheveux charmants sont maintenant souillés dans les limons du fleuve ! cette bouche, que l'amour sembloit entr'ouvrir, est remplie de sable ! Cette femme qui étoit tout âme il y a quelques heures, cette femme que la vie animoit de toute sa mobilité, maintenant froide, fixée à jamais dans les bras de la mort ! Qu'elle a été vite oubliée, la tendre amie qui n'existoit que pour ses amis ! Sa famille n'y pense déjà plus ; Outougamiz même a été entraîné ailleurs : personne ne rendra les honneurs funèbres à la jeune, à l'innocente, à la courageuse Mila.

Ces réflexions, auxquelles s'abandonnoit Céluta en retournant à sa cabane, la firent changer de route ; elle chemina vers le fleuve pour y chercher le corps de son amie. Céluta avoit injustement accusé son frère; Outougamiz n'avoit point oublié Mila. Après avoir reconduit Adario, il descendit au rivage du Meschacebé; il regarda d'abord passer l'eau et côtoya ensuite le fleuve, attentif à chaque objet que le courant entraînoit; il crut ouïr un murmure : « Est-ce toi qui parles, Mila? dit-il; « es-tu maintenant une vague légère, une brise ha-« bitante des roseaux? Te joues-tu, poisson d'or et « d'azur, à travers les forêts de corail ? Mobile hi-« rondelle, traces-tu des cercles à la surface du « fleuve? Sous ta robe de plume, d'écaille ou de « cristal, ton cœur aime encore et plaint René. »

Un jeune magnolia, que le Meschacebé avoit environné dans sa dernière inondation, fixa longtemps les regards d'Outougamiz : il lui sembloit voir Mila debout dans l'onde.

Outougamiz s'assit sur la rive : « Pourquoi, dit-il, « Mila, ne me réponds-tu pas, toi qui parlois si « bien? Quand tu pleurois sur René, tes yeux « étoient comme deux perles au fond d'une source; « ton sein, mouillé de larmes, étoit comme le du-« vet blanc du jonc sur lequel le vent a fait jaillir « quelques gouttes d'eau. Tu étois tout mon esprit : « à présent, que je suis seul, je ne saurai comment

« enlever mon ami aux Sachems : puis tu étois si
« sûre de son innocence ! »

Mila, avant de disparoître, avoit dit au frère et
à la sœur qu'ils cherchoient des moyens extraordinaires de sauver René, tandis qu'il y en avoit un
tout naturel, auquel ils ne songeoient pas : c'étoit
d'aller au-devant du guerrier blanc, de le retenir
loin des Natchez autant de jours qu'il seroit nécessaire pour le soustraire au péril. Mila avoit ajouté
que, si René résistoit, ils l'attacheroient au pied
d'un arbre; car elle mêloit toujours les raisons de
l'enfance aux inspirations de l'amour et aux conseils
d'une sagesse prématurée. Outougamiz, au bord du
fleuve, se souvint du dernier conseil de Mila. « Tu
« as raison, » s'écria-t-il. Il jette au loin tout ce qui
peut retarder la rapidité de sa course, et, trompant la vigilance des Allouez attachés à ses pas,
il vole comme une flèche lancée par la main du
chasseur.

A peine avoit-il quitté le fleuve, que Céluta parut
sur le rivage. Elle s'arrêtoit à chaque pas, regardoit parmi les roseaux, s'avançoit sur la dernière
pointe des promontoires, cherchoit, comme on
cherche un trésor, la dépouille de sa jeune amie;
elle ne trouva rien. « Le Meschacebé est aussi contre
« nous, » dit-elle; et elle retourna à sa cabane, épuisée de fatigue et de douleur.

Revenu de son ivresse, le jongleur avoit conservé
le sentiment confus de son indiscrétion : il courut
en faire l'aveu au tuteur du Soleil. Ondouré, après
s'être emporté contre le prêtre, se hâta de rassem-

bler le conseil. Il déclara qu'il étoit très probable que Mila, instruite du secret, l'auroit révélé à Céluta; il annonça en même temps aux Sachems qu'il n'y avoit plus rien à craindre de Mila, car déjà elle n'existoit plus. Adario s'opposa à tout arrêt de sang contre sa nièce, et s'engagea à obtenir d'elle un serment qu'elle tiendroit aussi religieusement qu'Outougamiz. Les vieillards cédèrent au désir d'Adario; il fut pourtant résolu que si le frère et la sœur laissoient échapper la moindre parole, on les immoleroit à la sûreté de tous.

On mit aussi en délibération la mort immédiate de René, en cas qu'il revînt avant le jour du massacre; mais Adario fit remarquer que si l'on frappoit ce traître isolément on alarmeroit les Blancs ses complices; qu'on s'exposeroit surtout aux effets du désespoir d'Outougamiz et de Céluta, lorsque ce désespoir pourroit encore nuire à l'exécution générale du complot. On trouva donc plus prudent de laisser les choses telles qu'elles étoient, et de ne faire aucun mouvement.

Il ne manquoit au succès des plans d'Ondouré que la mort de Chactas, et les divers messagers commençoient à apporter la nouvelle de cette perte irréparable. Quant à la profanation de Céluta dans les bras d'un monstre, Ondouré se croyoit déjà sûr de sa proie. Ces ressorts si compliqués, ces plans si tortueux, cette double intrigue dans le conseil aux Natchez et dans le conseil au fort Rosalie, cette trame si laborieusement ourdie et néanmoins si fragile, tout avoit été imaginé et conduit par

Ondouré, afin de satisfaire une passion criminelle et d'atteindre, par le triomphe de l'amour, au plus haut degré de l'ambition. Mais l'excès de l'orgueil et de la joie fut encore au moment de perdre Ondouré : il ne put s'empêcher d'aller insulter sa victime. Délivré de la présence de Mila, il osa paroître dans la solitude sacrée de Céluta ; il osa prononcer des paroles de tendresse à la plus misérable des femmes, à celle dont presque tous les malheurs étoient son ouvrage. Ondouré oublioit que la jalousie comptoit ses pas, et qu'il pouvoit être puni par la passion même, cause première de tous ses crimes.

Or, des hérauts alloient publiant l'ouverture des grands jeux et la durée de ces jeux, qui devoit être de douze jours. Tout étoit en mouvement parmi les Natchez et dans la colonie ; car les François, avides de plaisirs, même dans les bois, se promettoient d'assister à une fête pour eux si funeste. Le commandant, invité, regardant désormais les Natchez comme les sujets du roi de France, accordoit toute sa protection à cette pompe nationale. Il avoit reçu plusieurs fois des avis salutaires, mais Fébriano et les autres créatures d'Ondouré maintenoient Chépar dans son aveuglement ; la fête même contribuoit à le rassurer. « Des gens qui conspirent, « disoit-il, ne jouent pas à la balle et aux osselets. » Il y a un bon sens vulgaire qui perd les hommes communs.

De toutes parts des groupes, joyeusement assemblés, rioient, chantoient et dansoient en attendant l'ouverture des jeux. Les Chicassaws, les Yazous, les Miamis, tous les peuples entrés dans la conspiràtion, arrivoient au grand village. Là étoit campée une famille dont les femmes, encore chargées de bagages, déposoient à terre leur fardeau ou suspendoient aux arbres le berceau de leurs enfants; ici des Indiens allumoient le feu de leur camp et préparoient leur repas. Plus loin, des voyageurs lavoient leurs pieds dans un ruisseau, ou se délassoient étendus sur l'herbe. Au détour d'un bois paroissoit une tribu qui s'avançoit, couverte de poussière, dans l'ordre de marche : les oiseaux s'envoloient, les chevreuils s'enfuyoient ou s'arrêtoient curieusement sur les collines à regarder ce rassemblement d'hommes. Les colons, quittant leurs habitations, venoient jouir des préparatifs des jeux : ils ignoroient quelle couronne étoit promise aux vainqueurs.

La gerbe de roseaux avoit été déposée dans le temple d'Athaënsic, sous l'autel de ce génie des vengeances. Un jongleur veilloit à sa garde. Le premier roseau devoit être retiré par trois sorcières dans la nuit qui suivroit l'ouverture des jeux : partout où des colonies européennes étoient établies, même chose devoit s'accomplir.

Un rayon d'espoir se glissoit au fond du cœur de Céluta. René n'arrivoit pas : encore quatorze jours d'absence, et il échappoit à sa destinée. Quelque accident l'auroit-il retenu? Outougamiz l'auroit-il rencontré? car Céluta ne doutoit point que son frère, qu'on avoit vu passer dans les bois, n'eût volé au-devant de son ami. Se laisant aller un moment à ces rêves de bonheur qui nous poursuivent jusqu'au sein de l'infortune, l'Indienne oublioit et les périls de chaque heure, et les torts que pouvoit avoir René : elle s'élevoit en pensée au séjour des anges, tandis qu'elle étoit attachée à la terre, semblable au palmier qui réjouit sa tête dans la rosée du ciel, mais dont le pied s'enfonce dans un sable aride.

Les espérances de Céluta auroient été des craintes pour Ondouré, s'il n'avoit su que le frère d'Amélie revenoit après avoir échoué dans ses négociations, ce qui rendoit l'auteur de la guerre avec les Illinois plus suspect que jamais aux Natchez. Ondouré savoit encore qu'Outougamiz n'avoit point rencontré René : les Allouez envoyés sur les traces du jeune Sauvage ne laissoient rien ignorer au tuteur du Soleil. Le bruit du prochain retour de René se répandit bientôt au grand village, et, en dissipant la dernière illusion de Céluta, acheva d'accabler cette femme déjà trop malheureuse.

Le jour de l'ouverture des jeux étoit enfin arrivé. A quelque distance du grand village s'étendoit une vallée tout environnée de bois qui croissoient en amphithéâtre sur les collines, et qui formoient les entours de cette belle salle bâtie des mains de la nature : là devoient se célébrer les jeux; le jeu de la balle et ensuite celui des osselets. La fête commença au lever du soleil.

Le grand-prêtre s'avançoit à la tête des joueurs : il tenoit en main une crosse peinte en bleu, ornée de banderoles, de joncs et de queues d'oiseaux; des jongleurs, couronnés de lierre, suivoient le grand-prêtre. Venoit ensuite Ondouré, conduisant son pupille, le jeune Soleil, âgé de huit ans : la Femme-Chef, le front pâle, accompagnoit son fils. Derrière elle, rangés deux à deux, paroissoient les vieillards des Chicassaws, des Yazous, et des autres alliés. Une bande nombreuse de musiciens avec des conques, des fifres et des tambourins, escortoit les Sachems. Les jeunes guerriers demi-nus, et armés de raquettes, se pressoient pêle-mêle sur les pas de leurs pères. Une foule immense, composée d'enfants, de femmes, de colons, de soldats, de nègres, remplissoit les bois de l'amphithéâtre. Chépar lui-même étoit là, entouré de ses officiers. Toutes les cabanes étoient désertes : la douleur seule étoit restée au foyer de René.

Les joueurs descendus dans l'arène, le grand-prêtre frappe des mains, et l'hymne des jeux est entonné en chœur. La première acclamation de cinq ou six peuples réunis fut étonnante : Céluta l'entendit sous son toit abandonné; c'étoit la voix de la mort appelant le frère d'Amélie.

CHŒUR GÉNÉRAL.

« Est-ce l'aile de l'oiseau qui fend l'air? Est-ce
« la flèche qui siffle à mon oreille? Non, c'est la
« balle qui fuit devant la raquette. O mon œil! sois
« attentif à la balle, où je t'arracherai. Que diroit
« la raquette si elle restoit veuve de la balle qu'elle
« aime? »

LES JEUNES GUERRIERS.

« Empruntons les pieds du chevreuil pour marier
« la raquette à la balle. »

UN PRÊTRE.

« Les femmes étoient nées d'abord sans la moitié
« de leurs grâces : un jour le génie de l'Amour
« jouoit à la balle dans les bois du ciel; la balle va
« frapper à la poitrine la plus jeune des épouses du
« génie; brisé par le coup, le globe se transforme
« en un double sein dont la bouche d'un nouveau-
« né fit éclore le dernier charme. »

UN GUERRIER.

« La balle est un jeu noble et viril; mais qui
« pourroit chanter les osselets? C'est aux osselets
« que l'on gagne les richesses, c'est aux osselets
« qu'on obtient une tendre épouse. »

LES SACHEMS.

« C'est aux osselets qu'on perd la raison; c'est aux
« osselets qu'on vend sa liberté. »

LES JONGLEURS.

« Deux parts ont été faites de nos destinées : l'une
« bonne, l'autre mauvaise. Le Grand-Esprit mit la
« première dans un osselet blanc, la seconde dans
« un osselet noir. Chaque homme en naissant, avant
« qu'il ait les yeux ouverts, prend son osselet dans
« la main du Grand-Esprit. »

LES SACHEMS.

« Qu'importe que l'osselet de notre destinée soit
« noir ou blanc, nous jouons dans la vie assis sur
« une tombe : à peine avons-nous tiré notre osselet
« heureux ou fatal, la Mort, qui marque la partie,
« nous le redemande. »

Les joueurs se séparent en deux bandes; les Natchez d'un côté, les Chicassaws de l'autre. A un signal donné, le plus adroit des guerriers natchez, placé à son poteau, frappe d'un coup de raquette la balle qui fuit, comme le plomb sort du tube enflammé des chasseurs; un Chicassaws la reçoit et la renvoie avec la même rapidité. Elle est repoussée vers les Chicassaws, qui la reprennent de nouveau. Un mouvement général commence; la balle est chassée et rechassée : tantôt elle vole horizontalement, et vous verriez les joueurs se baisser tour à tour comme des épis sous le passage d'une brise; tantôt elle est lancée au ciel à perte de vue : tous les yeux sont levés pour la découvrir dans les airs, toutes les mains tendues pour la recevoir dans sa chute. Soudain des guerriers se jettent à l'écart, se groupent, s'entremêlent, se déploient, se rassemblent encore; la balle saute à petits bonds sur leurs raquettes jusqu'au moment où un bras vigoureux, la dégageant du conflit, la reporte au centre de l'arène. Les cris d'espérance ou de crainte, les applaudissements et les risées, le bruit de la course, le sifflement de la balle, les coups de raquettes, la voix des marqueurs, les ronflements de la conque, font retentir les bois.

Au milieu de ce bruit et de ce mouvement les âmes étoient diversement occupées : les François jouissoient en pleine confiance de ce spectacle, tandis que les conjurés comptoient leurs victimes. Il n'y avoit rien de plus affreux que ces plaisirs qui couvroient le massacre de toute une colonie. Que d'hommes ont pris pour un jour de fête celui qui devoit leur apporter la mort!

Les jeux furent suspendus pour le festin, servi à l'ombre d'une futaie d'érables, au bord d'un courant d'eau; ils recommencèrent ensuite : on ne savoit de quel côté se décideroit la victoire, dont le prix étoit réglé à mille peaux de bêtes sauvages. Tout à coup le spectacle est interrompu; les Sachems se lèvent, la foule se porte vers la colline du nord, on entend répéter ces mots : « Voici notre « père, voici Chactas! Hélas! il est mourant! Ou-« tougamiz vient d'annoncer son arrivée. »

En effet, Outougamiz, qui n'avoit pas rejoint René, avoit rencontré le Sachem, que portoit une troupe de jeunes Chéroquois. La réputation de Chactas étoit telle, que le commandant françois lui-même suivit la multitude pour aller au-devant du vieillard. La foule poussoit des cris d'amour sur le passage de l'homme vénérable; mais les yeux étoient remplis de larmes, car on voyoit que Chactas n'avoit plus que quelques heures à vivre : son visage toujours serein annonçoit l'extrême fatigue et la décrépitude; sa voix étoit si foible, qu'on avoit de la peine à l'entendre. Cependant le Sachem répondoit avec sa bonté et son calme ordinaires à ceux qui lui adressoient la parole. Un jeune guerrier remarquant que les cheveux argentés du vieillard avoient encore blanchi : « C'est vrai, « mon enfant, dit Chactas ; j'ai pris ma parure d'hi-« ver, et je vais m'enfermer dans la caverne. » Un Sachem du parti d'Ondouré lui parloit des jeux et de la paix de la patrie ; il répondit : « L'eau est pai-« sible au-dessus de la cataracte ; elle n'est troublée « qu'au-dessous. »

Outougamiz, qui marchoit auprès du lit de feuillage sur lequel les Chéroquois portoient Chactas, passoit d'un profond abattement à une incompréhensible joie : « Ah! disoit-il tout haut, c'est ainsi « que j'ai vu porter René quand je l'aimois, et que « je ne le voulois pas tuer, avant que Mila m'eût « quitté pour toujours. »

Ces deux noms frappèrent l'oreille de Chactas. « Mon excellent Outougamiz, lui dit-il, tu parles « de René et de Mila ; et Céluta, où est-elle ? où sont « mes chers enfants, pour que je les embrasse avant « de mourir ? »

— « Chêne protecteur ! s'écria Outougamiz, nous « allons tous nous mettre à l'abri sous ton ombre, « excepté Mila, qui s'est fait une couche au fond « des eaux. » — « Héroïque et bon jeune homme, « dit Chactas, je crains que le chêne ne soit tombé « avant qu'il t'ait pu garantir de l'orage. » Chactas demanda où étoit Adario ; on lui dit qu'il habitoit les forêts.

Ondouré, à ce triomphe de la vertu, éprouvoit de mortelles inquiétudes. L'arrivée inattendue et la prolongation de la vie de Chactas sembloient déranger les projets du conspirateur. Il craignoit que le Sachem ne découvrît ses trames, et qu'un entretien secret d'un moment avec Céluta et Outougamiz ne détruisît l'œuvre de deux années. Désirant séparer le plus tôt possible Outougamiz de Chactas, Ondouré eut l'imprudence de s'avancer jusqu'à la couche du vieillard, pour le supplier de se livrer au repos. Chactas, le reconnoissant à la voix, lui dit :

« O le plus faux des hommes ! tu n'as donc pas
« encore appris à rougir ? »

— « Courage, Chactas ! s'écria Outougamiz ; tu
« parles tout comme Mila ! » Ondouré, balbutiant, avoit perdu son effronterie accoutumée.

« Mes enfants ! » dit Chactas, élevant la voix et s'adressant à la foule qu'il entendoit autour de lui, mais qu'il ne voyoit pas ; « voilà un des
« plus dangereux scélérats que la terre ait pro-
« duits. C'est notre foiblesse qui fait sa tyrannie ;
« il y a long-temps que j'ai deviné les secrets de ce
« traître. »

Ces paroles violentes, dans la bouche d'un vieillard si modéré et si sage, produisirent un effet extraordinaire. Ondouré se crut perdu. Outougamiz encourageoit le tumulte : « Allez chercher Céluta,
« s'écrioit-il ; voici que tout est arrangé : René est
« sauvé ! Je ne le tuerai pas ! Quel dommage que
« Mila soit morte ! »

Quelques Sachems restés fidèles à Chactas racontoient qu'Ondouré étoit vraisemblablement le meurtrier du vieux Soleil ; qu'il avoit séduit la Femme-Chef ; qu'il s'étoit emparé de l'autorité par violence ; qu'il méditoit dans ce moment même d'autres forfaits. Les Sauvages étrangers paroissoient troublés. Le commandant françois commençoit à s'étonner de ce mot de complot redit de toutes parts. La destinée d'Ondouré ne sembloit plus tenir qu'à un fil, lorsque les prêtres et les Sachems du parti du traître répétèrent l'histoire du maléfice jeté par un magicien de la chair blanche sur Outougamiz et sur le vénérable Chactas. Les absurdités religieuses employées précédemment dans des occasions pareilles eurent leur succès accoutumé ; la foule superstitieuse les crut de préférence à la vérité. Chactas fut porté à sa cabane. Chépar retourna au fort, toujours disposé par Fébriano à se confier à Ondouré, et à soupçonner le frère d'Amélie. Le soleil étant couché, les Sauvages remirent au lendemain la continuation des jeux.

Mais l'orage conjuré pour un moment menaçoit d'éclater de nouveau. Chactas, à peine déposé dans sa cabane, avoit demandé la convocation d'un conseil, désirant s'entretenir avec les Sachems avant d'expirer. Il étoit impossible aux conjurés de se refuser au dernier vœu de l'illustre vieillard, sans se rendre suspects et odieux à la nation. Ondouré s'empressa de chercher Adario, et de lui parler de Chactas, dont la tête, disoit-il, étoit affoiblie par les approches de la mort. Adario, regardant de

travers le Sauvage : « Il te convient bien, misérable
« guerrier, de t'exprimer de la sorte sur le plus
« grand des Sachems et sur l'ami d'Adario ! Ote-toi
« de devant mes yeux, si tu ne veux que je punisse
« tes paroles insensées. »

Ces deux vieillards étoient le désespoir d'Ondouré : Chactas ne connoissoit point les desseins du scélérat, et les auroit renversés s'il les eût connus ; Adario méprisoit le tuteur du Soleil, et l'auroit poignardé s'il avoit pu croire que, par le massacre des Blancs, il aspiroit à la tyrannie. Les Sachems s'empressèrent de tenir le conseil dans la cabane de Chactas ; Adario s'y rendit le premier.

Outougamiz étoit allé trouver sa sœur. Assise à ses foyers solitaires, et descendue dans son propre cœur, Céluta y avoit remué, pour ainsi dire, tous ses chagrins ; elle les en avoit tirés l'un après l'autre : sa fille, Mila, Outougamiz, René, s'étoient tour à tour présentés à ses craintes et à ses regrets ; elle n'avoit oublié de pleurer que sur elle. Les grandes douleurs abrègent le temps comme les grandes joies ; et les larmes qui coulent avec abondance emportent rapidement les heures dans leur cours. Céluta ignoroit l'interruption des jeux, le retour de son frère, et l'arrivée de Chactas. Outougamiz se précipite dans la cabane et s'écrie :

« Me voici ! le voilà ! Chactas, Chactas lui-même !
« Je l'ai trouvé au lieu de René ; il est arrivé ! Nous
« serons tous sauvés ! Ah ! si Mila n'étoit pas morte !
« Elle s'est trop pressée ! Allons, prends ton manteau
« et ta fille, allons vite voir Chactas. Il est peut-être

« mort à présent, mais nous n'en sommes pas moins
« sauvés. »

A ces paroles inintelligibles pour tout autre que
pour Céluta, l'Indienne éleva son cœur vers le
Grand-Esprit et se hâta de chercher son manteau.
Outougamiz lui ordonnoit d'aller vite, prétendoit
l'aider, et ne faisoit que retarder ses apprêts. Quand
le frère et la sœur sortirent de la cabane, la nuit
atteignoit le milieu de son cours. Dans ce moment
même les trois vieilles femmes attachées au culte
d'Athaënsic entroient dans le temple, et, en présence du chef des prêtres, brûloient un des roseaux
de la gerbe : on auroit dit des Parques coupant
le premier fil de la vie de René.

Outougamiz et Céluta arrivèrent à la cabane de
Chactas : le conseil n'étoit pas fini, et les Allouez
placés alentour les empêchèrent d'approcher. On
n'a jamais su ce qui se passa dans ce conseil assemblé au bord du lit funèbre de Chactas, et présidé
par la vertu mourante. Les gardes les plus voisins
de la porte saisirent seulement quelques mots lorsque les voix s'élevoient au milieu d'une discussion
animée. Une fois Chactas répondit à Adario :

« Je crois aimer la patrie autant que toi ; mais je
« l'aime moins que la vertu. »

Quelque temps après il dit : « J'ignore ce que vous
« prétendez ; mais quiconque est obligé de cacher ses
« actions ne fait rien d'agréable au Grand-Esprit. »

On entendit ensuite la Femme-Chef discourir
d'un ton passionné sans pouvoir recueillir ses paroles. Chactas dit après elle :

« Vous le voyez, cette femme est en proie aux
« remords, elle ne dit pas tout; mais sa conscience
« lui pèse : pourquoi son complice, l'infâme On-
« douré, n'est-il pas ici ? »

Sur une observation qu'on lui faisoit sans doute, Chactas repartit :

« Je le sais : les jeunes guerriers doivent préférer
« les conseils d'Adario aux miens; la jeunesse aime
« les brasiers qui se font sentir à une grande dis-
« tance, et qui la forcent à reculer. Elle dédaigne
« ces feux mourants dont il se faut approcher pour
« recueillir une chaleur prête à s'éteindre. »

Adario répliqua quelque chose.

« Mon vieil ami, répondit Chactas, nous avons
« parcouru ensemble un long chemin. Je vous aime
« et vais vous attendre. Ne calomniez pas René : par-
« donnez-lui l'excès dans le bien, et ni vous ni moi
« ne vaudrons mieux que lui. »

Ici le trouble parut régner dans le conseil : les Sachems parloient ensemble; la voix de Chactas ramena le silence; il disoit :

« Qu'entends-je ? il y a eu une assemblée générale
« des Natchez au rocher-du lac ! Mila s'est préci-
« pitée dans le fleuve ! René est absent, et on l'ac-
« cuse sans l'entendre ! Céluta est plongée dans la
« douleur ! Outougamiz paroît insensé ! Akansie se
« repent ! Les jeux proclamés semblent cacher quel-
« que résolution funeste. On m'a éloigné, et mon
« retour jette de la confusion parmi vous !... Grand-
« Esprit ! tu me rappelles à toi avant que j'aie pu
« pénétrer ces mystères ! que ta volonté soit faite :

« prends dans ta main puissante ce qui échappe à
« ma foible main. Adieu, chère patrie, je dois à
« mon âme le dernier moment qui me reste. Ici
« finissent entre moi et les hommes les scènes de
« la vie. Sachems, vous me donnez mon congé en
« me cachant vos secrets : je vais apprendre ceux
« de l'éternité. »

Après ces paroles, on n'entendit plus rien. Les
Sachems sortirent bientôt en silence, les yeux baissés et chargés de pleurs : ainsi de vieux chênes
laissent tomber de leurs feuilles flétries les gouttes
de rosée qu'y déposa une belle nuit. L'aube blanchissoit l'horizon, et la Femme-Chef envoya chercher le tuteur du Soleil.

Outougamiz et Céluta entrèrent alors dans la
cabane de Chactas. Le vieillard éprouvoit dans ce
moment une défaillance. Il avoit prié, avant son
évanouissement, qu'on le portât au pied d'un arbre,
et qu'on lui tournât le visage vers l'orient, pour
mourir. Quand il reprit ses sens, il reconnut à la
voix Outougamiz et Céluta; mais il ne leur put
parler.

Adario n'étoit point sorti de la cabane avec les
autres Sachems; il y étoit resté afin de faire exécuter la dernière volonté de son ami. Chactas fut porté
sous un tulipier planté au sommet d'un tertre d'où
l'on découvroit le fleuve et tout le désert.

L'aurore entr'ouvroit le ciel; à mesure que la
terre accomplissoit sa révolution d'occident en
orient, il sortoit de dessous l'horizon des zones de
pourpre et de rose, magnifiques rubans déroulés

de leur cylindre. Du fond des bois s'élevoient les vapeurs matinales; elles se changeoient en fumée d'or, en atteignant les régions éclairées par la lumière du jour. Les oiseaux-moqueurs chantoient; les colibris voltigeoient sur la tige des anémones sauvages, tandis que les cigognes montoient au haut des airs pour découvrir le soleil. Les cabanes des Indiens, dispersées sur les collines et dans les vallées, se peignoient des rayons du levant : jusqu'aux bocages de la mort, tout rioit dans la solitude.

Outougamiz et Céluta se tenoient à genoux à quelque distance de l'arbre sous lequel le Sachem rendoit le dernier soupir. Un peu plus loin, Adario debout, les bras croisés, le vêtement déchiré, le poil hérissé, regardoit mourir son ami : Chactas étoit assis et appuyé contre le tronc du tulipier : la brise se jouoit dans sa chevelure blanchie, et le reflet des roses de l'aurore coloroit son front pâlissant.

Faisant un dernier effort, le Sachem tira de son sein un crucifix que lui avoit donné Fénelon. « Atala, « dit-il, d'une voix ranimée, que je meure dans ta « religion! que j'accomplisse ma promesse au père « Aubry! Je n'ai point été purifié par l'eau sainte; « mais je demande au ciel le baptême de désir. Ver-« tueux chef de la prière, qui remis dans mes mains « ce signe de mon salut, viens me chercher aux « portes du ciel. Je donnerai peu de peine à la mort; « une partie de son ouvrage est déjà faite; elle « n'aura point à clore mes paupières commes celles

« des autres hommes : je vais au contraire ouvrir
« à la clarté divine des yeux fermés depuis long-
« temps à la lumière terrestre. »

Chactas exhala la vertu avec son dernier soupir :
l'arbre parfumé des forêts américaines embaume
l'air quand le temps ou l'orage l'ont renversé sur
son sol natal. Outougamiz et Céluta, ayant vu le
Sachem s'affaisser, se levèrent, s'approchèrent du
tulipier et embrassèrent les pieds déjà glacés du
vieillard : ils perdoient en lui leur dernière espérance. Adario s'éloigna sans prononcer un mot,
comme le voyageur qui va bientôt rejoindre son
compagnon parti quelques heures avant lui.

Les Sauvages étoient déjà rassemblés dans la vallée des Bois pour recommencer la partie de balle,
lorsque la nouvelle du trépas de Chactas se répandit parmi la foule. On disoit de toutes parts : « La
« gloire des Natchez est éteinte! Chactas, le grand
« Sachem, n'est plus! » Les jeux furent interrompus
de nouveau; la douleur étoit universelle. Quelques
tribus indiennes, frappées de ce deuil qui venoit
se mêler à des fêtes, commencèrent à craindre la
colère du ciel; elles plièrent leurs tentes de peaux,
et reprirent le chemin de leur pays.

Tout menaçoit de ruine, encore une fois, les
desseins d'Ondouré; ses messagers secrets avoient
perdu les traces du frère d'Amélie; le conseil rassemblé autour de Chactas avoit montré de l'hésita-
tion; la Femme-Chef, qui s'étoit presque dénoncée,
ne vouloit plus qu'une entrevue avec son complice
pour céder ou pour résister aux remords. Au fort

Rosalie, Chépar, malgré son aveuglement, ne se pouvoit empêcher de réfléchir sur les avis que lui transmettoient chaque jour le père Souël, le gouverneur général de la Louisiane, et même le capitaine d'Artaguette; avis que paroissoit confirmer la désertion d'un grand nombre de nègres réfugiés dans les bois. Le ciel sembloit enfin se déclarer pour l'innocence.

Les plus vieux parents de Chactas vinrent enlever son corps; la cérémonie funèbre fut fixée au lendemain à la troisième heure du jour. Céluta, comme femme du fils adoptif de Chactas, Outougamiz, comme frère de ce fils absent, furent prévenus qu'ils seroient chargés des fonctions d'usage; ils reçurent l'ordre de s'y préparer.

Céluta passa sa solitaire journée à déplorer dans sa cabane la nouvelle perte qu'elle venoit de faire. Ce retour continuel à un foyer désert, où elle ne trouvoit personne pour la consoler, remplissoit son imagination de terreur et son âme de tristesse. Où étoient René, Mila, Chactas, ces parents, ces amis, qui la soutenoient autrefois? Adario n'habitoit plus que les lieux sauvages; Outougamiz, chargé de sa propre douleur, jouissoit à peine de sa raison. Dans la foule, aucun signe de pitié et de bienveillance; partout des visages ennemis ou des sentiments pires que la haine.

René cependant ne paroissoit point, bien que son retour fût annoncé; et dans cette absence prolongée, Céluta entrevoyoit une lueur d'espérance. Le malheur est religieux; la solitude appelle la prière : Céluta pria donc. Tantôt elle demandoit des conseils au Grand-Esprit des Indiens, tantôt elle s'adressoit au Grand-Esprit des Blancs : elle présentoit à celui-ci l'innocente Amélie que l'eau du baptême avoit rendue chrétienne, et qui pouvoit invoquer mieux que sa mère le Dieu de René. Une idée frappe tout à coup Céluta, elle se lève, elle s'écrie : « Manitou protecteur de René, est-ce toi « qui m'inspires ? »

Céluta s'efforce de calmer sa première émotion afin de mieux réfléchir à son dessein : plus elle l'examine, plus elle le trouve propice ; elle n'attend plus que la nuit pour l'exécuter.

Les ombres régnoient sur la terre ; la lune n'étoit point dans le ciel ; on distinguoit seulement les grandes masses des bois et des rochers qui se dessinoient sur le fond bleu du firmament comme des découpures noires. Céluta sort de sa cabane avec une petite lumière enfoncée dans un nœud de roseau ; elle portoit en outre des cordons de lin sauvage et un rouleau d'étoffe de mûrier. Plus légère qu'une ombre, elle vole à la caverne des Reliques ; elle y descend sans crainte ; elle se pare des débris de la mort qu'elle attache autour d'elle et sur son front, comme une jeune fille orneroit sa tête et son sein pour plaire dans l'éclat d'une fête. Elle s'enveloppe ensuite du long voile de mûrier blanc, et, sous ce voile, elle cache sa lampe de roseau.

Quittant l'asile funèbre, elle traverse les campagnes que couvroit un brouillard ; elle dirigeoit ses pas vers le temple d'Athaënsic pour dérober la gerbe fatale.

« Si j'enlève la gerbe, s'étoit-elle dit, les conju-
« rés aux Natchez ne sauront plus à quoi se résou-
« dre ; ils se croiront découverts ; ils se diviseront ;
« les uns voudront hâter l'exécution du complot,
« les autres l'abandonner : il faudra envoyer des
« messagers aux nations qui doivent de leur côté exé-
« cuter le massacre, afin de les prévenir de l'acci-
« dent arrivé aux Natchez. Quelques rumeurs con-
« fuses parviendront aux oreilles des François. Il
« est impossible que le projet n'avorte pas au milieu
« de cette confusion. Céluta, tu épargneras ainsi un
« crime à ta patrie, ou, si le meurtre général a lieu,
« René arrivera quand le coup sera porté : tu auras
« sauvé ton mari sans avoir révélé le secret, sans
« avoir menti à la promesse que tu as faite à
« Adario. »

Le temple d'Athaënsic étoit bâti au milieu d'une cyprière qui lui servoit de bois sacré. Les révélations de Mila avoient appris à Céluta que la gerbe de roseau étoit déposée sous l'autel. Dans l'intérieur du temple, un jongleur, remplacé de deux heures en deux heures par un autre jongleur, veilloit au trésor de la vengeance ; au dehors une garde d'Allouez avoit ordre de tuer quiconque s'approcheroit du fatal édifice. Que ne peut l'amour dans le cœur d'une femme ; même lorsqu'elle n'est pas aimée ! C'étoit cet amour qui avoit inspiré à l'épouse de René l'idée d'emprunter la forme d'un fantôme. Intrépides sur le champ de bataille, les Sauvages prennent dans le silence ou le bruit de leurs forêts la croyance et la frayeur des apparitions. Leurs prêtres même, par une justice divine, éprouvent les terreurs superstitieuses qu'ils emploient pour tromper les hommes.

Arrivée à la cyprière, Céluta, se glissant d'arbre en arbre, se trouve bientôt à quelques pas du temple ; elle entr'ouvre son voile blanc, et laisse voir la figure de la mort à l'aide de la petite lampe. Le froissement du linceul qui traînoit sur les feuilles parvient à l'oreille des Allouez : ils tournent les yeux du côté du bruit et aperçoivent le spectre. Les armes échappent à leurs mains ; les uns fuient, les autres, sentant défaillir leurs genoux, ont à peine assez de force pour se traîner dans les buissons voisins.

Céluta marche au temple, ouvre une des portes, se place sur le seuil. Le prêtre gardien étoit assis à terre ; l'apparition le frappe tout à coup : ses prunelles se dilatent, sa bouche s'entr'ouvre, sa peau frémit. L'Indienne franchit le seuil ; elle s'avance à pas mesurés, s'arrête, s'avance encore, et étend la main d'un squelette sur la tête du jongleur. Celui-ci veut crier et ne peut trouver de voix : une sueur froide inonde son corps, ses dents claquent dans le frisson de la peur. Céluta achève sa victoire, touche d'une main glacée le front du prêtre : la victime tombe évanouie.

La fille de Tabamica est à l'autel, elle en cherche de toutes parts l'ouverture ; vingt fois elle fait le tour de la pierre sans rien découvrir ; elle essaie de soulever la table sacrée, se baisse, se relève, porte la lampe à tous les points du tabernacle, renverse l'idole : le dépôt mystérieux échappe à ses perquisitions!

Le temps presse, les gardes et le jongleur peuvent revenir de leur épouvante. La sœur d'Outougamiz croit entendre des pas et des voix au dehors; elle adresse des prières à l'Amour et à la Patrie; elle promet des dons, des offrandes : s'il faut du sang pour celui qu'elle veut épargner, elle offre le sien. Les yeux obscurcis par les larmes du désespoir, l'Indienne tantôt regarde vers la porte du temple, tantôt examine de nouveau l'autel. N'at-elle pas senti fléchir une des marches de cet autel? Son cœur bat; elle s'agenouille, presse le cèdre obéissant, l'ébranle : la planche fuit horizontalement sous sa main. Joie et terreur! espérance et crainte! Céluta plonge son bras nu dans l'ouverture, et touche du bout des doigts la gerbe des roseaux.

Mais comment la retirer? l'ouverture n'est pas assez large, et la planche arrêtée refuse de s'écarter. Il ne reste qu'un seul moyen, c'est de saisir les roseaux un à un ; trois fois Céluta plonge son bras dans l'ouverture, trois fois elle ramène quelques roseaux, comme si elle arrachoit les jours de René à la destinée! mais elle ne peut tout enlever; les roseaux du dessous de la gerbe sont hors de la portée de sa main. La pieuse sacrilége se détermine à fuir avec son larcin : elle avoit retiré huit roseaux, il n'en restoit plus que trois dans l'habitacle, le douzième ayant été déjà brûlé. Elle sort du temple au moment même où le prêtre revenoit de son évanouissement. Bientôt, enfoncée dans l'endroit le plus épais de la cyprière, elle détache son effroyable parure, roule son voile, rend les ossements à la terre, leur demandant pardon d'avoir troublé leur repos éternel. « Dépouille sacrée, leur dit-elle, vous « apparteniez peut-être à un infortuné, et vous avez « secouru l'infortune! »

Son succès n'étoit pas complet, mais du moins Céluta croyoit avoir augmenté les chances de salut pour René. Si le massacre étoit avancé de huit jours, c'étoit huit jours à retrancher du nombre de ceux qui menaçoient la vie du frère d'Amélie. Il n'y avoit plus que trois jours de péril : qui sait si l'absence de l'homme menacé ne se prolongeroit pas au-delà d'un terme désormais si court ? Céluta, rentrée dans sa cabane, jette aux flammes les roseaux, s'approche de sa fille endormie sur un lit de mousse, la regarde à la lumière de cette même lampe qui avoit servi à éclairer les ossements des morts. L'enfant s'éveille et sourit à sa mère; la mère se penche sur l'enfant, le couvre de baisers : elle prenoit le sourire de l'innocence pour une approbation de l'enlèvement des roseaux. Céluta n'avoit d'autre conseil que cette petite Amélie qui, en venant au monde, n'avoit pas réjoui le cœur paternel, que cette Amélie dont René vouloit rester à jamais inconnu. C'étoit sur un berceau délaissé qu'une femme abandonnée consultoit le ciel pour un époux malheureux, et interrogeoit l'avenir.

Outougamiz se fait entendre et paroît sur le

seuil de la cabane. Il avoit passé le jour précédent et une grande partie de la nuit à explorer les chemins par où son ami pouvoit revenir. Rien ne s'étoit présenté à sa vue. Il remarqua quelque chose de plus animé dans les regards de sa sœur. « Tu prends « courage, lui dit-il, pour assister aux funérailles « de notre père. Dépêchons-nous, il est temps de « partir. »

Céluta ne crut pas devoir révéler à Outougamiz le larcin qu'elle venoit de commettre, ni embarrasser son frère d'un nouveau secret. Elle se hâta de prendre ses habits de deuil. En se rendant de bonne heure au lit funèbre de Chactas, elle espéroit éloigner encore les soupçons qui pourroient planer sur elle lorsque la disparition des roseaux seroit connue.

Quand le frère et la sœur arrivèrent à la cabane de Chactas, le jour naissoit. Les parents allument un grand feu; on purifie la hutte avec l'eau lustrale; on revêt le corps du Sachem d'une superbe tunique et d'un manteau qui n'avoit jamais été porté. Dans la chevelure blanche du vieillard on place une couronne de plumes cramoisies. Céluta et Outougamiz furent chargés de peindre les traits du décédé. Quel triste devoir! Ils se mirent à genoux des deux côtés du corps étendu sur une natte. Lorsque les deux orphelins vinrent à se pencher sur le visage de leur père, leurs têtes charmantes se touchèrent et formèrent une voûte au-dessus du front de Chactas.

Un Sachem, maître de la cérémonie funèbre,

donnoit les couleurs et en expliquoit les allégories : le rouge étendu sur les joues devoit être de différentes nuances, selon les morts : l'amour ne se colore pas du même vermillon que la pudeur, et le crime rougit autrement que la vertu. L'azur appliqué aux veines est la couleur du dernier sommeil; c'est aussi celle de la sérénité. Les pleurs de Céluta effaçoient son ouvrage. Il fallut finir par le terrible baiser d'adieu : les lèvres de l'amitié et de l'amour vinrent toucher ensemble celles de la mort.

Cela étant fait, des matrones donnèrent au vieillard l'attitude que l'enfant a dans le sein de sa mère; ce qui vouloit dire que la mort nous rend à la terre, notre première mère, et qu'elle nous enfante en même temps à une autre vie.

Déjà la foule s'assembloit : les congrégations des prêtres, des Sachems, des guerriers, des matrones, des jeunes filles, des enfants, arrivoient tour à tour et prenoient leur rang. Les Sachems avoient tous un bâton blanc à la main; leurs têtes étoient nues et leurs cheveux négligés : Adario menoit ces vieillards. Les François et le commandant du fort se joignirent à la pompe funèbre, comme ils s'étoient mêlés aux jeux : le cortége, attendant la marche, formoit un vaste demi-cercle à la porte de la cabane.

Alors on enleva les écorces de cette cabane du côté qui touchoit au cortége, et l'on aperçut Chactas assis sur un lit de parade : derrière lui étoit couché, en travers, son cercueil, fait de bois de cèdre et de petits ossements entrelacés. Debout, derrière cette redoutable barrière, se tenoit un Sachem représentant Chactas lui-même, et qui devoit répondre aux harangues qu'on lui alloit adresser.

Les deux chiens favoris du mort étoient enchaînés à ses pieds; on ne les avoit point égorgés selon l'usage, parce que le Sachem abhorroit le sang; d'ailleurs, il n'auroit aucun besoin de ses dogues pour chasser dans le pays des âmes, car il y seroit employé, disoit la foule, à gouverner les ombres. Le calumet de paix du vieillard reposoit pareillement à ses pieds; à sa gauche on voyoit ses armes, honneur de sa jeunesse; à sa droite le bâton sur lequel il appuyoit ses vieux ans. Comme on est plus touché des vertus du sage que de celles du héros, la vue de ce simple bâton portoit l'attendrissement dans tous les cœurs.

Adario commença les discours au nom des Sachems; il s'avança à pas lents dans le cercle des spectateurs. Les bras croisés et le visage tourné vers son ami, il lui dit :

« Frère, vous aimâtes la patrie; frère, vous com-
« battîtes pour elle; frère, vous l'enseignâtes de
« votre sagesse. Dire ce que vous avez fait est inu-
« tile : ennemi de l'oppresseur, vengeur de l'opprimé,
« tout en vous étoit indépendance. Votre pied étoit
« celui du chevreuil qui ne connoît point de bar-
« rière dont il ne puisse franchir la hauteur; votre
« bras étoit un rameau de chêne qui se roidit aux
« coups de la tempête; votre voix étoit la voix du
« torrent que rien ne peut forcer au silence. Ceux

« qui ont habité votre cœur savent qu'il étoit trop
« grand pour être resserré dans la petite main de la
« servitude. Quant à votre âme, c'étoit un souffle
« de liberté. »

Le Sachem représentant Chactas répondit de derrière le cercueil :

« Frère, je vous remercie : je fus libre et le suis
« encore ; si mon corps vous semble enchaîné, vos
« yeux vous trompent : il est sans mouvement,
« mais on ne le peut faire souffrir ; il est donc libre.
« Quant à mon âme, je garde le secret. Adieu,
« frère ! »

— « Vous n'avez point parlé de votre amitié mu-
« tuelle ! » s'écria Outougamiz en se levant, à la grande surprise des spectateurs.

Adario et le Sachem représentant Chactas se regardèrent sans répliquer une parole.

Le tuteur du Soleil s'avança pour prononcer un discours au nom des jeunes guerriers ; mais un des bras de Chactas, plié de force, s'échappa comme pour repousser Ondouré. Une voix s'élève : « Il est désagréable aux morts, qu'il s'é-
« loigne ! »

Céluta, fille adoptive de Chactas, fut chargée de rattacher le bras du vieillard. Dans sa tunique noire et sa beauté religieuse on l'eût prise pour une de ces femmes qui se consacrent en Europe aux œuvres les plus pénibles de la charité.

Céluta, s'adressant au mort, lui dit : « Mon père,
« êtes-vous bien ? »

— « Oui, ma fille, répliqua le Sachem interprète ;

« si dans le tombeau je me retourne pour me dé-
« lasser, ma main s'étendra sur toi. »

Le représentant de Chactas répondit aux discours des mères, des veuves, des jeunes filles et des enfants.

Ces harangues extraordinaires finies, les parents poussèrent trois cris ; trois sons des conques funèbres annoncèrent la levée du corps. Les huit Sachems les plus âgés, au nombre desquels étoit Adario, s'avancèrent en exécutant la marche de la mort pour emporter Chactas : ils imitoient le bûcheron, le moissonneur, le chasseur, qui coupe l'arbre, rompt l'épi, perce l'oiseau. Adario dit à Chactas : « Frère, voulez-vous vous coucher ? »

Le truchement de la tombe répondit : « Frère, « j'ai besoin de sommeil. »

Alors quatre des huit Sachems de la mort formèrent en s'agenouillant un carré étroit ; les autres Sachems prennent le lit où reposoit le défunt, le posent sur les quatre épaules des quatre Sachems à genoux ; ceux-ci se relèvent, et montrent à la foule ce qui n'étoit plus qu'une idole pour la patrie. Les quatre vieillards libres appuyoient de leurs bâtons, comme avec des arcs-boutants, le lit de Chactas : le cercueil traîné sur des roues suivoit son maître comme le char vide du triomphateur. On marche aux bocages de la mort.

La tombe avoit été marquée près du ruisseau de la Paix ; la fosse étoit large et profonde, les parois en étoient tapissées des plus belles pelleteries. Les huit Sachems de la mort déposèrent leur frère dans le cercueil, que l'on planta debout à la tête de la fosse ouverte. Le vieillard ainsi placé ressembloit à une statue dans un tabernacle. Les jeux funèbres commencèrent le long d'une vallée verte qui se prolonge à travers les bocages.

Ces jeux s'ouvrirent par la lutte des jeunes filles; la course des guerriers suivit la lutte, et le combat de l'arc, la course.

A un poteau peint de diverses couleurs étoit attaché par un pied, au bout d'une longue corde, un écureuil, symbole de la vie chez les Sauvages. L'animal agile tournoit autour du poteau, descendoit, remontoit, descendoit encore, sautoit, couroit sur le gazon, puis regagnoit le haut du poteau, où il se tenoit planté sur les pieds de derrière, en se couvrant de sa queue de soie : c'étoit le but que la flèche devoit atteindre, et dont la mobilité fatiguoit les regards. Un arc de bois de cyprès étoit le prix désigné au vainqueur.

Ce prix, ainsi que celui de la course, fut remporté par Outougamiz, qui disoit à Céluta : « A qui « l'offrirai-je? Mila est morte, René est absent, et « je dois tuer mon ami s'il revient. »

Tandis qu'on étoit occupé de ces jeux, on vit arriver le grand-prêtre, l'air effaré, le vêtement en désordre, cherchant et demandant partout le tuteur du Soleil; on le lui montra dans la foule. Il courut à lui, l'entraîna au fond d'un des bocages, d'où il sortit avec lui quelque temps après. Ondouré paroissoit ému; on le vit se pencher à l'oreille d'Adario et parler à plusieurs autres Sachems. Le jongleur déclara qu'il avoit vu des signes dans le ciel, que les augures n'étoient pas favorables, qu'il falloit abréger la cérémonie.

On se hâta de faire au trépassé les présents d'usage. Chactas fut descendu dans son dernier asile; et tandis qu'on élevoit le mont du tombeau, le jongleur entonnoit l'hymne à la mort.

LE GRAND-PRÊTRE.

« Est-ce un fantôme que j'aperçois, ou n'est-ce « rien? C'est un fantôme! A moitié sorti d'une tombe « fermée, il s'élève de la pierre sépulcrale comme « une vapeur. Ses yeux sont le vide, sa bouche est « sans langue et sans lèvres; il est muet, et pourtant « il parle; il respire, et il n'a point d'haleine : quand « il aime, au lieu de donner l'être, il donne le néant. « Son cœur ne bat point. Fantôme, laisse-moi vivre! »

UNE JEUNE FILLE.

« Ma sœur, vois-tu ce petit ruisseau qui se perd « tout à coup dans le sable? comme il est charmant « le long de ses rivages semés de fleurs; mais comme « il disparoît vite! Entre son berceau caché sous « les aunes et son tombeau sous l'érable, on compte « à peine seize pas. »

CHŒUR DES JEUNES FILLES.

« Nous avons vu la jeune Ondoïa : ses lèvres « étoient pâles, ses yeux ressembloient à deux « gouttes de rosée troublées par le vent sur une « feuille d'azaléa. Nous la vîmes entr'ouvrir un peu

« la bouche et rester la tête penchée. Nos mères
« nous dirent que c'étoit là mourir, qu'une seule
« nuit avoit ainsi fané la jeune fille. Mères, est-ce
« qu'il est doux de mourir? »

LES JEUNES GUERRIERS.

« Qu'il est insensé celui qui s'écrie : Sauvez-moi
« de la mort! Il devroit plutôt dire : Sauvez-moi de
« la vie! O mort! que tu es belle au milieu des
« combats! que tu nous paroissois éloquente lorsque
« tu nous parlois de la patrie, en nous montrant la
« gloire! »

LES ENFANTS.

« Il nous faut un berceau de trois pieds; notre
« tombeau n'est pas plus long. Notre mère nous
« suffit pour nous porter dans ses bras aux bocages
« de la mort. Nous tomberons de son sein sur le
« gazon de la tombe, comme une larme du matin
« tombe de la tige d'un lis parmi l'herbe où elle
« se perd. »

LES SACHEMS.

« La mort est un bien pour les sages; lui plaire
« est leur unique étude; ils passent toute leur vie à
« en contempler les charmes. Cet infortuné se roule
« sur sa couche; ses yeux sont ardents, jamais ses
« paupières ne les recouvrent; son cœur est plein
« de soupirs : mais tout à coup les soupirs de son
« cœur s'exhalent; ses yeux se ferment doucement;
« il s'allonge sur sa couche. Qu'est-il arrivé? la
« mort. Infortuné, où sont tes douleurs? »

CHŒUR DES PRÊTRES.

« La vie est un torrent : ce torrent laisse après lui,
« en s'écoulant, une ravine plus ou moins profonde,
« que le temps finit par effacer. »

L'hymne de la mort étoit à peine achevé que la foule se dispersa. Les paroles du grand-prêtre, au milieu de la pompe funèbre, faisoient le sujet de tous les entretiens et l'objet de toutes les inquiétudes. Mais déjà les Sachems et les chefs des jeunes gens qui connoissoient le secret étoient convoqués au Rocher du Conseil : le jongleur leur raconte l'apparition du fantôme, et la soustraction d'une partie des épis de la gerbe.

Les conjurés pâlissent. Outougamiz se lève, il s'écrie :

« Vous le voyez, Sachems, jamais complot plus
« impie ne fut formé par des hommes. Le Grand-
« Esprit le désapprouve ; il rappelle de la mort un
« de nos ancêtres pour enlever les roseaux san-
« glants. Le ciel a parlé, abandonnons un projet
« funeste. Quoi ! ce sont ces hommes que vous avez
« invités à vos fêtes, qui, aujourd'hui même, ont
« rendu les derniers honneurs à Chactas, ce sont
« ces hommes que vous prétendez égorger ! Ils
« avoient partagé vos plaisirs et vos douleurs ; leurs
« rires et leurs larmes étoient sincères, et vous leur
« répondiez par de faux sourires et des larmes feintes !

« Sachems ! Outougamiz ne sait point savourer le
« meurtre et le crime : il n'est point un vieillard, il
« n'est point un oracle ; mais il vous annonce, par la

« voix de ce Manitou d'or qu'il porte sur son cœur,
« qu'un pareil forfait, s'il est exécuté, amènera l'ex-
« termination des Natchez et la ruine de la patrie. »

Ce discours étonna le conseil : on ne savoit où Outougamiz le Simple avoit trouvé de telles paroles; mais, à l'exception de deux ou trois Sachems, tous les autres repoussèrent l'opinion généreuse du jeune guerrier. Adario donna des louanges aux sentiments de son neveu; mais il s'éleva avec force contre les étrangers.

« Cessons, s'écria-t-il, de nous apitoyer sur le
« sort des Blancs. A entendre Outougamiz, ne di-
« roit-on pas que notre pays est libre, que nous
« cultivons en paix nos champs? Qu'est-il donc
« arrivé? quel heureux soleil a tout à coup brillé
« sur nos destinées? J'en appelle à tous les guer-
« riers ici présents, ne sommes-nous pas dépouillés
« et plus opprimés que jamais? Il suffiroit donc
« que ces étrangers qui ont tué mon fils, qui ont
« massacré la vieille compagne de mes jours, qui
« ont réduit ma fille au dernier degré de misère; il
« suffiroit que ces étrangers vinssent se promener
« au milieu de nos fêtes, pour qu'Adario oubliât
« ce qu'il a perdu, pour qu'il renonçât à une ven-
« geance légitime, pour qu'il consentît à la servi-
« tude de sa patrie, pour qu'il trompât tant de
« nations associées à notre cause, et dont l'indépen-
« dance a été confiée à nos mains! Puisse la terre
« dévorer les Natchez avant qu'ils se rendent cou-
« pables d'une telle lâcheté, d'un aussi abominable
« parjure! »

Adario fut interrompu par les acclamations les plus vives et par le cri répété de *mort aux Blancs!*

Aussitôt que le vieillard se put faire entendre de nouveau, il reprit la parole :

« Sachems, abandonner l'entreprise est impos-
« sible; mais exécuterons-nous notre dessein le
« jour où le dernier des trois roseaux qui restent
« sera brûlé; attendrons-nous le jour qui avoit
« été marqué avant l'enlèvement des huit roseaux?
« Sachems, prononcez. »

Une violente agitation se manifesta dans l'assemblée : les uns demandoient que le massacre eût lieu aussitôt que les roseaux restants seroient brûlés; ils prétendoient que telle étoit la volonté des génies, puisqu'ils avoient permis qu'une partie de la gerbe fût ravie sous l'autel; les autres insistoient pour qu'on ne frappât le grand coup qu'à l'expiration du terme primitivement fixé.

« Quelle folie, s'écrioit le chef des Chicassaws,
« d'entreprendre la destruction de vos ennemis avant
« que toutes les chairs rouges soient arrivées! Il nous
« manque encore cinq tribus des plus puissantes.
« D'ailleurs ne ferons-nous pas avorter le dessein
« général en commençant trop tôt? Si le plan est
« exécuté ici huit jours avant qu'il le soit ailleurs,
« n'est-il pas certain que les autres colonies de nos
« oppresseurs échapperont à la vengeance com-
« mune, et que, bientôt réunies, elles viendront nous
« exterminer? Pour attaquer nos ennemis dans trois
« jours, il faudroit pouvoir prévenir de cette nou-
« velle résolution les divers peuples conjurés : or,

« trois jours suffisent-ils aux plus rapides messagers
« pour se rendre chez tous ces peuples ? »

Ondouré appuya l'opinion des Chicassaws : René
n'étoit pas arrivé ; le seroit-il dans trois jours, et,
si l'on précipitoit le massacre, n'y pourroit-il pas
échapper ? Le tuteur du Soleil rejeta avec mépris
l'idée que le Grand-Esprit avoit envoyé un mort
dérober les roseaux du temple ; il accusa de lâcheté
les gardiens, et déclara que bientôt il connoîtroit le
prétendu fantôme.

Le jongleur repoussa vivement cette attaque : soit
qu'il crût ou ne crût pas au fantôme, il lui importoit de défendre son art et de soutenir l'honneur
des prêtres. Les Yazous, les Miamis et une partie
des Natchez combattirent à leur tour l'avis des
Chicassaws et d'Ondouré. Tous les guerriers parloient à la fois ; des contradictions on en vint aux
insultes : les conjurés se levoient, se rasseyoient,
crioient, se saisissoient les uns les autres par le
manteau, se menaçoient du geste, des regards et
de la voix ; enfin, un Sachem yazou, renommé
parmi les Sauvages, parvint à se faire écouter : il
combattit l'avis des Chicassaws.

Il soutint d'abord qu'il étoit possible qu'avant
l'enlèvement d'une partie de la gerbe, il y eût déjà
erreur ou dans le nombre des roseaux aux Natchez,
ou dans celui des roseaux placés chez les autres
nations ; qu'ainsi rien ne prouvoit que la vengeance
pût être exécutée partout le même jour. Ensuite il
ajouta que la disparition des huit roseaux dans le
temple des Natchez étoit certainement un effet de

la volonté des génies; que cette même volonté auroit aussi retiré le même nombre de roseaux chez tous les peuples conjurés, et que par conséquent l'extermination auroit lieu partout le même jour. A ces raisons politiques et religieuses le chef des Yazous joignit une raison d'intérêt, qui, faisant varier les Chicassaws, fixa l'opinion du conseil :

« Des pirogues chargées de grandes richesses « pour les Blancs du haut fleuve se sont, dit le « Sachem, arrêtées au fort Rosalie; elles n'y reste- « ront que quelques jours : si nous exterminons les « François avant le départ de ces pirogues, nous « nous emparerons de ce trésor. »

Les Chicassaws, dont la cupidité étoit connue de tous les Indiens, feignirent d'être convaincus par l'éloquence du Yazou; ils ne l'étoient que par leur avarice : ils revinrent à l'avis d'exécuter le plan arrêté dans la nuit où seroit brûlé le dernier des trois roseaux restés sous l'autel. L'immense majorité du conseil adopta cette résolution.

On convint de continuer les grands jeux, comme si Chactas n'étoit pas mort, et comme si le jour de l'exécution n'étoit pas avancé. On convint encore de n'instruire les jeunes guerriers de la conjuration que quelques heures avant le massacre.

Ces délibérations prises, l'assemblée se sépara : Outougamiz sortit du conseil avec une espèce de joie. En traversant les forêts, au milieu de la nuit, pour retourner à la cabane de Céluta, il se disoit : « Si René n'arrive pas dans trois jours, il est sauvé! » Mais bientôt il vint à penser que si René revenoit avant l'expiration de ces trois jours, l'heure de sa mort seroit considérablement avancée, et que l'on auroit huit jours de moins pour profiter des chances favorables.

Le jeune Sauvage se mit alors à compter le peu de moments que le frère d'Amélie avoit peut-être à passer sur la terre; la nouvelle détermination du conseil avoit forcé ses idées de se fixer sur un objet affreux; elle avoit ravivé ses blessures; elle avoit fait sortir son âme de l'engourdissement de la douleur. Le désespoir d'Outougamiz lui arracha des cris épouvantables; les échos répétèrent ses cris, et les Natchez, qui les entendirent, crurent ouïr le dernier soupir de la patrie.

Céluta reconnut la voix de son frère; elle sort précipitamment de son foyer, elle court dans les bois, elle appelle l'ami de René, elle le suit au cri de sa douleur.

« Qui m'appelle ? » dit Outougamiz.

« C'est ta sœur, » répond Céluta.

« Céluta! dit Outougamiz, s'approchant d'elle; si « c'est toi, Céluta, oh! que tu es malheureuse! »

— « René est-il mort ? » s'écria Céluta en arrivant à son frère.

« Non, repartit Outougamiz, mais l'heure de « sa mort est avancée. C'est dans trois jours le jour « fatal! Dans trois jours c'en est fait de René, de « moi, de toi, de toute la terre. »

A peine avoit-il prononcé ces mots, que Céluta, d'une voix extraordinaire et étouffée, murmura ces mots : « C'est moi qui le tue ! »

13.

Par les paroles de son frère, Céluta avoit tout à coup compris l'autre conséquence de l'anticipation du jour du massacre. En effet, si René, au lieu de prolonger son absence, reparoissoit tout à coup aux Natchez, c'étoit sa femme alors qui, au lieu de le sauver par l'enlèvement des roseaux, auroit précipité sa perte. Long-temps Céluta, affaissée par la douleur, fit de vains efforts pour parler; enfin, la voix s'échappant en sanglots du fond de sa poitrine :

« C'est moi qui ai dérobé les roseaux ! »

— « Malheureuse ! s'écrie son frère, c'est toi !.... toi ! sacrilége, parjure, homicide ! »

— « Oui, reprit Céluta désespérée, c'est moi, « moi qui ai tout fait ! punis-moi ; dérobe-moi pour « jamais à la lumière du jour, rends-moi ce service « fraternel. Les tourments de ma vie sont maintenant « au-dessus de mon courage. »

Outougamiz anéanti s'appuyoit contre le tronc d'un arbre : il ne parloit plus, sa douleur le submergeoit. Il rompt enfin le silence :

« Ma sœur, dit-il, vous êtes très malheureuse ! « très malheureuse ! plus malheureuse que moi ! »

Céluta restoit muette comme le rocher. Outougamiz reprit : « Vous êtes obligée en conscience « d'être une seconde fois parjure, de révéler le se- « cret à René : ce secret est maintenant le vôtre, « c'est vous qui assassinez mon ami ; mais je dois « aussi vous dire une chose, c'est que moi me voilà « forcé d'avertir les Sachems : vous ne voulez pas « que je sois votre complice, que je trahisse mon « serment. »

Outougamiz s'arrêta un moment après ces mots, puis ajouta : « Oui, c'est là notre devoir à tous deux : « dites le secret à René, quand René reviendra, « moi je dirai votre secret aux Sachems : si mon ami « a le temps de se sauver, ma joie sera comme celle « du ciel ; mais soyez prompte, car il faut que je « révèle ce que vous allez faire. »

Le simple et sublime jeune homme s'éloigna...

Ondouré étoit revenu du conseil l'esprit agité : la majorité de l'assemblée s'étoit prononcée contre son opinion. Le crime perdoit aux yeux de cet homme la plus grande partie de son charme, si René n'étoit enveloppé dans le massacre, et si Céluta n'étoit le prix du forfait. Il résolut de se rendre à la demeure de cette femme, que tout sembloit abandonner jusqu'à Outougamiz lui-même. Peut-être Céluta avoit-elle reçu quelques nouvelles de René ; peut-être étoit-ce cette épouse ingénieuse et fidèle qui avoit dérobé les roseaux du temple : il importoit au tuteur du Soleil de s'éclairer sur ces deux points.

Il arriva à la cabane de Céluta au moment où la sœur d'Outougamiz venoit d'en sortir, attirée au dehors par les cris de son frère. L'intérieur de la hutte étoit à peine éclairé par une lampe suspendue au foyer. Ondouré visita tous les coins de cet asile de la douleur ; il ne trouva personne, excepté la fille de René, qui dormoit dans un berceau auprès du lit de sa mère, et qu'il fut tenté de plonger dans un éternel sommeil.

La couche de la veuve et de l'enfant, au lieu

d'appeler dans le cœur du monstre la pitié et le remords, n'y réveilla que les feux de l'amour et de la jalousie. Ondouré sentit une flamme rapide courir dans la moelle de ses os : ses yeux se chargèrent de voluptés, ses sens s'embrasèrent : l'obscurité, la solitude et le silence sollicitoient le désir. Ondouré se précipite sur la couche pudique de Céluta et lui prodigue les embrassements et les caresses ; il y cherche l'empreinte des grâces d'une femme ; il y colle ses lèvres avides et couvre de baisers ardents les plis du voile qui avoient pu toucher ou la bouche ou le sein de la beauté. Dans sa frénésie, il jure qu'il périra ou qu'il obtiendra la réalité des plaisirs dont la seule image allume le désir des passions dans son âme. Mais Céluta qui pleure au fond des bois avec son frère ne reparoît pas, et Ondouré, dont tous les moments sont comptés, est obligé de quitter la cabane.

Une femme, ou plutôt un spectre, s'avance vers lui : à peine eut-il quitté le toit souillé de sa présence, qu'il se trouve face à face d'Akansie.

« J'ai trop long-temps, dit la mère du jeune So-
« leil, j'ai trop long-temps supporté mes tourments.
« Lorsque après avoir appris ta visite à ma rivale, je
« t'ai ordonné de comparoître devant moi, tu ne
« m'as pas obéi. Je te retrouve sortant encore de ce
« lieu où tes pas et les miens sont enchaînés par
« Athaënsic : misérable ! je ne t'adresse plus de re-
« proches ; l'amour s'éteint dans mon cœur ; tu es
« au-dessous du mépris ; mais j'ai des crimes à
« expier, une vengeance à satisfaire. Je t'en ai pré-

« venu, je vais me dénoncer aux Sachems et te dé-
« noncer avec moi : tes complots, tes forfaits, les
« miens, vont être révélés ; justice sera faite pour
« tous. »

Ondouré fut d'autant plus effrayé de ces paroles, qu'à la lumière du jour naissant il n'aperçut point sur le visage d'Akansie cette langueur qui lui apprenoit autrefois combien la femme jalouse étoit encore amante ; il n'y avoit que sécheresse et désespoir dans l'expression des traits d'Akansie. Ondouré prend aussitôt son parti.

Non loin de la cabane de Céluta étoit un marais, repaire impur des serpents. Ondouré affecte un violent repentir ; il feint d'adorer celle qu'il n'a jamais aimée ; il l'entoure de ses bras suppliants, la conjure de l'écouter. Akansie se débat entre les bras du scélérat, l'accable de ces reproches que la passion trahie, que le mépris long-temps contenu, savent si bien trouver : « Si vous ne voulez pas
« m'entendre, s'écrie le tuteur du Soleil, je vais me
« donner la mort. »

Akansie étoit bien criminelle, mais elle avoit tant aimé ! il lui restoit de cet amour une certaine complaisance involontaire ; elle se laisse entraîner vers le marais, prêtant l'oreille à des excuses qui ne la trompoient plus, mais qui la charmoient encore. Ondouré, toujours se justifiant et toujours marchant avec sa victime, la conduit dans un lieu écarté. Il affecte le langage de la passion : que son amante offensée daigne seulement lui sourire, et il va passer à ses pieds une vie de reconnoissance et d'adoration! Akansie sent expirer sa colère; Ondouré, feignant un transport d'amour, se prosterne devant son idole.

Akansie se trouvoit alors sur une étroite levée qui séparoit des eaux stagnantes, où une multitude de serpents à sonnettes se jouoient avec leurs petits aux derniers feux de l'automne. Ondouré embrasse les pieds d'Akansie, les attire à lui; l'infortunée tombe en arrière, et roule dans l'onde empoisonnée; elle y plonge de tout son poids. Les reptiles, dont le venin augmente de subtilité quand ils ont une famille à défendre, font entendre le bruit de mort; s'élançant tous à la fois, ils frappent de leur tête aplatie et de leur dent creuse l'ennemi qui vient troubler leurs ébats maternels.

La joie du crime rayonna sur le front d'Ondouré. Akansie luttant contre un double trépas, au milieu des serpents et de l'onde, s'écrioit: « Je l'ai bien « mérité! homme affreux! couronne tes forfaits; va « immoler tes dernières victimes, mais sache que « ton heure est aussi arrivée. »

— « Eh bien! répondit l'infâme, jetant le masque, « oui, c'est moi qui te tue, parce que tu me voulois « trahir. Meurs, tous mes forfaits sont les tiens. Je « brave tes menaces! désormais il n'est plus de ré- « mission pour moi, mon dernier soupir sera pour « un nouveau crime et pour un amour qui fait ton « supplice. Tu n'auras pas la tête de Céluta, mais « je lui prodiguerai les baisers que tu m'as permis « de donner à cette tête charmante! »

Ondouré, mugissant comme s'il eût déjà habité

l'enfer, abandonne la femme qui lui avoit fait tous les sacrifices.

Dieu fit sentir à l'instant même à ce réprouvé un avant-goût des vengeances éternelles. Quelques chasseurs se montrèrent sur la levée; ils avoient reconnu le tuteur du Soleil et s'avançoient rapidement vers lui. Akansie flottoit encore sur les eaux; il étoit impossible de la dérober à la vue des chasseurs; ils alloient s'empresser de la secourir : ne pouvoit-elle pas conserver assez de vie pour parler quand elle seroit déposée sur le rivage? L'effroi d'Ondouré glaça un moment son cœur, mais il revint bientôt à lui et se montra digne de son crime. Le moyen de tromper qu'il prit n'étoit pas complétement sûr, mais il étoit le seul qui lui restât à prendre; il l'auroit du moins opposé à une accusation d'assassinat. Ondouré appelle donc les guerriers avec tous les signes du plus violent désespoir : « A moi, s'écrioit-il, aidez-moi à sauver la Femme-« Chef qui vient de tomber dans cet abîme; » et feignant de secourir Akansie, il essayoit de lui plonger la tête dans l'eau.

Les chasseurs se précipitent, écartent les serpents avec des branches de tamarin, et retirent du marais la mère du jeune Soleil.

Elle ne donna dans le premier moment aucun signe de vie; mais bientôt quelques mouvements se manifestèrent, ses yeux s'ouvrirent, son regard fixe tomba sur Ondouré, qui recula trois pas comme sous l'œil du Dieu vengeur.

Des cris étouffés, qui ressembloient au râle de la

mort, s'échappèrent peu à peu du sein d'Akansie. Elle s'agite et rampe sur la terre; on eût dit des reptiles qui l'avoient frappée. Sa peau, par l'effet ordinaire de la morsure du serpent à sonnettes, étoit marquée de taches noires, vertes et jaunes; une teinte livide et luisante couvre ces taches, comme le vernis couvre un tableau. Les doigts de la femme coupable étoient crevés; une écume impure sortoit de sa bouche: les chasseurs contemploient avec horreur le vice châtié de la main du Grand-Esprit.

Céluta, qui revenoit des bois voisins et qui regagnoit sa cabane par la levée du marais, fut un nouveau témoin envoyé du ciel à cette scène. A l'aspect de la femme punie, elle fut saisie d'une pitié profonde et lui prodigua des soins et des secours. Akansie, reconnoissant la généreuse Indienne, fit des efforts extraordinaires pour parler, mais sa langue enflée ne laissoit sortir de sa bouche que des sons inarticulés. Lorsqu'elle s'aperçut qu'elle ne se pouvoit faire entendre, le désespoir s'empara d'elle; elle se roula sur la terre, qu'elle mordoit dans les convulsions de la mort.

« Grand-Esprit, s'écria Céluta, accepte le repentir « de cette pauvre femme ! pardonne-lui comme je « lui pardonne, si jamais elle m'a offensée! »

A cette prière, des espèces de larmes voulurent couler des yeux d'Akansie; il se répandit sur son front une sérénité qui l'auroit embellie, si quelque chose avoit pu effacer l'horreur de ses traits. Ses lèvres ébauchèrent un sourire d'admiration et de gratitude : elle expira sans douleur, mais en emportant le fatal secret. Ondouré, délivré de ses craintes, remercia intérieurement le ciel épouvanté de sa reconnoissance. Céluta, reprenant le chemin de sa retraite, disoit au soleil qui se levoit : « Soleil, « tu viens de voir en deux matins la mort de Chactas « et celle d'Akansie; rends la mienne semblable à la « première. »

Ondouré fit avertir les parents de la Femme-Chef d'enlever le corps d'Akansie : afin de ne pas effrayer l'imagination des conjurés par le spectacle d'une seconde pompe funèbre, les Sachems décidèrent que les funérailles (qui ne devoient jamais être célébrées) n'auroient lieu qu'après le massacre.

Devenu plus puissant que jamais par la mort de la Femme-Chef, le tuteur du Soleil ne se souvenant ni d'avoir été aimé d'Akansie, ni de l'avoir assassinée, se rendit à la vallée des Bois. Les jeux avoient recommencé : Outougamiz, par ordre des vieillards, s'étoit venu mêler à ces jeux. Quelques moments de réflexion lui avoient suffi pour le tranquilliser sur le pieux larcin de sa sœur; il lui sembloit moins nécessaire d'en instruire immédiatement le conseil, puisque René n'étoit pas arrivé, et que Céluta ne pouvoit confier le secret à René absent. En supposant même le retour du frère d'Amélie, Outougamiz avoit une telle confiance dans la vertu de Céluta, qu'il étoit sûr qu'elle se tairoit, même après avoir rendu le secret plus fatal. Enfin, quand Outougamiz se hâteroit de tout apprendre aux Sachems, les Sachems feroient peut-être mourir Céluta sans utilité pour personne; car le massacre n'en auroit pas moins lieu. Et qui pouvoit dire s'il étoit bon ou mauvais que le jour de ce massacre fût retardé ou avancé pour le destin du guerrier blanc?

Telles étoient les réflexions d'Outougamiz. Le frère et la sœur comptoient maintenant chaque heure écoulée; ils regardoient si le soleil baissoit à l'horizon, si l'éphémère qui sort des eaux à l'approche du soir, commençoit à voler dans les prairies; ils se disoient : « Encore un moment passé, « et René n'est pas revenu! » Nos illusions sont sans terme; détrompés mille fois par l'amertume du calice, nous y reportons sans cesse nos lèvres avides.

Les ennemis s'étant refusés à recevoir le calumet de paix, René avoit renvoyé les guerriers porteurs des présents pour les Illinois, et il revenoit seul aux Natchez. Accablé du passé, n'espérant rien de l'avenir, insensible à tout, hors à la raison de Chactas, à l'amitié d'Outougamiz et à la vertu de Céluta, il ne soupçonnoit pas qu'on en voulût à sa vie; ses ennemis étoient loin de savoir à leur tour à quel point il y tenoit peu. Les Natchez l'accusoient de crimes imaginaires; ils l'avoient condamné pour ces crimes, et il ne pensoit pas plus aux Natchez qu'au reste du monde; ses idées comme ses désirs habitoient une région inconnue.

Un jour, dans la longue route qu'il avoit à parcourir, il arriva à une grande prairie dépouillée d'arbres; on n'y voyoit qu'une vieille épine couverte de fleurs tardives, qui croissoit sur le bord d'un chemin indien. Le soleil approchoit de son couchant lorsque le frère d'Amélie parvint à cette épine. Résolu de passer la nuit dans ce lieu, il aperçut un gazon sur lequel étoient déposées des gerbes de maïs; il reconnut la tombe d'un enfant et les présents maternels. Remerciant la Providence de l'avoir appelé au festin des morts, il s'assit entre deux grosses racines de l'épine, qui se tordoient au-dessus de la terre. La brise du soir souffloit par intervalles dans le feuillage de l'arbre; elle en détachoit les fleurs, et ces fleurs tomboient sur la tête de René en pluie argentée. Après avoir pris son repas, le voyageur s'endormit au chant du grillon.

La mère, qui avoit couché l'enfant sous l'herbe au bord du chemin, vint à minuit apporter des dons nouveaux et humecter de son lait le gazon de la tombe. Elle crut distinguer une espèce d'ombre ou de fantôme étendu sur la terre; la frayeur la saisit, mais l'amour maternel, plus fort que la frayeur, l'empêche de reculer. S'avançant à pas silencieux vers l'objet inconnu, elle vit un jeune Blanc qui dormoit la face tournée vers les étoiles, un bras jeté sur sa tête. L'Indienne se glisse à genoux jusqu'au chevet de l'étranger qu'elle prenoit pour une divinité propice. Quelques insectes voltigeant autour du front de René, elle les chassoit doucement dans la crainte de réveiller l'esprit, et dans la crainte aussi d'éloigner l'âme de l'enfant, qui pouvoit errer autour du bon génie. La rosée descendoit avec abondance : la mère étendit son voile sur ses deux bras, et le soutint ainsi au-dessus de la tête de René : « Tu réchauffes mon enfant, « disoit-elle en elle-même, il est juste que je te « fasse un abri. »

Quelques sons confus et bientôt quelques paroles distinctes échappent aux lèvres du frère d'Amélie; il rêvoit de sa sœur : les mots qu'il laissoit tomber étoient tour à tour prononcés dans sa langue maternelle et dans la langue des Sauvages. L'Indienne voulut profiter de cet oracle; elle répondoit à René à mesure qu'il murmuroit quelque chose. Il s'établit entre elle et lui un dialogue : « Pourquoi m'as-tu quitté ? » dit René en natchez.

« Qui ? » demanda l'Indienne.

René ne répondit point.

« Je l'aime, » dit le frère d'Amélie un moment après.

« Qui ? » dit encore l'Indienne.

« La mort, » repartit René en françois.

Après un assez long silence, René dit : « Est-ce « là le corps que je portois ? » Et il ajouta d'une voix plus élevée : « Les voici tous : Amélie, Céluta, « Mila, Outougamiz, Chactas, d'Artaguette ! »

René poussa un soupir, se tourna du côté du cœur et ne parla plus.

Le bruit que l'Indienne fit malgré elle, en se voulant retirer, réveilla le frère d'Amélie. Il fut d'abord étonné de voir une femme à ses côtés, mais il comprit bientôt que c'étoit la mère de l'enfant dont il fouloit le tombeau. Il lui imposa les mains, poussa les trois cris de douleur, et lui dit :

« Pardonne-moi, j'ai mangé une partie de la nour-
« riture de ton fils; mais j'étois voyageur, et j'avois
« faim; ton fils m'a donné l'hospitalité. »

— « Et moi, dit l'Indienne, je croyois que tu
« étois un génie, et je t'ai interrogé pendant ton
« sommeil. »

— « Que t'ai-je dit ? » demanda René. « Rien, » repartit l'Indienne.

René s'étoit égaré : il s'enquit du chemin qu'il
devoit suivre : « Tu tournes le dos aux Natchez,
« répondit la femme sauvage; en continuant à mar-
« cher vers le nord, tu n'y arriveras jamais. » Destinée de l'homme! si René n'eût point rencontré
cette femme, il se fût éloigné de plus en plus du
lieu fatal. L'Indienne lui montra sa route, et le
quitta après lui avoir recommandé l'enfant qu'elle
avoit perdu.

Il se leva enfin le jour qui devoit être suivi d'une
nuit si funeste! Céluta et son frère le passèrent à
parcourir les bois, toujours dans la crainte d'y
rencontrer René, toujours dans l'espoir de l'arrêter
s'ils le rencontroient, toujours regrettant Mila si
légère dans sa course, si heureuse dans ses recherches.

Le jeu des osselets, commencé après la partie
de la balle, gagnée par les Natchez, avoit continué
dans la vallée des Bois. Une heure avant le coucher du soleil, le Sachem d'ordre se présente aux
différents groupes des joueurs, et dit à voix basse :

« Quittez le jeu, retournez à vos tentes; attendez-y
« le Sachem de votre nation. »

Les jeunes gens se regardent avec étonnement, et, laissant tomber les osselets, se retirent. La nuit vint. Le ciel se couvrit d'un voile épais : toutes les brises expirèrent; des ténèbres muettes et profondes enveloppèrent le désert.

Après mille courses inutiles, Céluta étoit rentrée dans sa cabane : quelques heures de plus écoulées, et René étoit mort ou sauvé ! L'amante qui tant de fois avoit désiré le retour de son bien-aimé, l'épouse qui si souvent s'étoit levée avec joie, croyant reconnoître les pas de son époux, trembloit à présent au moindre bruit, et n'imploroit que le silence. Naguère Céluta eût donné tout son sang pour épargner la plus petite douleur au frère d'Amélie; maintenant elle eût béni un accident malheureux qui, sans être mortel, eût arrêté le guerrier blanc loin des Natchez.

Au fort Rosalie on étoit loin d'être rassuré : Chépar seul s'obstinoit à ne vouloir rien voir. De nouveaux courriers du gouverneur général, du capitaine d'Artaguette et du père Souël annonçoient l'existence d'un complot. Le conseil étoit rassemblé, et le nègre Imley, saisi dans les bois, avoit été amené devant ce conseil.

Les renseignements envoyés par le missionnaire étoient exacts et détaillés; ils désignoient Ondouré comme chef de la conjuration. Imley interrogé nia tout, hors ce qu'il ne pouvoit nier, sa propre fuite. Il dit qu'il avoit quitté son maître comme l'oiseau reprend sa liberté quand il trouve la porte de sa cage ouverte. Pressé par des questions insidieuses, et certain qu'il étoit d'être condamné à mort, le nègre, au lieu de répondre, se prit à railler ses juges : il répétoit leurs gestes, affectoit leur air, contrefaisoit leur voix avec un talent d'imitation extraordinaire. Fébriano surtout excitoit sa verve comique, et il fit du commandant une copie si ressemblante, qu'un rire involontaire bouleversa le conseil. Chépar, furieux, ordonna d'appliquer l'esclave à la torture, ce qui fut sur-le-champ exécuté. L'Africain brava les tourments avec une constance héroïque, continuant ses moqueries au milieu des douleurs, et ne laissant pas échapper un mot qui pût compromettre le secret des Sauvages. On le retira de la gêne pour le réserver au gibet. Alors il se mit à chanter Izéphar, à rire, à tourner sur lui-même, à frapper des mains, à gambader malgré le disloquement de ses membres, et tout à coup il tomba mort : il s'étoit étouffé avec sa langue, genre de suicide connu de plusieurs peuplades africaines. Mélange de force et de légèreté, le caractère d'Imley ne se démentit pas un moment : ce Noir n'aima que l'amour et la liberté, et il traita l'un et l'autre avec la même insouciance que la mort et la vie.

Le commandant regarda l'aventure d'Imley comme celle d'un esclave fugitif qui n'avoit aucun rapport avec les desseins qu'on supposoit aux Sauvages. Il traita les missionnaires de poltrons; il accusa les colons de répandre inconsidérément des alarmes aussitôt qu'ils perdoient un nègre. Poussé par Fébriano, vendu aux intérêts d'Ondouré, mais qui ignoroit le complot, Chépar s'emporta jusqu'à faire mettre aux fers des habitants qui demandoient à s'armer et parloient de se retrancher sur les concessions. Il refusoit de croire à une conjuration qui s'achevoit en ce moment même sous ses pas, dans le sein de la terre.

Les jeunes guerriers, après avoir quitté les jeux, s'étoient armés. Le Sachem d'ordre avoit reparu : heurtant doucement dans les ténèbres à la porte de chaque cabane, il avoit dit :

« Que les jeunes guerriers se rendent par des « chemins divers au lac souterrain; ils y trouve- « ront les Sachems; que les femmes, après le départ « des guerriers, s'enferment dans leurs cabanes; « qu'elles y veillent en silence et sans lumière. »

Aussitôt les jeunes guerriers se glissent à travers les ténèbres jusqu'au lieu du rendez-vous. Les portes des huttes se referment sur les femmes et sur les enfants; les lumières s'éteignent : tous les Sauvages quittent le désert, hors quelques sentinelles placées çà et là derrière les arbres. Outougamiz, avec le reste de sa tribu, descendit au lac souterrain.

A l'orient du grand village des Natchez, dans la même cyprière où s'élevoit le temple d'Athaënsic, s'ouvre perpendiculairement, comme le soupirail d'une mine, une caverne profonde. On n'y peut pénétrer qu'à l'aide d'une échelle et d'un flambeau. A la profondeur de cent pieds se trouve une grève qui borde un lac. Sur ce lac, semblable à celui de l'empire des ombres, quelques Sauvages, pourvus de torches et de fanaux, eurent un jour l'audace de s'embarquer. Autour du gouffre ils n'aperçurent que des rochers stériles hérissant des côtes ténébreuses, ou suspendues en voûtes au-dessus de l'abîme. Des bruits lamentables, d'effrayantes clameurs, d'affreux rugissements, assourdissoient les navigateurs à mesure qu'ils s'enfonçoient dans ces solitudes d'eau et de nuit. Entraînés par un courant rapide et tumultueux, ce ne fut qu'après de longs efforts que ces audacieux mortels parvinrent à regagner le rivage, épouvantant de leurs récits quiconque seroit tenté d'imiter leur exemple.

Tel étoit le lieu que les conjurés avoient fixé pour celui de leur assemblée. C'étoit de cette demeure souterraine que la liberté du Nouveau-Monde devoit s'élancer, qu'elle devoit rappeler à la lumière du jour ces peuples ensevelis par les Européens dans les entrailles de la terre. Déjà les jeunes guerriers étoient réunis et attendoient la révélation du mystère que les Sachems leur avoient promise.

Au bord du lac étoit un grand fragment de rocher; les jongleurs l'avoient transformé en autel. On y voyoit, à la lueur d'une torche, trois hideux marmousets de tailles inégales. Celui du centre, Manitou de la liberté, surpassoit les autres de toute la tête; dans ses traits grossièrement sculptés on reconnoissoit le symbole d'une indépendance rude, ennemie du joug des lois, impatiente même des chaînes de la nature. Les deux autres figures représentoient, l'une les chairs rouges, l'autre les chairs blanches. Un feu d'ossements brûloit devant ces idoles, en jetant une lumière enfumée et une odeur pénétrante. Du sang humain, des poisons exprimés de divers serpents, des herbes vénéneuses, cueillies avec des paroles cabalistiques, remplissoient un vase de cyprès. Un vent nocturne se leva sur le lac, dont les flots montèrent aux voûtes de l'abîme : la tempête dans les flancs de la terre, les idoles menaçantes, le bassin de sang, le feu mortuaire, les prêtres agitant des vipères avec des évocations épouvantables, la foule des Sauvages, dans leurs habillements bizarres et divers, toute cette scène, entourée par les masses des rochers souterrains, donnoit une idée du Tartare.

Soudain un des jongleurs, les bras tendus vers le lac, s'écrie : « Divinité de la vengeance, est-ce « toi qui sors de l'abîme avec cet orage ? Oui, tu « viens : reçois nos vœux ! »

Le jongleur lance une vipère dans les flots ; un autre prêtre répand le bassin de sang sur le feu : une triple nuit s'étend sous les voûtes.

Quelques minutes s'écoulent dans l'obscurité, puis tout à coup une vive clarté illumine les vagues orageuses et les rochers fantastiques. Les idoles ont disparu ; on n'aperçoit plus sur la pierre, autel de la vengeance, que le vieillard Adario vêtu de la tunique de guerre, appuyé d'une main sur son casse-tête, tenant de l'autre un flambeau.

« Guerriers, dit-il, la liberté se lève, le soleil

« de l'indépendance, resté depuis deux cent cin-
« quante neiges sous l'horizon, va éclairer de nou-
« veau nos forêts. Jour sacré, salut! Mon cœur se
« réjouit à tes rayons, comme le chêne décrépit
« au premier sourire du printemps! Pour toi Ada-
« rio a dépouillé ses lambeaux, il a lavé sa cheve-
« lure comme un jeune homme, il renaît au souffle
« de la liberté.

« Donnez trois poignards. »

Le Sachem jette trois poignards du haut du roc.

« Jeunes guerriers, vous n'êtes pas assemblés ici
« pour délibérer; vos Sachems ont prononcé pour
« vous au rocher du Lac, dans le conseil général
« des peuples; ils ont juré de purger nos déserts
« des brigands qui les infestent. Vous êtes venus
« seulement pour dévorer les ours étrangers. Le
« moment du festin est arrivé. Vous ne quitterez
« ces voûtes que pour marcher à la mort ou à la
« liberté. C'est la dernière fois que vous aurez été
« obligés de vous cacher dans les profondeurs de
« la terre, pour parler le langage des hommes.

« Donnez la hache. »

Adario jette à ses pieds une hache teinte de
sang.

Un cri de surprise mêlé de joie échappe au
bouillant courage des jeunes guerriers. Adario reprend la parole :

« Tout est réglé par vos pères. Plongés dans le
« sommeil, nos oppresseurs ne soupçonnent pas la
« mort. Nous allons sortir de cette caverne divisés
« en trois compagnies : je conduirai les Natchez, et

« les mènerai, au travers des ombres, à l'escalade
« du fort. Vous, Chicassaws, sous la conduite de
« vos Sachems, vous formerez le second corps,
« vous attaquerez le village des Blancs au fort
« Rosalie. Vous, Miamis et Yazous, composant le
« troisième corps, guidés dans vos vengeances par
« Ondouré et par Outougamiz, vous détruirez les
« Blancs dont les demeures sont dispersées dans
« les campagnes. Les esclaves noirs, qui comme
« nous vont briser leurs chaînes, seconderont nos
« efforts.

« Tels sont, ô jeunes guerriers! les devoirs que
« vous êtes appelés à remplir. Il ne s'agit pas de la
« cause particulière des Natchez : le coup que vous
« allez porter sera répété dans un espace immense.
« A l'instant où je vous parle, mille nations, comme
« vous cachées dans les cavernes, vont en sortir,
« comme vous, pour exterminer la race étrangère;
« le reste des chairs rouges ne tardera pas à vous
« imiter.

« Quant à moi, je n'ai plus qu'un jour à vivre : la
« nuit prochaine j'aurai rejoint Chactas, ma femme
« et mes enfants : il ne m'a été permis de leur sur-
« vivre que pour les venger. Je vous recommande
« ma fille. »

Il dit, et jette son casse-tête au milieu des jeunes
guerriers.

Une acclamation générale ébranle les dômes
funèbres : « Délivrons la patrie! »

On vit alors un jeune guerrier monter sur la
pierre auprès d'Adario : c'étoit Outougamiz; il dit :

«Vous avez voulu me faire tuer le guerrier
« blanc, mon ami. Il n'est point arrivé; ainsi je ne
« le tuerai pas, mais je tuerai quiconque le tuera !
« Vous voulez que j'égorge des chevreuils étrangers
« pendant la nuit; je n'assassinerai personne. Quand
« le jour sera venu, si l'on combat, je combattrai.
« J'avois promis le secret, je l'ai tenu : dans quel-
« ques heures la borne de mon serment sera pas-
« sée, je serai libre; j'userai de ma liberté comme
« il me plaira. Guerriers, je ne sais point parler,
« parce que je n'ai point d'esprit; mais si je suis
« comme un ramier timide pendant la paix, je suis
« comme un vautour pendant la guerre : Ondouré,
« c'est pour toi que je dis cela : souviens-toi des
« paroles d'Outougamiz le Simple. »

Outougamiz saute en bas du rocher, comme un plongeur qui se précipite dans les vagues; quelque temps après on le chercha, et on ne le trouva plus.

Ondouré n'avoit remarqué du discours du frère de Céluta que le passage où le jeune homme s'étoit applaudi de l'absence de René. Le tuteur du Soleil ressentoit de cette absence les plus vives alarmes; il se voyoit au moment d'exécuter le dessein qu'il avoit conçu sans atteindre le principal but de ce dessein. Céluta, en dérobant les roseaux, pouvoit s'applaudir d'avoir obtenu ce qu'elle avoit désiré, d'avoir sauvé son époux. Il n'y avoit aucun moyen pour Ondouré de reculer la catastrophe; et, comme dans toutes les choses humaines, il falloit prendre l'événement tel que le ciel l'avoit fait.

Les guerriers sortirent du lac souterrain, et, cachés dans l'épaisseur de la cyprière, ils se divisèrent en trois corps. Assis à terre dans le plus profond silence, ils attendirent l'ordre de la marche. Minuit approchoit; le dernier roseau alloit être brûlé dans le temple.

Que différemment occupée étoit Céluta dans sa cabane! Tressaillant au plus léger murmure des feuilles, les yeux constamment fixés sur la porte, comptant, par les battements de son cœur, toutes les minutes de cette dernière heure, elle n'auroit pu supporter long-temps de telles angoisses sans mourir. A force d'avoir écouté le silence, ce silence s'étoit rempli pour elle de bruits sinistres : tantôt elle croyoit ouïr des voix lointaines, tantôt il lui sembloit entendre des pas précipités. Mais n'est-ce point en effet des pas qui font retentir le sentier désert? Ils approchent rapidement. Céluta ne peut plus se tromper; elle se veut lever, les forces lui manquent; elle reste enchaînée sur sa natte, le front couvert de sueur. Un homme paroît sur le seuil de la porte : ce n'est pas René! c'est le bon grenadier de la Nouvelle-Orléans, le fils de la vieille hôtesse de Céluta, le soldat du capitaine d'Artaguette.

Il apportoit un billet écrit du poste des Yazous par son capitaine. Quel bonheur, quel soulagement, dans la crainte et l'attente d'une grande catastrophe, de voir entrer un ami au lieu de la victime ou de l'ennemi que l'on attendoit! Céluta retrouve ses forces, se lève, court les bras ouverts au grenadier, mais tout à coup elle se souvient du péril général ; René n'est pas le seul François menacé, tous les Blancs sont sous le poignard ; un moment encore et Jacques peut être égorgé. « Fils « de ma vieille mère de la chair blanche, s'écrie-« t-elle, celui que vous cherchez n'est pas ici ; re-« tournez vite sur vos pas, vous n'êtes pas en sûreté « dans cette cabane ; au nom du Grand-Esprit, reti-« rez-vous ! »

Le grenadier n'entendoit point ce qu'elle disoit ; il lui montroit le billet qui n'étoit point pour René, mais pour elle-même. Céluta ne pouvoit lire ce billet. Jacques et Céluta faisoient des gestes multipliés, tâchoient de se faire comprendre l'un de l'autre sans y pouvoir réussir. Dans ce moment un sablier qui appartenoit à René, et avec lequel l'Indienne avoit appris à diviser le temps, laisse échapper le dernier grain de sable qui annonçoit l'heure expirée. Céluta voit tomber dans l'éternité la minute fatale : elle jette un cri, arrache le billet de la main de Jacques, et pousse le soldat hors de sa cabane. Celui-ci ayant rempli son message, et ne se pouvant expliquer les manières extraordinaires de Céluta, court à travers les bois afin de gagner le fort Rosalie avant le lever du jour.

Que contenoit le billet du capitaine ? On l'a toujours ignoré. A force de regarder la lettre, de se souvenir des paroles et des gestes du soldat, qui n'avoit pas l'air triste, Céluta laisse pénétrer dans son cœur un rayon d'espérance ; pâle crépuscule bientôt éteint dans cette sombre nuit.

Maintenant chaque minute aux Natchez appartenoit à la mort : quelques heures de plus d'absence, et René étoit à l'abri de la catastrophe, déjà commencée peut-être pour ses compatriotes. Ah! si Céluta, aux dépens de sa vie, eût pu précipiter la fuite du temps! Un nouveau bruit se fait entendre : sont-ce les meurtriers qui viennent chercher René dans sa cabane ? Ils ne l'y trouveront pas ! Seroit-ce le frère d'Amélie lui-même ? Céluta s'élance à la porte : ô prodige ! Mila ! Mila échevelée, pâle, amaigrie, recouverte de lambeaux comme si elle sortoit du sépulcre, et charmante encore ! Céluta recule au fond de la cabane ; elle s'écrie : « Ombre « de ma sœur, me viens-tu chercher ? le moment « fatal est-il arrivé ? »

— « Je ne suis point un fantôme, répondit Mila, « déjà tombée dans le sein de son amie; je suis ta « petite Mila. »

Et les deux sœurs entrelaçoient leurs bras, mêloient leurs pleurs, confondoient leurs âmes. Mila dit rapidement :

« Après la découverte du secret, Ondouré me fit « enlever. Ils m'ont enfermée dans une caverne et « m'ont fait souffrir toutes sortes de maux ; mais je « me suis ri des Allouez : cette nuit, je ne sais « pourquoi, mes geôliers se sont éloignés de moi « un moment ; ils étoient armés, et ils sont allés « parler à d'autres guerriers sous des arbres. Moi, « qui cherchois toujours les moyens de me sauver, « j'ai suivi ces méchants. Je me suis glissée derrière « eux : une fois échappée, ils auroient plus tôt at-

« trapé l'oiseau dans la nue que Mila dans le bois.
« J'accours. Où est Outougamiz ? Le guerrier blanc
« est-il arrivé ? Lui as-tu dit le secret, comme je
« le lui vais dire ? Il y a encore huit nuits avant la
« catastrophe, si ce beau jongleur amoureux m'a
« dit vrai sur le nombre des roseaux. »

— « Oh, Mila ! s'écrie Céluta, je suis la plus cou-
« pable, la plus infortunée des créatures ! J'ai avancé
« la mort de René ; j'ai dérobé huit roseaux ; c'est
« à l'heure même où je te parle que le coup est
« porté. »

— « Tu as fait cela ? dit Mila ; je ne t'aurois pas
« crue si courageuse ! René est-il arrivé ? »

— « Non, » repartit Céluta. « Eh bien ! dit Mila,
« que te reproches-tu ? Tu as sauvé mon libérateur ;
« tu n'as plus que quelques heures à attendre. Mais
« que fais-tu ? que fait Outougamiz pendant ces
« heures ? Tu commences toujours bien, Céluta, et
« tu finis toujours mal. Crois-tu que tu sauveras
« René en te contentant de pleurer sur ta natte ? Je
« ne sais point demeurer ainsi tranquille ; je ne
« sais point sacrifier mes sentiments ; je ne sais
« point douter de la vertu de mes amis, les soup-
« çonner, m'attendrir sur une patrie impitoyable et
« garder le secret des assassins. Méchants, vous
« m'avez laissée échapper de mon tombeau, je viens
« révéler vos iniquités ! je viens sauver mon libéra-
« teur, s'il n'est point encore tombé entre vos
« mains ! » Mila, échappée aux bras de sa sœur, fuit
en s'écriant : « Nous perdons des moments irrépa-
« rables. »

Depuis le jour où René avoit rencontré l'Indienne qui lui enseigna sa route, il s'étoit avancé paisiblement vers le pays des Natchez. A mesure qu'il marchoit, il se trouvoit moins triste; ses noirs chagrins paroissoient se dissiper; il touchoit au moment de revoir sa femme et sa fille, objets charmants qui n'avoient contre eux que le malheur dont le frère d'Amélie avoit été frappé. René se reprochoit sa lettre; il se reprochoit cette sorte d'indifférence qu'un chagrin dévorant avoit laissée au fond de son cœur : démentant son caractère, il se laissoit aller peu à peu aux sentiments les plus tendres et les plus affectueux; retour au calme qui ressembloit à ce soulagement que le mourant éprouve avant d'expirer. Céluta étoit si belle! Elle avoit tant aimé René! elle avoit tant souffert pour lui! Outougamiz, Chactas, d'Artaguette, Mila attendoient René. Il alloit retrouver cette petite société supérieure à tout ce qui existoit sur la terre; il alloit élever sur ses genoux cette seconde Amélie qui auroit les charmes de la première, sans en avoir le malheur.

Ces idées, si différentes de celles qu'il nourrissoit habituellement, amenèrent René jusqu'à la vue des bois des Natchez; il sentit quelque chose d'extraordinaire en découvrant ces bois. Il en vit sortir une fumée qu'il prit pour celle de ses foyers; il étoit encore assez loin, et il précipita sa marche. Le soleil se coucha dans les nuages d'une tempête; et la nuit la plus obscure (celle même du massacre) couvrit la terre.

René fit un long détour afin d'arriver chez lui par la vallée. La rivière qui couloit dans cette vallée ayant grossi, il eut quelque peine à la traverser; deux heures furent ainsi perdues dans une nuit dont chaque minute étoit un siècle. Comme il commençoit à gravir la colline sur le penchant de laquelle étoit bâtie sa cabane, un homme s'approcha de lui dans les ténèbres, pour le reconnoître, et disparut.

Le frère d'Amélie n'étoit plus qu'à la distance d'un trait d'arc de la demeure qu'il s'étoit bâtie : une foible clarté s'échappant par la porte ouverte en dessinoit le cadre au dehors sur l'obscurité du gazon. Aucun bruit ne sortoit du toit solitaire. René hésitoit maintenant à entrer; il s'arrêtoit à chaque demi-pas; il ne savoit pourquoi il étoit tenté de retourner en arrière, de s'enfoncer dans les bois et d'attendre le retour de l'aurore. René n'étoit plus le maître de ses actions; une force irrésistible le soumettoit aux décrets de la Providence : poussé presque malgré lui jusqu'au seuil qu'il redoutoit de franchir, il jette un regard dans la cabane.

Céluta, la tête baissée dans son sein, les cheveux pendants et rabattus sur son front, étoit à genoux, les mains croisées, les bras levés dans le mouvement de la prière la plus humble et la plus passionnée. Un maigre flambeau, dont la mèche allongée par la durée de la veille obscurcissoit la clarté, brûloit dans un coin du foyer. Le chien favori de René, étendu sur la pierre de ce foyer, aperçut son maître et donna un signe de joie, mais il ne se leva point, comme s'il eût craint de hâter un moment fatal. Suspendue dans son berceau à l'une des solives sculptées de la cabane, la fille de René poussait de temps en temps une petite plainte, que Céluta, absorbée dans sa douleur, n'entendoit pas.

René, arrêté sur le seuil, contemple en silence ce triste et touchant spectacle; il devine que ces vœux adressés au ciel sont offerts pour lui : son cœur s'ouvre à la plus tendre reconnoissance; ses yeux, dans lesquels un brûlant chagrin avoit depuis long-temps séché les larmes, laissent échapper un torrant de pleurs délicieux. Il s'écrie : « Céluta! ma « Céluta! » Et il vole à l'infortunée, qu'il relève, qu'il presse avec ardeur. Céluta veut parler, l'amour, la terreur, le désespoir, lui ferment la bouche; elle fait de violents efforts pour trouver des accens; ses bras s'agitent, ses lèvres tremblent, enfin un cri aigu sort de sa poitrine; et lui rendant la voix : « Sauvez-le, sauvez-le! Esprits secourables, empor- « tez-le dans votre demeure! »

Céluta jette ses bras autour de son époux, l'enveloppe, et semble vouloir le faire entrer dans son sein pour l'y cacher.

René prodigue à son épouse des caresses inaccoutumées. « Qu'as-tu, ma Céluta, lui disoit-il; rassure-« toi. Je viens te protéger et te défendre. »

Céluta, regardant vers la porte, s'écrie : « Les « voilà! les voilà! » Elle se place devant René pour le couvrir de son corps. « Barbares, vous n'arrive-« rez à lui qu'à travers mon sein. »

— « Ma Céluta, dit René, il n'y a personne; qui « te peut troubler ainsi ? »

Céluta frappant la terre de ses pieds : « Fuis, « fuis! tu es mort! Non, viens; cache-toi sous les « peaux de ma couche; prends des vêtements de « femme. » L'épouse désolée, arrachant ses voiles, en veut couvrir son époux.

« Céluta, disoit celui-ci, reprends ta raison; au- « cun péril ne me menace. »

— « Aucun péril! dit Céluta l'interrompant. « N'est-ce pas moi qui te tue? n'est-ce pas moi qui « hâte ta mort? n'est-ce pas moi qui en ai fixé le « jour en dérobant les roseaux?... Un secret... « O ma patrie! »

— « Un secret? » repartit René. « Je ne te l'ai pas « dit! s'écrie Céluta. Oh! ne perds pas ce seul « moment laissé à ton existence! Fuyons tous « deux! viens te précipiter avec moi dans le « fleuve! »

Céluta est aux genoux de René; elle baise la poussière de ses pieds, elle le conjure par sa fille de s'éloigner seulement pour quelques heures : « Au « lever du soleil, dit-elle, tu seras sauvé; Outouga- « miz viendra; tu sauras tout ce que je ne puis te « dire dans ce moment! »

— « Eh bien! dit René, si cela peut guérir ton « mal, je m'éloigne; tu m'expliqueras plus tard ce « mystère, qui n'est sans doute que celui de ta rai- « son troublée par une fièvre ardente. »

Céluta ravie s'élance au berceau de sa fille, présente Amélie au baiser de son père, et avec ce même berceau pousse René vers la porte. René va sortir : un bruit d'armes retentit au dehors. René tourne la tête; la hache lancée l'atteint et s'enfonce dans son front, comme la cognée dans la cime du chêne, comme le fer qui mutile une statue antique, image d'un Dieu et chef-d'œuvre de l'art. René tombe dans sa cabane : René n'est plus !

Ondouré a fait retirer ses complices : il est seul avec Céluta évanouie, étendue dans le sang et auprès du corps de René. Ondouré rit d'un rire sans nom. A la lueur du flambeau expirant, il promène ses regards de l'une à l'autre victime. De temps en temps il foule aux pieds le cadavre de son rival et le perce à coups de poignard. Il dépouille en partie Céluta et l'admire. Il fait plus...... Éteignant ensuite le flambeau, il court présider à d'autres assassinats, après avoir fermé la porte du lieu témoin de son double crime.

Heureuse, mille fois heureuse, si Céluta n'avoit jamais rouvert les yeux à la lumière ! Dieu ne le voulut pas. L'épouse de René revint à la vie quelques instants après la retraite d'Ondouré. D'abord elle étend les bras, et trempe ses mains dans le sang répandu autour d'elle, sans savoir ce que c'étoit. Elle se met avec effort sur son séant, secoue la tête, cherche à rassembler ses souvenirs, à deviner où elle est, ce qu'elle est. Par un bienfait de la Providence l'Indienne n'avoit pas sa raison : elle ne se formoit qu'une idée confuse de quelque chose d'effroyable. Elle plia ses bras devant elle, promena ses regards dans la cabane, où les ténèbres étoient profondes. Le silence de la mort n'étoit interrompu de temps en temps que par les hurlements du chien. Céluta voulut inutilement murmurer quelques mots.

Dans ce moment elle crut voir Tabamica sa mère. Les mamelles qui nourrirent Céluta avoient disparu; les lèvres de la femme des morts s'étoient retirées et laissoient à découvert des dents nues; elle étoit sans nez et sans yeux : d'une main décharnée Tabamica sembloit presser des entrailles qu'elle n'avoit pas. Céluta veut s'avancer vers sa mère, elle se lève, retombe sur ses genoux et se traîne au hasard dans sa cabane : ses vêtements à demi détachés faisoient entendre le froissement d'une draperie pesante et mouillée. Elle rencontra le corps de René; épuisée par ses efforts, elle s'assied, sans le reconnoître, sur ce siége ; elle s'y trouva bien, et s'y reposa.

Au bout de quelque temps la porte de la cabane s'entr'ouvrit, et une voix dit tout bas: « Es-tu là ? » Céluta, rappelée par cette voix à une demi-existence, répondit : « Oui, je suis là. »

— « Ah! dit Mila, est-il venu ? »

— « Qui ? » demanda Céluta.

« René ? » repartit Mila.

« Je ne l'ai pas vu, » dit Céluta.

« Et moi, je ne l'ai pu trouver, dit Mila tou-
« jours à voix basse. Les assassins n'ont donc pas
« encore paru ? Ton mari n'est donc pas revenu ?
« Il est donc sauvé ? » Céluta ne répondit rien.

« Pourquoi, reprit Mila, es-tu sans lumière ?

« J'ai peur et je n'ose entrer. » Céluta répondit qu'elle ne savoit pourquoi elle étoit sans lumière.

« Comme ta voix est extraordinaire ! s'écria Mila ; « es-tu malade ? La cabane sent le carnage ; attends ; « je viens à toi. »

Mila franchit le seuil et laissa retomber la porte : « Qu'as-tu répandu sur les nattes ? dit-elle en mar- « chant dans l'obscurité ; mes pieds s'attachent à la « terre ? Où es-tu ? tends-moi la main. »

— « Ici, » dit Céluta.

« Je ne puis aller plus loin, repartit Mila ; je me « sens défaillir. »

La porte de la cabane s'entr'ouvrit de nouveau : la voix d'Outougamiz appelle Céluta. « C'est Outou- « gamiz ! s'écria Mila, Dieu soit loué ! nous sommes « sauvées ! »

— « Qui parle ? dit Outougamiz saisi de terreur, « n'est-ce pas Mila ? Cher fantôme, es-tu venu sau- « ver René ? »

— « Oui, repartit Mila ; mais entre vite, Céluta « n'est pas bien. »

Outougamiz, croyant entendre le fantôme de Mila, entre en frissonnant dans la cabane : « Donne- « moi la main, dit Mila, appuie-la sur mon cœur ; « tu verras que je ne suis pas un spectre : on « m'avoit enfermée dans une caverne, je me suis « échappée. »

Mila avoit saisi la main d'Outougamiz étendue dans les ténèbres, et avoit posé cette main sur son cœur.

« C'est comme la vie, dit Outougamiz ; mais je « sais bien que tu es morte ; je te sais toujours gré

« d'être revenue pour sauver René. Mais, Céluta,
« parle donc. »

— « M'appelle-t-on ? » dit Céluta.

« Est-ce que tu réponds du fond d'une tombe ?
« s'écria Outougamiz, frappé de la voix sépulcrale
« de sa sœur ; je respire un champ de bataille ; j'ai
« du sang sous mes pieds. »

— « Du sang ! s'écria Mila ; allume donc un flam-
« beau. »

— « Fantôme, répond Outougamiz, donne-moi
« la lumière des morts. »

Outougamiz cherche en tâtonnant le foyer ; il y trouve de la mousse de chêne et deux pierres à feu ; il frappe ces deux pierres l'une contre l'autre : une étincelle tombe sur la mousse, et soudain une flamme s'élève au milieu du foyer. Trois cris horribles s'échappent à la fois du sein de Céluta, de Mila et d'Outougamiz.

La cabane inondée de sang, quelques meubles renversés par les dernières convulsions du cadavre, les animaux domestiques montés sur les siéges et sur les tables pour éviter la souillure de la terre, Céluta assise sur la poitrine de René, et portant les marques de deux crimes qui auroient fait rebrousser l'astre du jour ; Mila debout, les yeux à moitié sortis de leur orbite ; Outougamiz le front sillonné comme par la foudre, voilà ce qui se présentoit aux regards !

Mila rompt la première le silence ; elle se précipite sur le cadavre de René, le serre dans ses bras, le presse de ses lèvres.

15.

« C'en est donc fait! s'écrie-t-elle. O mon libéra-
« teur, faut-il que je te revoie ainsi ! Lâches amis,
« cœurs pusillanimes, c'est vous qui l'avez assassiné
« par vos indignes soupçons, par vos irrésolutions
« éternelles ! Félicite-toi, Outougamiz, d'avoir bien
« gardé ton secret. Mais, à présent, ranime donc ce
« cœur qui palpitoit pour toi d'une amitié si sainte !
« Oh ! tu es un sublime guerrier ! Je reconnois ta
« vertu ; mais ne m'approche jamais : je préférerois
« à tes embrassements ceux du monstre dont tu
« vois l'œuvre dans cette cabane. »

Le désespoir ôtoit la raison à la jeune Indienne,
d'abord amante et ensuite amie de René. Outougamiz l'écoutoit, muet comme la pierre du sépulcre ;
puis, tout à coup : « Hors d'ici, fantôme exécrable,
« ombre sinistre, ombre affamée qui veux dévorer
« mon ami ! »

— « Ton ami ! dit Mila en relevant la tête : tu oses
« te dire l'ami de René ! ne devrois-tu pas plutôt,
« comme cette femme sans amour, évanouie main-
« tenant sur cette dépouille sanglante, ne devrois-tu
« pas supplier la terre de t'engloutir ? Moi seule j'ai
« aimé René ! En vain tu feins de me croire un fan-
« tôme : j'existe, je sors de la caverne où m'avoient
« plongée les scélérats dont j'allois révéler les des-
« seins. As-tu pu jamais croire que tu étois obligé au
« secret ? As-tu pu te figurer que la liberté seroit le
« fruit du crime ? »

Ici Céluta parut revenir à la vie, elle ouvrit les
yeux et se souleva ; ses idées se débrouillèrent : elle
se ressouvient de ses malheurs ; elle reconnoît Mila

et Outougamiz; elle reconnoît la dépouille mortelle du plus infortuné des hommes. La douleur lui rend les forces; elle se lève, elle s'écrie : « C'est moi qui « l'ai assassiné ! »

— « Oui, c'est toi ! » s'écrie à son tour Mila devenue cruelle par le désespoir.

« René, dit Céluta du ton le plus passionné, par« lant au cadavre de son époux, je te voulois dire, « avant de mourir, que mon âme t'adoroit comme « elle adore le Grand-Esprit; que ta lettre n'avoit « rien changé au fond de mon cœur; que je te révé« rois comme la lumière du matin; que je te croyois « aussi innocent que l'enfant qui n'a fait encore que « sourire à sa mère. »

— « Pourquoi donc, dit Mila, as-tu gardé le se« cret? Que n'en instruisois-tu les François, puisque « tu ne pouvois l'apprendre à ton mari absent? »

Mila pousse des sanglots, et ses larmes descendent à flots pressés comme la pluie de l'orage.

Le frère de Céluta, s'approchant alors avec respect du corps de son ami : « Mila dit que tu n'étois « pas coupable : quel bonheur ! Tu as donc pu « mourir. »

Malgré son désespoir, Mila comprit ce mot, et tendit une main désarmée au jeune Sauvage.

Outougamiz continuant : « Je leur avois bien dit « que je n'aimois point, que j'étois un mauvais ami, « que je te tuerois. Je suis pourtant sorti du lac « souterrain pour te sauver; j'ai couru de toutes « parts; des guerriers qui prétendoient t'avoir vu « m'ont égaré : je suis simple, on me trompe tou-

« jours. Tu es mort seul, je mourrai aussi; mais il
« faut auparavant.... J'attendrai pourtant que la pa-
« trie n'ait plus besoin de lui, car il faudra main-
« tenant défendre la patrie. »

Dans ce moment Céluta fut saisie de convulsions. Un ruisseau de sueur glacée sillonne son front : elle cherche à s'étrangler, se roule d'un côté sur l'autre, pousse des espèces de mugissements. Outougamiz et Mila volent à son secours. Céluta les regarde et leur dit en pressant ses flancs : « Le savez-vous ? la « mort m'a-t-elle fait violence ? »

Mila jette un cri : elle a deviné! Outougamiz, qui n'a pas compris, veut parler encore : « Tu ne « sais rien, lui dit Mila en l'interrompant, le ca- « davre de ton ami est un spectacle délicieux au- « près de ce que j'entrevois! »

Le jour commençoit à poindre; le canon se fait entendre du côté du fort Rosalie; les parentes de Chactas arrivent à la cabane de René; elles venoient féliciter Céluta de l'absence de son mari : elles rencontrent cette scène épouvantable.

« Femmes, dit Outougamiz, on se bat : je dois mon « sang à mon pays, quelque coupable qu'il puisse « être. Je laisse entre vos mains ce que j'ai de plus « cher au monde : ma femme, qui n'est point morte « comme on l'avoit dit, ma sœur, si misérable, et « les restes de mon ami. Je reviendrai bientôt. » Il sort et marche vers le lieu où l'appeloit le bruit des armes.

Les femmes enlevèrent Céluta et Mila, qu'elles placèrent dans les bras l'une de l'autre sur un lit de feuillage. Elles laissèrent le corps de René dans la cabane, qu'elles fermèrent. Elles portèrent les deux amies à l'ancienne demeure de Chactas, et leur prodiguèrent les soins les plus tendres : il eût été plus humain de les laisser mourir.

Tous les colons périrent aux Natchez; dix-sept personnes seulement échappèrent au massacre. Parmi les soldats blessés qui se défendirent et se sauvèrent se trouva le grenadier Jacques. Le fort avoit été escaladé dans les ténèbres, et les sentinelles égorgées avant qu'on sût que les Indiens étoient en armes. Par l'imprudence du commandant, la garnison étoit à peine d'une centaine d'hommes, tout le reste ayant été dispersé dans différents postes le long du fleuve. Chépar, qui n'avoit jamais voulu croire à la conjuration, accourut au bruit qui se faisoit sur les remparts, et tomba sous la hache d'Adario. Fébriano, qui fut rencontré par Ondouré, reçut la mort de la main de ce Sauvage, son corrupteur et son complice. Il n'y eut de résistance chez les François que dans une maison particulière. Adario, qui commandoit l'attaque, y fut tué : il expira plein d'une grande joie; il crut avoir délivré sa patrie et vengé ses enfants. Les coups de canon entendus d'Outougamiz avoient été tirés en signal de victoire par les Indiens eux-mêmes, après la conquête du fort.

Le frère de Céluta, trouvant que son bras étoit inutile, retourna à la cabane de René. Il s'assit auprès des restes inanimés du guerrier blanc. D'un air de mystère, il approcha l'œil d'une des blessures de son ami, comme pour voir dans le sein de René. Joignant les mains avec admiration, l'insensé dit quelques mots d'une tendresse passionnée. Il prit ensuite un petit vase de pierre sur une table, recueillit du sang de René qu'il réchauffa avec le sien, après s'être ouvert une veine. Il trempa le Manitou d'or dans le filtre de l'amitié, et il remit la chaîne à son cou.

La rage d'Ondouré étoit assouvie, mais non sa passion. Sortant d'une épouvantable orgie, enivré de vin, de succès, d'ambition et d'amour, il voulut revoir Céluta. Dans toute la pompe du meurtre et de la débauche, il s'avance au sanctuaire de la douleur; ses crimes marchoient avec lui, comme les bourreaux accompagnent le condamné. Les bruyants éclats de rire du tuteur du Soleil et de ses satellites se faisoient entendre au loin.

Ondouré arrive à la cabane : il avoit ordonné à ses amis de se tenir à quelque distance, car il avoit ses desseins. Il recule quelques pas lorsque, au lieu de Céluta, il n'aperçoit qu'Outougamiz. Reprenant bientôt son assurance : « Que fais-tu là ? » dit-il à l'Indien...

« Je t'attendois, répondit celui-ci ; j'étois sûr que
« tu viendrois avec tes enfants célébrer le festin du
« prisonnier de guerre. Apportes-tu la chaudière du
« sang ? C'est un excellent mets qu'une chair blan-
« che ! Ne dévore pas tout : je ne te demande que le
« cœur de mon ami. »

— « C'est juste, dit l'atroce Ondouré, nous te le
« réserverons. »

De nouveaux rires accompagnèrent ces paroles.

« Mais, dis-moi, continua le pervers à qui la va-
« peur du vin ôtoit la prévoyance, où est ta sœur?
« Comme elle a été fidèle cette nuit à ce beau guer-
« rier blanc! Elle a perdu pour moi toute sa haine;
« elle m'a pardonné mon amour pour Akansie. Viens,
« ma charmante colombe; où es-tu donc? m'accor-
« deras-tu un second rendez-vous?» et Ondouré
entra dans la cabane.

Outougamiz se lève, s'appuyant sur un fusil de
chasse que lui avoit donné René : « Illustre chef,
« dit-il, changeant tout à coup de langage et de
« contenance, tous nos ennemis sont-ils morts? »

— « En doutes-tu? » s'écria Ondouré.

« Ainsi, dit Outougamiz, la patrie est sauvée; elle
« n'a plus besoin de défenseurs? Tout est-il en sû-
« reté pour l'avenir? Peux-tu, fameux guerrier, te
« reposer en paix? »

— « Oui, mon cher Outougamiz, » répondit le
tuteur du Soleil, qui n'avoit pas ce qu'il falloit pour
comprendre à la fois et le danger et la magnani-
mité de la question, «oui, je puis me reposer cent
« neiges avec ta sœur sur la natte du plaisir. »

Le corps de René séparoit Ondouré d'Outougamiz : « La nuit, dit celui-ci, a été fatigante pour
« toi, Ondouré : va donc à ton repos, puisque ton
« bras n'est plus nécessaire à la patrie. Je te vais
« rendre ta hache. »

Outougamiz relève la hache avec laquelle le tuteur du Soleil avoit frappé René; elle étoit restée
dans la cabane. Ondouré avance le bras pour la

reprendre. « Non, pas comme cela, » dit Outougamiz; et, levant la hache avec les deux mains, il fend d'un seul coup la tête du monstre, qui tombe sur le corps de René, sans avoir le temps de proférer un blasphème. Outougamiz sort, couche en joue les satellites d'Ondouré, et leur crie de cette voix de l'homme de bien si foudroyante pour le méchant : « Disparoissez, race impure, ou je vous « immole auprès de votre maître ! » Ces misérables, qui voyoient s'avancer une troupe de jeunes guerriers, amis du frère de Céluta, prennent la fuite.

Les guerriers survenus déplorèrent de si grands malheurs. « Allons, leur dit Outougamiz, je revien- « drai bientôt ici ; mais il faut que j'aille dire à Mila « et à ma sœur ce que le Manitou d'or a fait. »

Céluta ne put entendre le récit de son frère ; à chaque instant on craignoit de la voir expirer. Mila apprit la mort d'Ondouré avec indifférence. « C'é- « toit plus tôt, dit-elle, que tu devois donner cette « pâture aux chiens. »

Outougamiz revint la nuit suivante chercher les restes sacrés du frère d'Amélie ; il les porta sur ses épaules au bas de la colline, creusa dans un endroit écarté une fosse qu'il ne voulut montrer à personne : il y déposa le corps de celui qui, pendant sa vie, n'avoit cherché que la solitude. « Je « sais, dit-il en se retirant, que je suis un faux ami : « je t'ai tué ; mais, attends-moi : nous nous expli- « querons dans le pays des âmes. »

Le frère de Céluta n'avoit plus rien à faire de la vie, mais il se vouloit assurer que sa sœur n'avoit plus besoin de lui, et que Mila se pouvoit passer d'un protecteur.

Déjà la lune avoit parcouru trois fois sa carrière depuis la catastrophe tragique, et Céluta, toujours près de rendre le dernier soupir, sembloit sans cesse revivre. La coupe de la colère céleste n'étoit point épuisée ; le génie fatal de René poursuivoit encore Céluta, comme ces fantômes nocturnes qui vivent du sang des mortels. Elle refusoit pourtant toute nourriture : ses barbares amis étoient obligés de lui faire prendre de force quelques gouttes d'eau d'érable. Son corps, modèle de grâce et de beauté, n'étoit plus qu'un léger squelette, semblable à un jeune peuplier mort sur sa tige. Les longues paupières de Céluta n'avoient pas la force de se replier et de découvrir ses yeux éteints dans les larmes. Quand la veuve infortunée recouvroit la raison, elle étoit muette ; quand elle tomboit dans la folie de la douleur, elle poussoit des cris. Alors elle faisoit des efforts pour écarter deux spectres qui vouloient la dévorer à la fois, Ondouré et le frère d'Amélie ; elle voyoit aussi une femme qui lui étoit inconnue, et qui lui sourioit d'un air de pitié du haut du ciel.

Témoin des maux de son amie, la courageuse Mila avoit eu honte de ses propres chagrins : elle passoit ses jours auprès de sa sœur, veillant à ses souffrances, la retournant sur sa couche, servant de mère à la fille de René. La tendre orpheline étoit déjà belle, mais sérieuse ; dans le sein de Mila, elle avoit l'air d'une petite colombe blanche, sous l'aile du plus brillant oiseau des forêts américaines.

De temps en temps Outougamiz venoit voir sa femme et sa sœur; il s'asseyoit au bord de la couche, prenoit la main de Céluta, ou faisoit danser Amélie sur ses genoux. Il se levoit bientôt après, remettoit l'enfant dans les bras de Mila et se retiroit en silence. Le jeune homme dépérissoit : chaque jour son front devenoit plus pâle et son air plus languissant; il ne parloit ni de René, ni de Céluta, ni de Mila. Tous les soirs il visitoit la petite urne de pierre remplie du sang de René, et l'on remarquoit avec surprise que ce sang ne se desséchoit point. Outougamiz laissoit suspendu autour de l'urne le Manitou d'or qu'il ne portoit plus.

Un soir il étoit venu rendre sa visite accoutumée à sa sœur. Mila et plusieurs Indiennes étoient rangées autour du lit des tribulations : tout à coup, à leur profond étonnement, Céluta se soulève et s'assied d'elle-même sur sa couche. On ne lui avoit point encore vu l'air qu'elle avoit dans ce moment : c'étoit pour la douleur et la beauté quelque chose de surhumain. Elle baissa d'abord la tête dans son sein; mais relevant bientôt son front pâle où s'évanouissoit une foible rougeur, elle dit d'une voix assurée : « Je voudrois manger. »

Ces mots surprirent Outougamiz : c'étoient les premiers que Céluta eût prononcés depuis la nuit de ses malheurs, et elle avoit constamment repoussé toute nourriture. Pensant qu'elle revenoit de son désespoir et qu'elle se déterminoit à vivre, les matrones firent une exclamation de joie et s'empressèrent de lui porter du maïs nouveau.

Mais Mila, regardant Céluta, lui dit : « Tu veux
« manger? »

—« Oui, repartit Céluta la regardant à son tour ;
« il faut à présent que je vive. »

Mila lève les mains au ciel et s'écrie : « O vertu ! »

Outougamiz, rompant lui-même son silence obstiné, dit : « Qu'avez-vous ? »

— « Adore, reprit Mila : ce que tu vois ici n'est
« pas une femme ; c'est la compagne d'un génie. »

—« Pourquoi le tromper ? dit Céluta. Mon ami,
« ajouta-t-elle en se tournant vers son frère, ma
« destinée s'accomplit au-delà de moi : je viens de
« découvrir dans mon sein un fantôme né de la
« mort. » Outougamiz s'enfuit.

Céluta étoit mère : elle se résigna à la vie : dernier degré de vertu et de malheur où jamais fille d'Adam soit parvenue. Mais la nature ne s'élève pas ainsi au-dessus d'elle-même sans souffrir jusque dans sa source : le lendemain, aux rayons du jour, on s'aperçut que le visage de la veuve de René étoit devenu de la couleur de l'ébène, et ses cheveux de celle du cygne. Quelques soleils éclaircirent les ombres du front de Céluta, mais ne firent point disparoître de sa chevelure la vieillesse de l'adversité.

Lorsque le capitaine d'Artaguette apprit la catastrophe des Natchez, l'assassinat de René et les misères de Céluta, il se sentit frappé au cœur : il étoit attaché au frère d'Amélie par une noble amitié, il avoit nourri en secret une tendre passion pour la femme qui lui conserva la vie, en lui donnant le doux nom de frère. Rappelé à la Nouvelle-Orléans, il pleura avec Adélaïde, Harlay, le grenadier Jacques et sa vieille mère. Outougamiz avoit caché la tombe de René; d'Artaguette fit célébrer un service à la mémoire du frère d'Amélie : il pria Dieu de se souvenir de celui qui avoit voulu être oublié.

Cependant des troupes se rassembloient de toutes parts pour aller châtier les Indiens. Les huit roseaux retirés du temple avoient fait avorter le complot général chez les autres nations conjurées, excepté chez les Yazous, où le père Souël fut massacré. L'armée françoise arriva au fort Rosalie. Bien que divisés entre eux, les Natchez se défendirent avec courage, et Outougamiz, qui pouvoit à peine porter le poids de ses armes, fit admirer de nouveau sa valeur. Mais enfin il fallut céder au torrent, et quitter à jamais la patrie.

Une nuit les Natchez déterrèrent les os de leurs pères, les chargèrent sur leurs épaules, et, mettant au milieu des jeunes guerriers les femmes, les vieillards et les enfants, ils prirent la route du désert sans savoir où il trouveroient un asile. Le capitaine d'Artaguette se trouvoit dans la division des troupes chargées d'attaquer les Chicassaws ; il exécuta devant l'ennemi une retraite où il s'acquit la plus grande gloire, mais où il perdit la vie avec son fidèle grenadier. Comme il ne périt qu'après avoir sauvé l'armée, on crut généralement qu'il avoit cherché la mort. Adélaïde et Harlay avoient quitté l'Amérique ; la mère de Jacques s'étoit éteinte dans sa vieillesse.

Le foible reste des Natchez exilés étoit déjà loin

dans la solitude. Outougamiz expira cinq lunes après avoir quitté la terre de la patrie. On sut alors qu'il avoit continué à s'ouvrir les veines toutes les nuits pour rafraîchir l'urne du sang; son sang s'épuisa avant son amitié. Il montra une joie excessive de mourir, et laissa en héritage (c'étoit tout son bien) l'urne du sang et le Manitou d'or à la fille de René. On l'enterra, comme il avoit enseveli son ami, sous un arbre inconnu.

Quelques jours après sa mort, Céluta mit au monde une fille : elle ferma les yeux en la portant à son sein; et quand elle l'eut allaitée, elle la suspendit à ses épaules. Elle continua d'en agir ainsi dans la suite, de sorte qu'elle ne vit jamais l'enfant qu'elle n'appeloit que le fantôme.

Mila, devenue veuve à son tour, portoit toujours la fille de René, que Céluta ne voulut plus toucher de peur de la flétrir, après avoir enfanté une autre fille. Céluta ne pressoit jamais sur son cœur cette autre fille sans éprouver des convulsions. L'amour maternel demandoit des baisers que l'amour conjugal refusoit : dans les plaintes de l'innocence, Céluta entendoit la voix du crime. Quelquefois l'épouse de René étoit prête à déchirer l'enfant; un sentiment plus fort, celui de la mère, rendoit ses mains impuissantes. Qui pourroit peindre de pareils combats, de tels supplices?

Mila faisoit l'admiration des exilés. A peine ornée de dix-sept printemps, elle déployoit un courage et une raison extraordinaires. Elle ne vivoit que pour Céluta; elle préparoit sa couche, ses vêtements, sa nourriture; elle étoit devenue la mère de la fille de René. Ses manières vives n'étoient point changées; mais elle gardoit le silence, et ne parloit plus que par signes et par sourires.

Les Natchez trouvèrent enfin l'hospitalité chez une nation autrefois alliée de la leur. Un exilé, commençant la danse du suppliant, présenta le calumet des bannis; il fut accepté. Un enfant apporta en échange une calebasse pleine du jus de l'érable et couronnée de fleurs. Alors les tentes de la patrie furent plantées dans la terre étrangère, et les ossements des aïeux déposés à ces nouveaux foyers.

Pour premier bienfait du ciel, la seconde fille de Céluta mourut. Le fantôme se replongea dans la nuit éternelle. Aucune mère n'alla répandre son lait sur le gazon funèbre : Céluta eût encore rempli ce pieux devoir, si elle n'avoit craint que le fantôme ne rentrât dans son sein avec le parfum des fleurs. La fille de René avoit trouvé une patrie; la fille d'Ondouré étoit retournée à la terre : on s'aperçut que Céluta ne se croyoit plus obligée de vivre, et l'on devina que Mila ne quitteroit pas son amie.

Un soir, lorsque les bannis prenoient leur repas à la porte de leurs tentes, Céluta sortit de la sienne. Elle étoit vêtue d'une robe de peaux d'oiseaux et de quadrupèdes cousues ensemble, ouvrage ingénieux de Mila : ses cheveux blancs flottoient en boucles sur sa jeune tête ornée d'une couronne de ronces à fleurs bleues; elle portoit dans ses bras la fille de

René, et Mila, à moitié nue, suivoit sa compagne.
Les bannis, étonnés et charmés de les voir, se levèrent, les comblèrent de bénédictions, et leur formèrent un cortége. Ils arrivèrent tous ainsi au bord d'une cataracte dont on entendoit de loin les mugissements. Cette cataracte, qu'aucun voyageur n'avoit visitée, tomboit entre deux montagnes dans un abîme. Céluta donna un baiser à sa fille, la déposa sur le gazon, mit sur les genoux de l'enfant le Manitou d'or et l'urne où le sang s'étoit desséché. Mila et Céluta, se tenant par la main, s'approchèrent du bord de la cataracte comme pour regarder au fond, et, plus rapides que la chute du fleuve, elles accomplirent leur destinée. Céluta s'étoit souvenue que René, dans sa lettre, avoit regretté de ne s'être pas précipité dans les ondes écumantes.

Les femmes prirent dans leurs bras la fille de René laissée sur la rive; elles la portèrent au plus vieux Sachem qui en confia le soin à une matrone renommée. Cette matrone suspendit au cou de l'enfant le Manitou d'or comme une parure. Le nom françois d'Amélie étant ignoré des Sauvages, les Sachems en imposèrent un autre à l'orpheline, qui vit ainsi périr jusqu'à son nom.

Lorsque la fille de Céluta eut atteint sa seizième année, on lui raconta l'histoire de sa famille. Elle parut triste le reste de sa vie, qui fut courte. Elle eut elle-même, d'un mariage sans amour, une fille plus malheureuse encore que sa mère. Les Indiens chez lesquels les Natchez s'étoient retirés périrent presque tous dans une guerre contre les Iroquois, et les derniers enfants de la nation du Soleil se vinrent perdre dans un second exil au milieu des forêts de Niagara.

Il y a des familles que la destinée semble persécuter : n'accusons pas la Providence. La vie et la mort de René furent poursuivies par des feux illégitimes qui donnèrent le ciel à Amélie et l'enfer à Ondouré : René porta le double châtiment de ses passions coupables. On ne fait point sortir les autres de l'ordre sans avoir en soi quelque principe de désordre; et celui qui, même involontairement, est la cause de quelque malheur ou de quelque crime, n'est jamais innocent aux yeux de Dieu.

Puisse mon récit avoir coulé comme tes flots, ô Meschacebé !

NOTE.

J'avois renvoyé, dans la Préface des *Natchez*, les lecteurs à l'*Histoire de la Nouvelle-France*, par le père Charlevoix; mais en y réfléchissant, j'ai pensé qu'il étoit plus simple de leur éviter cette recherche, s'ils avoient envie de la faire, en insérant ici quelques pages de Charlevoix.

Le premier extrait de cet auteur renferme la description du pays et des mœurs des Natchez. On verra que je n'ai été, sous ce rapport, qu'*historien* fidèle; Charlevoix n'a pas été d'ailleurs le seul historien et le seul voyageur que j'aie consulté.

Le second extrait contient la relation de la conspiration des Natchez et de leurs alliés. On reconnoîtra ce que le *poëte* a ajouté à la vérité.

Le père Charlevoix ne parle point des *roseaux* ou *bûchettes* déposés dans le Temple pour fixer le jour du massacre, mais j'ai lu cette circonstance dans un voyageur dont je ne puis plus me rappeler le nom, si ce n'est Carter. Ce voyageur disoit qu'une partie des *bûchettes* avoit été dérobée par une jeune Sauvage, amoureuse d'un François.

Le chevalier d'Artaguette, frère du général Diron d'Artaguette, est, comme le commandant du fort Rosalie, M. de Chépar, un personnage historique. Le chevalier d'Artaguette fut réellement tué dans une retraite devant les Sauvages.

Je n'ai point, au reste, exagéré l'état de civilisation des Natchez; cette civilisation étoit très avancée chez ce peuple. J'ai seulement donné le nom d'*édile* à un Natchez qui remplissoit les fonctions attribuées à l'édile chez les Romains. Il m'eût été difficile de conserver dans un *poëme* le titre de *Chef de la farine*, que l'édile portoit chez la nation du Soleil.

Ce *Chef de la farine*, au moment de la conspiration contre les François, étoit un homme qui avoit une partie des vices, de la capacité et du caractère que j'ai attribués à Ondouré.

On trouvera dans mon *Voyage en Amérique* la description générale des mœurs des Sauvages de l'Amérique septentrionale. Elle servira de commentaire aux *Natchez* : je dois dire seulement ici que quelques-uns des traits que j'ai ajoutés à la peinture des usages des Esquimaux sont empruntés aux derniers Voyages du capitaine Parry et du capitaine Lyon.

PREMIER EXTRAIT DE CHARLEVOIX.

DESCRIPTION DU PAYS DES NATCHEZ.

Ce canton, le plus beau, le plus fertile et le plus peuplé de toute la Louisiane, est éloigné de quarante lieues des Yazous, et sur la même main. Le débarquement est vis-à-vis une butte assez haute et fort escarpée, au pied de laquelle coule un petit ruisseau qui ne peut recevoir que des chaloupes et des pirogues. De cette première butte on monte à une seconde, ou plutôt sur une colline dont la pente est assez douce, et au sommet de laquelle on a bâti une espèce de redoute fermée par une simple palissade. On a donné à ce retranchement le nom de *fort*.

Plusieurs monticules s'élèvent au-dessus de cette colline, et, quand on les a passés, on aperçoit de toutes parts de grandes prairies séparées par de petits bouquets de bois qui font un très bel effet. Les arbres les plus communs dans ces bois sont le noyer et le chêne, et partout les terres sont excellentes. Feu M. d'Iberville, qui le premier entra dans le Mississipi par son embouchure, étant monté jusqu'aux Natchez, trouva ce pays si charmant et si avantageusement situé, qu'il crut ne pouvoir mieux placer la métropole de la nouvelle colonie. Il en traça le plan et lui destina le nom de *Rosalie*, qui étoit celui de madame la chancelière de Pont-Chartrain. Mais ce projet ne paroît pas devoir s'exécuter si tôt, quoique nos géographes aient toujours à bon compte marqué sur leurs cartes la ville de Rosalie aux Natchez.

Il est certain qu'il faut commencer par un établissement plus près de la mer; mais, si la Lousiane devient jamais une colonie florissante, comme il peut fort bien arriver, il me semble qu'on ne peut mieux placer sa capitale qu'en cet endroit. Il n'est point sujet au débordement du fleuve, l'air y est pur, le pays fort étendu, le terrain propre à tout et bien arrosé; il n'est pas trop loin de la mer, et rien n'empêche les vaisseaux d'y monter; enfin, il est à portée de tous les lieux où l'on paroît avoir dessein de s'établir. La compagnie y a un magasin, et y entretient un commis principal qui n'a pas encore beaucoup d'occupation.

Parmi un grand nombre de concessions particulières, qui sont déjà ici en état de rapporter, il y en a deux de la première grandeur, je veux dire de quatre lieues en carré; l'une appartient à une société de Malouins, qui l'ont achetée de M. Hubert, commissaire ordonnateur et président du conseil de la Louisiane; l'autre est à la compagnie, qui y a envoyé des ouvriers de Clairac pour y faire du tabac. Ces deux concessions sont situées de manière qu'elles forment un triangle parfait avec le fort, et la distance d'un angle à l'autre est d'une lieue. A moitié chemin des deux concessions est le grand village des Natchez. J'ai visité avec soin tous ces lieux, et voici ce que j'y ai remarqué de plus considérable.

La concession des Malouins est bien placée; il ne lui manque, pour tirer parti de tout son terrain, que des nègres ou des *engagés*. J'aimerais encore mieux les seconds que les premiers; le temps de leur service expiré, ils deviennent des habitants, et augmentent le nombre des sujets naturels du roi, au lieu que ceux-là sont toujours des étrangers : et qui peut s'assurer qu'à force de se multiplier dans nos colonies, ils ne deviendront pas un jour des ennemis redoutables? Peut-on compter sur des esclaves qui ne nous sont attachés que par la crainte, et pour qui la terre même où ils naissent n'a jamais le doux nom de patrie?

La première nuit que je passai dans cette habitation, il y eut, vers les neuf heures du soir, une grande alarme; j'en demandai le sujet, et on me répondit qu'il y avoit dans le voisinage une bête d'une espèce inconnue, d'une grandeur extraordinaire, et dont le cri ne ressembloit à celui d'aucun animal que nous connoissions. Personne n'assuroit pourtant l'avoir vue, et on ne jugeoit de sa taille que par sa force : elle avoit déjà enlevé des moutons et des veaux, et étranglé quelques vaches. Je dis à ceux qui me faisoient ce récit qu'un loup enragé pouvoit faire tout cela, et, quant au cri, qu'on s'y trompoit tous les jours. Je ne persuadai personne : on vouloit que ce fût une bête monstrueuse, on venoit de l'entendre, on y courut armé de tout ce qu'on trouva sous sa main, mais ce fut inutilement.

La concession de la compagnie est encore plus avantageusement située que celle des Malouins. Une même rivière arrose l'une et l'autre, et va se décharger dans le fleuve à deux lieues de celle-là, à laquelle une magnifique cyprière de six lieues d'étendue fait un rideau qui en couvre tous les derrières. Le tabac y a très bien réussi, mais les ouvriers de Clairac s'en sont presque tous retournés en France.

J'ai vu dans le jardin du sieur Le Noir, commis principal, de fort beau coton sur l'arbre, et un peu plus bas on commence à voir de l'indigo sauvage. On n'en a pas encore fait l'épreuve, mais il y a beaucoup d'apparence qu'il ne réussira pas moins que celui qu'on a trouvé dans l'île de Saint-Domingue, où il est aussi estimé que celui qu'on y a transplanté d'ailleurs ; et puis l'expérience nous apprend qu'une terre qui produit naturellement cette plante est fort propre à porter l'étrangère qu'on y veut semer.

Le grand village des Natchez est aujourd'hui réduit à fort peu de cabanes : la raison qu'on m'en a apportée est que les Sauvages, à qui leur grand-chef a droit d'enlever tout ce qu'ils ont, s'éloignent de lui le plus qu'ils peuvent, et par-là plusieurs bourgades de cette nation se sont formées à quelque distance de celle-ci. Les Sioux, leurs alliés et les nôtres, en ont aussi établi une dans leur voisinage.

Les cabanes du grand village des Natchez, le seul que j'aie vu, sont en forme de pavillon carré, fort basses, et sans fenêtres ; le faîte est arrondi à peu près comme un four. La plupart sont couvertes de feuilles et de paille de maïs ; quelques-unes sont construites d'une espèce de torchis qui me parut assez bon, et qui est revêtu en dehors et en dedans de nattes fort minces. Celle du grand-chef est fort proprement crépie en dedans ; elle est aussi plus grande et plus haute que les autres, placée sur un terrain un peu élevé, et isolée de toutes parts. Elle donne sur une grande place, qui n'est pas des plus régulières, et a son aspect au nord. J'y trouvai pour tout meuble une couche de planches fort étroites, élevée de terre de deux ou trois pieds ; apparemment que quand le grand-chef veut se coucher, il y étend une natte ou quelque peau.

Il n'y avoit pas une âme dans le village : tout le monde étoit allé dans une bourgade voisine, où il y avoit une fête, et toutes les portes étoient ouvertes ; mais il n'y avoit rien à craindre des voleurs, car il ne restoit partout que les quatre murailles. Ces cabanes n'ont aucune issue pour la fumée ; néanmoins, toutes celles où j'entrai étoient assez blanches. Le temple est à côté de celle du grand-chef, tourné vers l'orient, et à l'extrémité de la place. Il est composé des mêmes matériaux que les cabanes, mais sa figure est différente ; c'est un carré long, d'environ quarante pieds sur vingt de large, avec un toit tout simple, de la figure des nôtres. Il y a aux deux extrémités comme deux girouettes de bois, qui représentent fort grossièrement deux aigles.

La porte est au milieu de la longueur du bâtiment, qui n'a point d'autres ouvertures ; des deux côtés il y a des bancs de pierre. Les dedans répondent parfaitement à ces dehors rustiques. Trois pièces de bois, qui se joignent par les bouts, et qui sont placées en triangle, ou plutôt également écartées les unes des autres, occupent presque tout le milieu du temple, et brûlent lentement. Un Sauvage, que l'on appelle le gardien du temple, est obligé de les attiser et d'empêcher qu'elles ne s'éteignent. S'il fait froid, il peut avoir son feu à part, mais il ne lui est pas permis de se chauffer à celui qui brûle en l'honneur du Soleil.

Ce gardien étoit aussi à la fête, du moins je ne le vis point, et ses tisons jetoient une fumée qui nous aveugloit.

D'ornements, je n'en vis aucuns, ni rien absolument qui dût me faire connoître que j'étois dans un temple. J'y aperçus seulement trois ou quatre caisses rangées sans ordre, où il y avoit quelques ossements secs, et par terre quelques têtes de bois un peu moins mal travaillées que les deux aigles du toit. Enfin, si je n'y eusse pas trouvé du feu, j'eusse cru que ce temple étoit abandonné depuis long-temps, ou qu'il avoit été pillé. Ces cônes enveloppés de peaux, dont parlent quelques relations ; ces cadavres des chefs, rangés en cercle dans un temple tout rond, et terminé en manière de dôme ; cet autel, etc. ; je n'ai rien vu de tout cela : si les choses étoient ainsi du temps passé, elles ont bien changé depuis.

Peut-être aussi, car il ne faut condamner personne que quand il n'y a aucun moyen de l'excuser, peut-être, dis-je, que le voisinage des François a fait craindre aux Natchez que les corps de leurs chefs et tout ce que leur temple avoit de plus précieux ne courussent quelque risque s'ils ne les transportoient pas ailleurs, et que le peu d'attention qu'on apporte présentement à bien garder ce temple vient de ce qu'on l'a dépouillé de ce qu'il avoit de plus sacré pour ces peuples. Il est pourtant vrai que, contre la muraille, vis-à-vis de la porte, il y avoit une table dont je ne pris pas la peine de mesurer les dimensions, parce que je ne soupçonnois point que ce fût un autel : on m'a assuré depuis qu'elle a trois pieds de haut, cinq de long et quatre de large.

On m'a ajouté qu'on y fait un petit feu avec des écorces de chêne, et qu'il ne s'éteint jamais ; ce qui est faux, car il n'y avoit alors ni feu, ni rien qui fît connoître qu'on y en eût jamais fait. On dit encore que quatre vieillards couchent tour à tour dans le temple pour y entretenir ce feu ; que celui qui est de garde ne doit point sortir pendant les huit jours qu'il doit être en faction ; qu'on a soin de prendre de la braise allumée des bûches qui brûlent au milieu du temple pour mettre sur l'autel; qu'il y a douze hommes entretenus pour fournir des écorces de chêne; qu'il y a des marmousets de bois et une figure de serpent à sonnettes, aussi de bois, qu'on met sur l'autel, et auxquels on rend de grands honneurs; que, quand le chef meurt, on l'enterre d'abord, et que, quand on juge que les chairs sont consumées, le gardien du temple les exhume, lave les ossements, les enveloppe de ce qu'il peut avoir de plus précieux, et les met dans de grands paniers faits de cannes, qu'il ferme bien; qu'il enveloppe ces paniers de peaux de chevreuil très propres, et les place devant l'autel, où ils restent jusqu'à la mort du chef régnant; qu'alors il renferme ces ossements dans l'autel même, pour faire place au dernier mort.

Je ne puis rien dire sur ce dernier article, sinon que je vis quelques ossements dans une ou deux caisses, mais qu'ils ne faisoient pas la moitié d'un corps humain, qu'ils me paroissoient bien vieux, et qu'ils n'étoient point sur la table qu'on dit être l'autel. Quant aux autres articles, 1° comme je n'ai été que de jour dans le temple, j'ignore ce qui s'y passe la nuit; 2° il n'y avoit aucun garde dans le temple quand je l'ai visité. J'y aperçus bien, comme je l'ai déjà dit, quelques marmousets, mais je n'y remarquai point de figure de serpent.

Quant à ce que j'ai vu dans des relations, que ce temple est tapissé et son pavé couvert de nattes de cannes; qu'on y met ce qu'on a de plus propre, et qu'on y apporte tous les ans les prémices de toutes les récoltes, il en faut assurément rabattre beaucoup : je n'ai jamais rien vu de plus maussade, de plus malpropre, qui fût plus en désordre : les bûches brûloient sur la terre nue, et je n'y aperçus point de nattes, non plus qu'aux murailles. M. Le Noir, avec qui j'étois, me dit seulement que tous les jours on mettoit au feu une nouvelle bûche, et qu'au commencement de chaque lune on en faisoit la provision pour tout le mois. Il ne le savoit pourtant que par ouï-dire, car c'étoit la première fois qu'il voyoit ce temple aussi bien que moi.

Pour ce qui regarde la nation des Natchez en général, voici ce que j'en pus apprendre. On ne voit rien dans leur extérieur qui les distingue des autres Sauvages du Canada et de la Louisiane. Ils font rarement la guerre, et ne mettent point leur gloire à détruire des hommes. Ce qui les distingue plus particulièrement, c'est la forme de leur gouvernement, tout-à-fait despotique; une grande dépendance, qui va même jusqu'à une espèce d'esclavage dans les sujets; plus de fierté et de grandeur dans les chefs; et leur esprit pacifique, qui cependant s'est un peu démenti depuis plusieurs années.

Les Hurons croient aussi bien qu'eux leurs chefs héréditaires issus du Soleil; mais il n'y en a pas un qui voulût être son valet, ni le suivre dans l'autre monde pour y avoir l'honneur de le servir, comme il arrive souvent parmi les Natchez. Garcilaso de la Vega parle de cette nation comme d'un peuple puissant, et il n'y a pas six ans qu'on y comptoit quatre mille guerriers. Il paroît qu'elle étoit encore plus nombreuse du temps de M. de La Salle, et même lorsque M. d'Iberville découvrit l'embouchure du Mississipi. Aujourd'hui les Natchez ne pourroient pas mettre sur pied deux mille combattants. On attribue cette diminution à des maladies contagieuses, qui, ces dernières années, ont fait parmi eux de grands ravages.

Le grand-chef des Natchez porte le nom de *Soleil*, et c'est toujours, comme parmi les Hurons, le fils de sa plus proche parente qui lui succède. On donne à cette femme la qualité de Femme-Chef, et quoique pour l'ordinaire elle ne se mêle pas du gouvernement, on lui rend de grands honneurs. Elle a même, aussi bien que le Soleil, droit de vie et de mort : dès que quelqu'un a eu le malheur de déplaire à l'un ou à l'autre, ils ordonnent à leurs gardes, qu'on nomme *Allouez*, de le tuer. *Va me défaire de ce chien*, disent-ils; et ils sont obéis sur-le-champ. Leurs sujets et les chefs mêmes des villages ne les abordent jamais qu'ils ne les saluent trois fois, en jetant un cri qui est une espèce de hurlement; ils font la même chose en se retirant, et se retirent en marchant à reculons. Lorsqu'on les rencontre, il faut s'arrêter, se ranger du chemin, et jeter les mêmes cris dont j'ai parlé, jusqu'à ce qu'il soient passés. On est aussi obligé de leur porter ce qu'il y a de meilleur dans les récoltes, dans le produit de la chasse et dans celui de la pêche. Enfin personne, non pas même leurs plus proches parents et ceux qui composent les familles nobles, lorsqu'ils ont l'honneur de manger avec eux, n'a droit de boire dans le même vase, ni de mettre la main au plat.

Tous les matins, dès que le soleil paroît, le grand-chef se met à la porte de sa cabane, se tourne vers l'orient, et hurle trois fois en se prosternant jusqu'à terre. On lui apporte ensuite un calumet, qui ne sert qu'en cette occasion : il fume et pousse la fumée de son tabac vers l'astre du jour, puis il fait la même chose vers les trois autres parties du monde. Il ne reconnoît sur la terre de maître que le soleil, dont il prétend tirer son origine, exerce un pouvoir sans borne sur ses sujets, peut disposer de leurs biens et de leur vie, et, quelques travaux qu'il leur commande, ils n'en peuvent exiger aucun salaire.

Lorsque le Chef ou la Femme-Chef meurent, tous leurs Allouez sont obligés de les suivre en l'autre monde : mais ils ne sont pas les seuls qui ont cet honneur, car c'en est un, et qui est fort recherché. Il y a tel chef dont la mort coûte la vie à plus de cent personnes, et on m'a assuré qu'il meurt peu de Natchez considérables, à qui quelques-uns de leurs parents, de leurs amis ou de leurs serviteurs, ne fassent pas cortége dans le pays des âmes. Il paroît, par les diverses relations que j'ai vues de ces horribles cérémonies, qu'elles varient beaucoup. En voici une des obsèques d'une Femme-Chef, que je tiens d'un voyageur qui en fut témoin, et sur la sincérité duquel j'ai tout lieu de compter.

Le mari de cette femme n'étant pas noble, c'est-à-dire de la famille du Soleil, son fils aîné l'étrangla selon la coutume ; on vida ensuite la cabane de tout ce qui y étoit, et on y construisit une espèce de char de triomphe, où le

corps de la défunte et celui de son époux furent placés.
Un moment après, on rangea autour de ces cadavres
douze petits enfants que leurs parents avoient aussi étranglés par ordre de l'aînée des filles de la Femme-Chef, et
qui succédoit à la dignité de sa mère. Cela fait, on dressa
dans la place publique quatorze échafauds ornés de branches d'arbres et de toiles, sur lesquelles on avoit peint
différentes figures. Ces échafauds étoient destinés pour
autant de personnes qui devoient accompagner la Femme-
Chef dans l'autre monde. Leurs parents étoient tous autour d'elles, et regardoient comme un grand honneur pour
leurs familles la permission qu'elles avoient eue de se sacrifier ainsi. On s'y prend quelquefois dix ans auparavant
pour obtenir cette grâce, et il faut que ceux ou celles qui
l'ont obtenue filent eux-mêmes la corde avec laquelle ils
doivent être étranglés.

Ils paroissent sur leurs échafauds revêtus de leurs plus
riches habits, portant à la main droite une grande coquille. Leur plus proche parent est à leur droite, ayant
sous son bras gauche la corde qui doit servir à l'exécution, et à la main droite un casse-tête. De temps en temps
il fait le cri de mort, et à ce cri les quatorze victimes descendent de leurs échafauds, et vont danser toutes ensemble au milieu de la place, devant le temple et devant la
cabane de la Femme-Chef. On leur rend ce jour-là et les
suivants de grands respects : ils ont chacun cinq domestiques, et leur visage est peint en rouge. Quelques-uns
ajoutent que pendant les huit jours qui précèdent leur
mort ils portent à la jambe un ruban rouge, et que, pendant tout ce temps-là, c'est à qui les régalera. Quoi qu'il
en soit, dans l'occasion dont je parle, les pères et les mères
qui avoient étranglé leurs enfants les prirent entre leurs
mains, et se rangèrent des deux côtés de la cabane; les
quatorze personnes qui étoient aussi destinées à mourir
s'y placèrent de la même manière, et ils étoient suivis des
parents et des amis de la défunte, tous en deuil, c'est-à-
dire les cheveux coupés. Tous faisoient retentir les airs de

cris si affreux, qu'on eût dit que tous les diables étoient sortis des enfers pour venir hurler en cet endroit. Cela fut suivi de danses de la part de ceux qui devoient mourir, et de chants de la part des parents de la Femme-Chef.

Enfin on se mit en marche : les pères et mères qui portoient leurs enfants morts, paroissoient les premiers, marchant deux à deux : ils précédoient immédiatement le brancard où étoit le corps de la Femme-Chef, que quatre hommes portoient sur leurs épaules. Tous les autres venoient après dans le même ordre que les premiers. De dix pas en dix pas ceux-ci laissoient tomber leurs enfants par terre; ceux qui portoient le brancard marchoient dessus, puis tournoient tout autour d'eux; en sorte que quand le convoi arriva au temple ces petits corps étoient en pièces.

Tandis qu'on enterroit dans le temple le corps de la Femme-Chef, on déshabilla les quatorze personnes qui devoient mourir, on les fit asseoir par terre devant la porte, chacune ayant deux Sauvages, dont l'un étoit assis sur ses genoux, et l'autre lui tenoit les bras par derrière. On leur passa une corde au cou, on leur couvrit la tête d'une peau de chevreuil, on leur fit avaler trois pillules de tabac et boire un verre d'eau, et les parents de la Femme-Chef tirèrent des deux côtés les cordes en chantant, jusqu'à ce qu'elles fussent étranglées. Après quoi on jeta tous ces cadavres dans une même fosse qu'on couvrit de terre.

Quand le grand-chef meurt, s'il a encore sa nourrice, il faut qu'elle meure aussi. Mais il est arrivé plusieurs fois que les François, ne pouvant empêcher cette barbarie, ont obtenu la permission de baptiser les petits enfants qui devoient être étranglés, et qui, par conséquent, n'accompagnoient pas ceux en l'honneur desquels on les immoloit dans leur prétendu paradis.

Nous ne connoissons point de nation, dans ce continent, où le sexe soit plus débordé que dans celle-ci. Il est même forcé par le Soleil et les chefs subalternes à se prostituer à tout venant; et une femme, pour être publique, n'en est pas moins estimée. Quoique la polygamie soit permise, et que le nombre des femmes qu'on peut avoir ne soit pas limité, ordinairement chacun n'a que la sienne : mais il peut la répudier quand il veut, liberté dont il n'y a pourtant guère que les chefs qui fassent usage. Les femmes sont assez bien faites pour des Sauvages, et assez propres dans leur ajustement et dans tout ce qu'elles font. Les filles de la famille noble ne peuvent épouser que des hommes obscurs, mais elles sont en droit de congédier leur mari quand bon leur semble, et d'en prendre un autre, pourvu qu'il n'y ait point d'alliance entre eux.

Si leurs maris leur font une infidélité, elles peuvent leur faire casser la tête, et elles ne sont point sujettes à la même loi. Elles peuvent même avoir autant de galants qu'elles le jugent à propos, sans que le mari puisse le trouver mauvais : c'est un privilége attaché au sang du Soleil. Il se tient debout, en présence de sa femme, dans une posture respectueuse ; il ne mange point avec elle ; il la salue du même ton que ses domestiques : le seul privilége que lui procure une alliance si onéreuse, c'est d'être exempt de travail et d'avoir autorité sur ceux qui servent son épouse.

Les Natchez ont deux chefs de guerre, deux maîtres des cérémonies pour le temple, deux officiers pour régler ce qui se doit pratiquer dans les traités de paix ou de guerre ; un qui a l'inspection sur les ouvrages, et quatre autres qui sont chargés d'ordonner tout dans les festins publics. C'est le grand-chef qui donne ces emplois, et ceux qui en sont revêtus sont respectés et obéis comme il le seroit lui-même. Les récoltes se font en commun ; le Soleil en marque le jour et convoque le village. Vers la fin de juillet, il indique un autre jour pour le commencement d'une fête qui en dure trois, et qui se passe en jeux et en festins.

Chaque particulier y contribue de sa chasse, de sa pêche et de ses autres provisions, qui consistent en maïs, fèves et melons. Le Soleil et la Femme-Chef y président, dans une loge élevée et couverte de feuillages : on les y porte dans un brancard, et le premier tient en sa main une manière de sceptre orné de plumages de diverses couleurs. Tous les nobles sont autour d'eux dans une posture respectueuse. Le dernier jour, le Soleil harangue l'assemblée : il exhorte tout le monde à remplir exactement ses devoirs, surtout à avoir une grande vénération pour les esprits qui résident dans le temple, et à bien instruire les enfants. Si quelqu'un s'est signalé par quelque action de zèle, il fait son éloge. Il y a vingt ans que le feu du ciel ayant réduit le temple en cendres, sept ou huit femmes jetèrent leurs enfants au milieu des flammes pour apaiser les génies ; le Soleil fit aussitôt venir ces héroïnes, leur donna publiquement de grandes louanges, et finit son discours en exhortant les autres femmes à imiter dans l'occasion un si bel exemple.

Les pères de famille ne manquent jamais d'apporter au temple les prémices de tout ce qu'ils recueillent, et on fait de même de tous les présents qui sont offerts à la nation. On les expose à la porte du temple, dont le gardien, après les avoir présentés aux esprits, les porte chez le Soleil, qui les distribue à qui bon lui semble. Les semences sont pareillement offertes devant le temple avec de grandes cérémonies ; mais les offrandes qui s'y font, de pains et de farine, à chaque nouvelle lune, sont pour le profit des gardiens du temple.

Les mariages des Natchez ne diffèrent presque pas de ceux des Sauvages du Canada : la principale différence qui s'y trouve consiste en ce qu'ici le futur époux commence par faire aux parents de la fille les présents dont on est convenu, et que les noces sont suivies d'un grand festin. La raison pour laquelle il n'y a guère que les chefs qui aient plusieurs femmes, c'est que, pouvant faire cultiver leurs champs par le peuple, sans qu'il leur en coûte rien, le nombre de leurs épouses ne leur est point à charge. Les chefs se marient avec encore moins de cérémonie que les autres. Ils se contentent de faire avertir les parents de la fille sur laquelle ils ont jeté les yeux, qu'ils la mettent au nombre de leurs femmes ; mais ils n'en gardent qu'une ou deux dans leurs cabanes; les autres restent chez leurs parents, où leurs maris les visitent quand il leur plaît. La jalousie ne règne point dans ces mariages; les Natchez se prêtent même sans façon leurs femmes, et c'est apparemment de là que vient la facilité avec laquelle ils les congédient pour en prendre d'autres.

Lorsqu'un chef de guerre veut lever un parti, il plante dans un endroit marqué pour cela deux arbres ornés de plumes, de flèches et de casse-tête, le tout peint en rouge, aussi bien que les arbres, qui sont encore piqués du côté où l'on veut porter la guerre. Ceux qui veulent s'enrôler se présentent au chef, bien parés, le visage barbouillé de différentes couleurs, et lui déclarent le désir qu'ils ont de pouvoir apprendre sous ses ordres le métier des armes; qu'ils sont disposés à endurer toutes les fatigues de la guerre, et prêts à mourir, s'il le faut, pour la patrie.

Quand le chef a le nombre de soldats que demande l'expédition qu'il médite, il fait préparer chez lui un breuvage qui se nomme la *médecine de la guerre*. C'est un vomitif fait avec une racine bouillie dans l'eau : on en donne à chacun deux pots, qu'il faut avaler tout de suite, et que l'on rend presque aussitôt avec les plus violents efforts. On travaille ensuite aux préparatifs, et, jusqu'au jour fixé pour le départ, les guerriers se rendent soir et matin dans une place où, après avoir bien dansé et raconté leurs beaux faits d'armes, chacun chante sa chanson de mort. Ce peuple n'est pas moins superstitieux sur les songes que les Sauvages du Canada : il n'en faut qu'un de mauvais augure pour rebrousser chemin quand on est en marche.

Les guerriers marchent avec beaucoup d'ordre, et prennent de grandes précautions pour camper et pour se rallier. On envoie souvent à la découverte, mais on ne pose point de sentinelles pendant la nuit : on éteint tous les feux, on se recommande aux esprits, et on s'endort avec sécurité, après que le chef a averti tout le monde de ne point ronfler trop fort, et d'avoir toujours près de soi ses armes en bon état. Les idoles sont exposées sur une perche penchée du côté des ennemis ; et tous les guerriers, avant que de s'aller coucher, passent les uns après les autres, le casse-tête à la main, devant ces prétendues divinités. Ils se tournent ensuite vers le pays ennemi, et font de grandes menaces que le vent emporte souvent d'un autre côté.

Il ne paroit pas que les Natchez exercent sur leurs prisonniers, durant la marche, les cruautés qui sont en usage dans le Canada. Lorsque ces malheureux sont arrivés au grand village, on les fait chanter et danser plusieurs jours de suite devant le temple, après quoi ils sont livrés aux parents de ceux qui ont été tués durant la campagne. Ceux-ci, en les recevant, fondent en pleurs ; puis, après avoir essuyé leurs larmes avec les chevelures que les guerriers ont rapportées, ils se cotisent pour récompenser ceux qui leur ont fait présent de leurs esclaves, dont le sort est toujours d'être brûlés.

Les guerriers changent de nom à mesure qu'ils font de nouveaux exploits ; ils les reçoivent des anciens chefs de guerre, et ces noms ont toujours quelque rapport à l'action par laquelle on a mérité cette distinction ; ceux qui, pour la première fois, ont fait un prisonnier ou enlevé une chevelure, doivent pendant un mois s'abstenir de voir leurs femmes et de manger de la viande. Ils s'imaginent que, s'ils y manquoient, les âmes de ceux qu'ils ont tués ou brûlés les feroient mourir, ou que la première blessure qu'ils recevroient seroit mortelle, ou du moins qu'ils ne remporteroient plus aucun avantage sur leurs ennemis. Si le Soleil commande ses sujets en personne, on a grand soin qu'il ne s'expose pas trop, moins peut-être par zèle pour sa conservation, qu'à cause que les autres chefs de guerre et les principaux du parti seroient mis à mort pour ne l'avoir pas bien gardé.

Les jongleurs des Natchez ressemblent assez à ceux du Canada, et traitent les malades à peu près de la même façon. Ils sont bien payés quand le malade guérit ; mais, s'il meurt, il leur en coûte souvent à eux-mêmes la vie.

Il y a, dans cette nation, une autre espèce de jongleurs qui ne courent pas moins de risques que ces médecins : ce sont certains vieillards fainéants, qui, pour faire subsister leurs familles sans être obligés de travailler, entreprennent de procurer la pluie ou le beau temps, selon les besoins. Vers le printemps on se cotise pour acheter de ces prétendus magiciens un temps favorable aux biens de la terre. Si c'est de la pluie qu'on demande, ils se remplissent la bouche d'eau, et avec un chalumeau dont l'extrémité est percée de plusieurs trous comme un entonnoir, ils soufflent en l'air du côté où ils aperçoivent quelque nuage, tandis que, le chichikoué d'une main et leur Manitou de l'autre, ils jouent de l'un et lèvent l'autre en l'air, invitant, par des cris affreux, les nuages à arroser les campagnes de ceux qui les ont mis en œuvre.

S'il est question d'avoir du beau temps, ils montent sur le toit de leurs cabanes, font signe aux nuages de passer outre; et, si les nuages passent et se dissipent, ils dansent et chantent autour de leurs idoles, puis avalent de la fumée de tabac, et présentent au ciel leurs calumets. Tout le temps que durent ces opérations, ils observent un jeûne rigoureux, et ne font que danser et chanter; si on obtient ce qu'ils ont promis, ils sont bien récompensés; s'ils ne réussissent pas, ils sont mis à mort sans miséricorde. Mais ce ne sont pas les mêmes qui se mêlent de procurer la pluie et le beau temps : leurs génies, disent-ils, ne peuvent donner que l'un ou l'autre.

Le deuil, parmi ces Sauvages, consiste à se couper les cheveux, à ne se point peindre le visage, et à ne se point trouver aux assemblées; mais j'ignore combien il dure. Je n'ai pu savoir non plus s'ils célèbrent la grande Fête des Morts dont je vous ai donné la description; il paroît que, dans cette nation, où tout est en quelque façon esclave de ceux qui commandent, tous les honneurs mortuaires sont pour ceux-ci, surtout pour le Soleil et pour la Femme-Chef.

Les traités de paix et d'alliance se font avec beaucoup

d'appareil, et le grand-chef y soutient toujours sa dignité en véritable souverain. Dès qu'il est averti du jour de l'arrivée des ambassadeurs, il donne ses ordres aux maîtres des cérémonies pour les préparatifs de leur réception ; et nomme ceux qui doivent nourrir tour à tour ces envoyés ; car c'est aux dépens de ses sujets qu'il fait tous les frais de l'ambassade. Le jour de l'entrée des ambassadeurs, chacun a sa place marquée selon son rang ; et, quand ces ministres sont à cinq cents pas du grand-chef, ils s'arrêtent et chantent la paix.

Ordinairement l'ambassade est composée de trente hommes et de six femmes. Six des meilleures voix marchent à la tête du cortége et entonnent; les autres suivent, et le chichikoué sert à régler la mesure. Quand le Soleil fait signe aux ambassadeurs d'approcher, ils se remettent en marche; ceux qui portent le calumet dansent en chantant, se tournent de tous côtés, se donnent de grands mouvements, et font quantité de grimaces et de contorsions. Ils recommencent le même manége autour du grand-chef, quand ils sont arrivés auprès de lui ; ils le frottent ensuite avec leur calumet depuis les pieds jusqu'à la tête, puis ils vont rejoindre leur troupe.

Alors ils remplissent un calumet de tabac, et, tenant du feu d'une main, ils avancent tous ensemble vers le grand-chef, et lui présentent le calumet allumé. Ils fument avec lui, poussent vers le ciel la première vapeur de leur tabac, la seconde vers la terre, et la troisième autour de l'horizon. Cela fait, ils présentent leurs calumets aux parents du Soleil et aux chefs subalternes. Ils vont ensuite frotter de leurs mains l'estomac du Soleil, puis ils se frottent eux-mêmes tout le corps; enfin ils posent leurs calumets sur des fourches, vis-à-vis le grand-chef, et l'orateur de l'ambassade commence sa harangue, qui dure une heure.

Quand il a fini, on fait signe aux ambassadeurs, qui jusque-là étoient demeurés debout, de s'asseoir sur des bancs placés pour eux près du Soleil, lequel répond à leurs discours, et parle aussi une heure entière. Ensuite un maître des cérémonies allume un grand calumet de paix, et y fait fumer les ambassadeurs, qui avalent la première gorgée. Alors le Soleil leur demande des nouvelles de leur santé; tous ceux qui assistent à l'audience leur font le même compliment; puis on les conduit dans la cabane qui leur est destinée, et où on leur donne un grand repas. Le soir du même jour le Soleil leur rend visite; mais, quand ils le savent prêt à sortir de chez lui pour leur faire cet honneur, ils le vont chercher, le portent sur leurs épaules dans leur logis, et le font asseoir sur une grande peau. L'un d'eux se place derrière lui, appuie ses deux mains sur ses épaules, et le secoue assez long-temps, tandis que les autres, assis en rond par terre, chantent leurs belles actions à la guerre.

Ces visites recommencent tous les matins et tous les soirs, mais à la dernière le cérémonial change. Les ambassadeurs plantent un poteau au milieu de leur cabane, et s'asseyent tout autour : les guerriers qui accompagnent le Soleil, parés de leurs plus belles robes, dansent, et tour à tour frappent le poteau, et racontent leurs plus beaux faits d'armes; après quoi ils font des présents aux ambassadeurs. Le lendemain ceux-ci ont, pour la première fois, la permission de se promener dans le village, et tous les soirs on leur donne des fêtes qui ne consistent que dans des danses. Quand ils sont sur leur départ, les maîtres de cérémonies leur font fournir toutes les provisions dont ils ont besoin pour leur voyage, et c'est toujours aux dépens des particuliers.

La plupart des nations de la Louisiane avoient autrefois leur temple aussi bien que les Natchez, et dans tous ces temples il y avoit un feu perpétuel. Il semble même que les Maubiliens avoient sur tous les peuples de cette partie de la Floride une espèce de primatie de religion, car c'étoit à leur feu qu'il falloit rallumer celui que, par négligence ou par malheur, on avoit laissé éteindre. Mais aujourd'hui le temple des Natchez est le seul qui subsiste, et il est en grande vénération parmi tous les Sauvages qui habitent dans ce vaste continent, et dont la diminution est aussi considérable et a été encore plus prompte que celle des peuples du Canada, sans qu'il soit possible d'en savoir la véritable raison. Des nations entières ont absolument disparu depuis quarante ans au plus. Celles qui subsistent encore ne sont plus que l'ombre de ce qu'elles étoient lorsque M. de La Salle découvrit ce pays.

DEUXIÈME EXTRAIT DE CHARLEVOIX.

Il y avoit déjà plusieurs années que les Chichacas, à l'instigation de quelques Anglois, avoient formé le dessein de détruire de telle sorte toute la colonie de la Louisiane, qu'il n'y restât pas un seul François. Ils avoient conduit leur intrigue avec un si grand secret, que les Illinois, les Acansas et les Thonicas, à qui ils n'avoient pas osé le communiquer, parce qu'ils savoient que leur attachement pour nous étoit à toute épreuve, n'en avoient pas eu le moindre vent. Toutes les autres nations y étoient entrées, chacune devoit faire main-basse sur tous les habitants qu'on lui avoit marqués, et toutes devoient frapper le même jour, à la même heure. Les Tchactas même, la plus nombreuse nation de ce continent, et de tout temps nos alliés, avoient été gagnés, du moins ceux de l'est, qu'on appelle la grande nation; ceux de l'ouest, ou la petite nation, n'y avoient point pris de part, mais ils gardèrent long-temps le secret, et ce ne fut que par hasard qu'ils le découvrirent, et lorsqu'il étoit déjà trop tard pour donner avis à tout le monde de se tenir sur ses gardes.

M. Perrier ayant appris que les premiers avoient quelque démêlé avec M. Diron d'Artaguette, lieutenant du roi et commandant au fort de la Maubile, fit inviter les chefs de toute la nation à le venir trouver à la Nouvelle-Orléans, leur faisant espérer une entière satisfaction sur tous leurs griefs. Ils y vinrent, et après qu'ils se furent expliqués sur le sujet qui les avoit fait appeler, ils dirent au commandant général que la nation étoit charmée qu'il lui eût envoyé un officier pour résider dans leur pays, et qu'il les eût invités à le venir voir. Ils n'en dirent pas davantage, mais ils s'en retournèrent fort disposés, 1º à manquer de parole aux Chichacas à qui ils avoient promis de détruire toutes les habitations qui dépendoient du fort de la Maubile; en second lieu, à faire en sorte que les Natchez exécutassent leur projet. C'est ce que les Natchez leur ont depuis reproché en face et en présence des François, sans qu'ils aient osé le nier. On n'a jamais douté que leur dessein n'ait été de nous obliger d'avoir recours à eux, et par ce moyen de profiter et de ce que nous leur donnerions pour les engager à nous secourir, et du butin qu'ils feroient sur les Natchez.

Ainsi le commandant général étoit, sans le savoir, à la veille de voir une partie de la colonie détruite par des ennemis dont il ne se défioit point, et trahi par les alliés sur lesquels il croyoit pouvoir compter, et qui étoient en effet une de ses grandes ressources, mais qui vouloient profiter de nos malheurs. Au reste, il étoit d'autant plus aisé à ceux que les Chichacas avoient mis dans leurs intérêts de réussir dans leurs projets, qu'aucune habitation françoise n'étoit à l'épreuve d'une surprise et d'un coup de main. Il y avoit bien en quelques endroits des forts, mais, à l'exception de celui de la Maubile, ils n'étoient que de pieux dont les deux tiers étoient pourris; et, eussent-ils été en état de défense, ils ne pouvoient garantir de la fureur des Sauvages qu'un petit nombre d'habitations voisines. On étoit d'ailleurs partout dans une sécurité qui auroit mis ces Barbares en état de massacrer tous les François jusque dans les places les mieux gardées, comme il arriva le 28 de novembre aux Natchez, de la manière que je vais dire.

M. de Chépar, qui commandoit dans ce poste, s'étoit un peu brouillé avec ces Sauvages; mais il paroît que ceux-ci avoient porté la dissimulation jusqu'à lui persuader que les François n'avoient point d'alliés plus fidèles qu'eux.

Le jour destiné pour l'exécution du complot général n'étoit point encore venu ; mais deux choses déterminèrent les Natchez à l'anticiper : la première est qu'il venoit d'arriver au débarquement quelques bateaux assez bien pourvus de marchandises pour la garnison de ce poste, pour celle des Yazous, et pour plusieurs habitants, et qu'ils vouloient s'en emparer avant que la distribution s'en fît : la seconde, que le commandant avoit reçu la visite de MM. Kolly père et fils, dont la concession n'étoit pas éloignée de là, et de plusieurs autres personnes considérables ; car ils comprirent d'abord qu'en prétextant d'aller à la chasse pour donner à M. de Chépar de quoi régaler ses hôtes, ils pourroient s'armer tous, sans qu'on se défiât de rien. Ils en firent la proposition au commandant ; elle fut agréée avec joie, et sur-le-champ ils allèrent traiter avec les habitants pour avoir des fusils, des balles et de la poudre, qu'ils payèrent comptant.

Cela fait, ils se répandirent, le lundi, 28, de grand matin, dans toutes les habitations, publiant qu'ils alloient partir pour la chasse, observant d'être partout en plus grand nombre que les François. Ils chantèrent ensuite le calumet en l'honneur du commandant et de sa compagnie, après quoi ils retournèrent chacun à leur poste. Un moment après, au signal de trois coups de fusil tirés consécutivement à la porte du logis de M. de Chépar, ils firent main-basse en même temps partout. Le commandant et M. Kolly furent tués des premiers. Il n'y eut de résistance que dans la maison de M. de La Loire des Ursins, commis principal de la compagnie des Indes, où il y avoit huit hommes. On s'y battit bien. Huit Natchez y furent tués, six François le furent aussi ; les deux autres se sauvèrent. M. de La Loire venoit de monter à cheval : au premier bruit qu'il entendit, il voulut retourner chez lui, mais il fut arrêté par une troupe de Saûvages, contre lesquels il se défendit assez long-temps, jusqu'à ce que, percé de plusieurs coups, il tomba mort, après avoir tué quatre Natchez. Ainsi, ces Barbares perdirent en cet endroit douze hommes ; mais ce fut tout ce que leur coûta leur trahison.

Avant que d'exécuter leur coup, ils s'étoient assurés de plusieurs nègres, entre lesquels étoient deux commandants. Ceux-ci avoient persuadé aux autres qu'ils seroient libres avant les Sauvages; que nos femmes et nos enfants seroient leurs esclaves, et qu'ils n'auroient rien à craindre des François des autres postes, parce que le massacre se feroit en même temps partout. Il paroît néanmoins que le secret n'avoit été confié qu'à un petit nombre.

FIN DE LA DESCRIPTION.

NOTES ET CRITIQUES SUR ATALA.

Critique d'Atala, par M. de Fontanes, insérée dans le Mercure de France du 16 germinal an IX.

On se plaint quelquefois de l'uniformité répandue sur le plus grand nombre des productions modernes. Ce reproche ne sera point fait à l'ouvrage qu'on annonce : tout est neuf, le site, les personnages et les couleurs. La scène est dans un désert du Nouveau-Monde, au pied des *Apalaches*, entre les rives de l'*Ohio* et du *Meschacebé*. Les acteurs sont un jeune homme et une jeune fille sauvages avec un missionnaire chrétien. Deux amants et un prêtre soutiennent seuls l'intérêt, sans autre événement que l'amour, sans autre spectacle que ceux de la religion et de la solitude. L'auteur a tiré tous ses effets de l'énergie des sentiments et de la richesse des tableaux.

Un Sauvage de la tribu des *Natchez*, nommé *Chactas*, est le héros du roman : tel est le portrait qu'en trace l'auteur... (Voyez ATALA, pag. 24 et 25.)

Ce même Chactas trouve un jeune François qu'il adopte pour son fils, et lui raconte au clair de la lune, et dans le silence de la nuit, la principale aventure de sa vie. C'est là qu'après une magnifique description du lieu de la scène, commence l'action. Il faut se rappeler que si l'auteur retrace des passions qui sont de tous les temps et de tous les lieux, il décrit des mœurs, une nature et des nations tout-à-fait inconnues. Ses peintures et son style doivent avoir quelque chose d'extraordinaire, comme les montagnes, les prés et les torrents près desquels ses personnages sont placés.

Chactas, dans sa jeunesse, est fait prisonnier par les *Muscogulges*, avec qui les Natchez sont en guerre. Il est condamné, selon l'usage de ces peuplades, à mourir sur un bûcher. Il rend compte, avec la naïveté de l'homme de la nature, de tout ce qu'il voit et de tout ce qu'il sent. On citera beaucoup; c'est le plus sûr moyen de plaire au lecteur, et de ne point interrompre l'intérêt de ce récit. (Voyez ATALA, pag. 31 et 34.)

On devine déjà que, malgré la différence des religions, la jeune fille sauve le jeune prisonnier. Tous deux s'éloignent des lieux habités, et s'enfoncent dans le désert. Leur amour s'y développe avec toute la violence que lui donnent la jeunesse, le malheur et la solitude : mais la religion est plus puissante que toutes les séductions réunies, elle combat dans le cœur d'Atala des désirs toujours prêts à l'entraîner. Atala, jusqu'au dénoûment, semble accablée du poids d'un secret qu'elle veut et qu'elle n'ose dire. Rien n'est plus vif et plus doux, plus passionné et plus chaste à la fois, que les détails de cet amour singulier entre deux êtres que tout attire l'un vers l'autre, et qui pourtant sont éloignés par un obstacle inconnu.

Cependant Atala devient plus foible d'heure en heure contre le charme qui l'entraîne.

Un orage terrible, tel qu'on en voit dans ces régions sauvages du Nouveau-Monde, écarte les deux amants de leur route, et menace leur vie. Ils se croient loin de tout secours; quand un pauvre missionnaire, nommé le père *Aubry,* les aborde, et vient les sauver. Voici comme Chactas peint l'apparition de ce nouveau personnage. (Voyez ATALA, pag. 72 et suiv.)

On reconnoît à ce tableau les mœurs bienfaisantes de ces pieux anachorètes qui, naguère encore, sur le mont Saint-Bernard, ont mérité la reconnoissance et l'amitié des soldats de Buonaparte. Le sujet amenoit naturellement l'éloge des anciens missionnaires dont l'héroïsme, les travaux et les leçons vivent encore au milieu de quelques-unes de ces tribus sauvages. Le grave Montesquieu, dans l'*Esprit des Lois*; Raynal lui-même, au milieu de toutes ses déclamations anti-religieuses, vantent l'un et l'autre ces prêtres législateurs qui gouvernèrent avec tant de sagesse les habitants du Paraguay. Le père Aubry est du même ordre qu'eux; il a suivi les mêmes principes dans la fondation de sa petite colonie.

Chactas, qui admire déjà le pouvoir de la religion sur le plus fougueux des désirs, l'aime bien plus en la voyant répandre tous ses bienfaits autour des huttes d'un peuple sauvage qu'elle éclaire et qu'elle adoucit.

Tandis qu'Atala se repose de ses fatigues, Chactas suit un moment le bon prêtre dans le hameau soumis à ses lois, et contemple de plus près tous les prodiges du christianisme. (Voyez ATALA, pag. 81 et suiv.)

Le lecteur aura sans doute remarqué la description si touchante de cette messe célébrée au milieu des déserts et le baptême de l'enfant au milieu des fleurs, et les souvenirs des antiques migrations et des premières familles du genre humain.

Mais Chactas retourne à la grotte du Solitaire, et trouve Atala mourante, dont le secret s'échappe enfin et qui parle ainsi.... (Voyez ATALA, pag. 91 et suiv.)

On n'a rien voulu dérober à l'effet de ce tableau : on l'a montré dans tout son ensemble ; et ceux qui ont de l'âme et de l'imagination ne peuvent se plaindre de la longueur des morceaux qu'on a cités. Au milieu de tant de traits pathétiques, on aura surtout remarqué les discours du vénérable ermite : ils sont sublimes et tendres comme la religion qui l'inspire ; on y trouve des phrases jetées à la manière de Bossuet, celle-ci, par exemple : *Les reines ont été vues pleurant comme de simples femmes, et l'on s'est étonné de la quantité de larmes que contiennent les yeux des rois.* Cette réflexion est d'autant mieux placée, que l'ermite est le contemporain de Charles 1er, de sa veuve et de ses enfants.

L'ouvrage se termine par un épilogue qui est lui-même une sorte de petit poëme. L'auteur s'y met en scène, et trouve une Indienne qui lui apprend que Chactas et le missionnaire sont morts non loin du tombeau d'Atala. L'épilogue achève et complète l'effet du roman.

L'auteur est le même dont on a déjà parlé plus d'une fois, en annonçant son grand travail *sur les Beautés morales et poétiques du Christianisme.*

Celui qui écrit, l'aime depuis douze ans, et il l'a retrouvé d'une manière inattendue après une longue séparation; mais il ne croit pas que les illusions de l'amitié se mêlent à ses jugements.

Tous les lecteurs, si je ne me trompe, trouveront dans ce roman toute l'empreinte du talent le plus original. Il est possible de reprocher quelquefois trop d'éclat et de luxe à cette imagination si brillante et si féconde; mais ce défaut dans un jeune écrivain est si excusable, et peut si facilement se corriger! Heureux celui qui, dans tous les genres, n'a besoin que d'être plus économe de ses richesses! Au reste, quelles que soient les observations des juges les plus sévères, la profondeur et le charme des sentiments, la naïveté des mœurs, la magnificence et la nouveauté des images, l'élévation des pensées et la beauté de la morale défendront assez contre la critique cette production d'un genre tout nouveau.

L'intérêt que mérite le talent de l'auteur redouble encore par celui qu'inspirent ses malheurs.

Les talents qui nous restent aujourd'hui sont trop rares pour les éloigner plus long-temps ; ils n'ont jamais été les ennemis de la France qui peut seule leur donner des suffrages dignes d'eux, et dont ils augmentent la gloire. Il ne faut pas que les muses françoises soient errantes chez les Barbares. Puissent-elles se rassembler enfin de tous côtés autour du pouvoir réparateur qui essuiera toutes leurs larmes, en leur préparant un nouveau siècle de gloire !

Extrait d'une critique d'Atala, *signée* Y, *dans la* Décade philosophique, littéraire et politique, *du* 10 *floréal an* IX.

J'ai entendu vanter *Atala* dans quelques sociétés, je l'ai vu prôné dans plusieurs journaux, et je n'étois point encore convaincu que ce fût un bon ouvrage : je l'ai lu..... et cette lecture m'a convaincu seulement qu'il ne falloit pas toujours s'en rapporter aux jugements des sociétés, ni aux apothéoses des journalistes.

Ainsi qu'en sots auteurs,
Notre siècle est fécond en sots admirateurs.

SUR ATALA.

J'ignore et veux ignorer les motifs secrets d'un enthousiasme qui me paroît indépendant du mérite de ce petit ouvrage. Quant à moi, je parlerai d'*Atala* parce qu'on en parle, et je dirai bonnement ce que j'en pense parce que je ne dis jamais autrement.

Un roman, comme une pièce de théâtre, à moins qu'ils ne signifient absolument rien, roulent ordinairement sur une situation principale, une idée mère, dont l'expression peut se réduire à une proposition, à un problème unique. Les combinaisons morales, réduites à des termes aussi simples, ne sont pas si nombreuses qu'on seroit tenté de le croire : aussi n'est-ce point à titre de censure que je remarquerai que la fable d'*Atala* est au fond absolument la même que celle de *Zaïre* de Voltaire. Atala, comme Zaïre, est une chrétienne amante d'un infidèle : qui l'emportera de la religion ou de l'amour ? voilà le problème.

Quand un auteur choisit un fond déjà connu, il a soin d'en changer les accessoires, de varier les teintes locales . . . .

L'auteur d'*Atala* a transporté la scène de son drame dans l'Amérique septentrionale, sur les bords du Mississipi, qu'il appelle du nom plus agréable, et sans doute plus exact, de *Meschacebé*, circonstance qui lui fournit l'occasion de peindre une nature étrangère, qu'il dit avoir lui-même visitée : ce qu'on croit sans peine, quand on voit la richesse et la vivacité de ses couleurs. En voici quelques exemples.... (Voyez ATALA, pag. 20 et suiv.)

Il y a là-dedans de la fraîcheur, de l'abondance, de la grâce. Des descriptions de ce genre sont répandues dans le reste du roman; l'auteur peint d'autres sites, d'autres aspects, des déserts, des clairs de lune, des orages : on s'aperçoit qu'il a souvent pensé à *Paul et Virginie;* mais il auroit dû remarquer que, dans *Paul et Virginie,* ce n'est pas le héros de l'aventure dont l'âme auroit été oppressée de trop de souvenirs, qui s'amuse à décrire : c'est une personne étrangère, qui, se mettant à la place de l'auteur, peut se livrer à des détails qui sentent l'auteur... [1].

Il y a de la naïveté, du sentiment, une touchante simplicité dans la scène suivante, qui prouve que l'auteur n'est pas moins habile à décrire les mœurs que les sites. (Voyez ATALA, pag. 31 et 32.)

Il étoit à désirer que l'auteur eût toujours été guidé, en décrivant, par un goût aussi pur. On ne rencontre que trop souvent les traits dont il auroit pu faire le sacrifice, sans beaucoup nuire à ses descriptions. Tantôt ses deux héros sont *aveuglés par d'énormes chauves-souris;* tantôt ils mangent des mousses appelées *tripes de roches;* dans un endroit on voit des *ours enivrés de raisins, qui chancellent sur les branches des ormeaux*..... [2].

---

[1] Singulière inadvertance du critique, qui ne s'est pas aperçu que c'était l'auteur lui-même qui parloit dans cette description. Chactas n'a pas encore commencé son récit.   (NOTE DES ÉDIT.)

[2] L'auteur a répondu à tous ces reproches en montrant que les critiques ont pris pour des jeux de son imagination, ce qui n'étoit que des faits réels, attestés par tous les voyageurs.

(NOTE DES ÉDIT.)

Cependant le *jongleur* invoque *le ciel* (ce n'est point encore du prêtre catholique qu'il est question) : on prépare la cérémonie religieuse où l'on doit massacrer Chactas. Atala devient amoureuse de lui, ce qui est fort bien sans doute, mais n'offre aucune nouveauté de situation. Elle le délivre, et, pour ne point devenir victime elle-même, s'enfuit avec lui.

Les premiers essais pour fuir, la peinture des transes, des alternatives de crainte, d'espoir, d'amour, de remords qui tourmentent ces innocents fugitifs, enfin la chaleur de leur pudique amour, présentent des développements admirables. Atala, élevée dans la foi chrétienne, fidèle à un vœu de virginité dans lequel sa mère s'est fort sottement engagée pour elle, est dans une situation attachante, et que *François-Auguste Chateaubriand* a heureusement développée en auteur très-profane, mais plein de verve. Voici quelques citations; c'est Chactas qui parle..... (Voyez ATALA, pag. 35 et suiv.)

Voilà de la nature, voilà de la vérité et de la chaleur. Quand on a des talents, ce sont les seuls guides qu'il faille choisir; mais on a un système à soutenir, un but à atteindre, et, pour y parvenir, il faut forcer les événements, se jeter dans un monde mystique, et décrire des scènes étrangères, extravagantes, que certaines gens ont voulu nous faire prendre pour le comble du sublime...

Le romancier présente ensuite un tableau des cérémonies du culte chrétien, comme il a fait pour celles du culte *muscogulge*. On a blâmé à tort, selon moi, la description d'une messe célébrée en plein air. Ce mystère est ici représenté avec toute la grandeur qu'il peut admettre, et ce qu'il a de ridicule[1] est sauvé avec assez d'adresse. Ce n'est point une prière insignifiante, marmotée en langue étrangère et mêlée d'attitudes et de gestes bizarres; ce n'est point un Dieu qu'on boit et qu'on mange; c'est seulement un Dieu qui descend en esprit sur la terre, pour répondre à l'invocation des hommes; c'est au moment où le soleil, précédé de l'aurore, embrase les portes de l'orient. (Voyez ATALA, pag. 85.)

Cela est beau, très-beau, dans quelque croyance qu'on soit, et cela restera beau, quelque changement qui s'opère dans les opinions et dans les mœurs.

Le reste de l'ouvrage paroît être au contraire une satire de cette religion qu'il a voulu préconiser. Atala s'empoisonne quoique chrétienne, et le prêtre lui fait le plus sot et le plus ennuyeux sermon qu'on puisse imaginer, un sermon de dix pages, dans lequel il prouve à cette personne mourante, pendant qu'elle se débat dans les angoisses du poison, que *tous ses malheurs viennent de son ignorance;* que la vie qu'elle perd *est bien peu de chose;* qu'en Europe cela va bien plus mal, et que des reines ont été vues *pleurant comme de*

[1] Cette expression et quelques autres que l'on remarquera dans cet article, rappellent comment certains critiques écrivoient en l'an IX de la république.

simples femmes; qu'elle se seroit infailliblement brouillée avec son mari; que c'étoit un beau mariage que celui d'*Adam* et *Ève;* que celui d'*Abraham* ne le valoit pas; que *les plaisirs de la chair ne sont que des douleurs,* et qu'en conséquence elle doit remercier la *bonté divine* (comme s'il y avoit de quoi); que *l'amour n'étend point son empire sur les vers du cercueil;* que si elle revenoit à la vie, elle verroit son amant infidèle: *tant l'inconstance est naturelle à l'homme; tant notre vie est peu de chose, même dans le cœur de nos amis!....*

Idée atroce, fort développée par le missionnaire, qui a dit auparavant: *Si un homme revenoit à la lumière quelques années après sa mort, je doute qu'il fût revu avec joie par ceux-là même qui ont versé le plus de larmes sur sa tombe!....*

J'ai fait grâce au lecteur de cette vilaine exhortation, dont le vénérable père Aubry n'a pas fait grâce à sa pénitente, etc., etc. [1].

[1] Croiroit-on qu'il s'agit ici de ce discours du père Aubry, de ce discours regardé par La Harpe, Fontanes, MM. Dussault, Clément, etc., comme un modèle d'éloquence?

(Note des édit.)

*Critique d'*Atala, *par M. Dussault, dans le* Journal
des Débats, *du 27 germinal an IX.*

Il y a des ouvrages dont on ne peut bien juger
quand on les considère isolément. Il faut, pour les
apprécier, avoir égard aux circonstances qui les
ont fait naître, ne point les séparer des accessoires
qui les accompagnent, se rappeler toujours dans
quelles vues ils ont été conçus, et même compter
pour quelque chose, et faire entrer dans la balance le nom et la destinée de leur auteur. Tel est
le roman ou le poëme qui vient de paroître sous
le titre d'*Atala*. Les longues infortunes de l'écrivain
à qui nous le devons; le vaste plan de morale et
de philosophie religieuse dont ce petit ouvrage fait
partie, les voyages presque héroïques, les expé-
riences courageuses et les pénibles observations
dont il est le fruit, tout, indépendamment du talent d'exécution, lui donne un caractère qui le met
à une distance immense des productions qu'on
pourroit naturellement lui comparer.

Quand on ne sauroit pas que l'auteur d'*Atala*
s'occupe d'un ouvrage où il se propose d'exposer
les beautés poétiques et morales du christianisme,
il seroit facile de s'apercevoir que cet essai n'est
que l'ébauche d'une grande idée, ou plutôt d'un
grand sentiment, qui demande un cadre plus
vaste, et des développements plus étendus, plus
variés et plus riches. *Atala* n'est qu'un petit tableau,
composé d'après des principes aussi neufs que

féconds : c'est une miniature qui laisse entrevoir la pensée du peintre; c'est une première expérience d'une théorie dont les éléments seront bientôt mis dans un plus grand jour.

Depuis que le christianisme a été relégué parmi ces institutions qu'on peut examiner avec tout le sang-froid de la philosophie, l'attention des hommes qui pensent s'est dirigée vers ce nouvel objet d'observations. Les sarcasmes et les plaisanteries, les déclamations et les diatribes ont fait place à l'esprit de réflexion et de sagesse ; on a cessé d'exagérer le mal ; on a voulu se rendre compte du bien ; on a pesé avec plus de justice les abus et les avantages, les bons et les mauvais effets ; on a écarté les préjugés et les préventions de tout genre; et ce qui n'avoit été jugé que par la haine ou par l'enthousiasme, a subi l'examen de la raison. Tel est le sort de tous les établissements que les siècles ont consacrés. Pendant qu'ils subsistent, ils sont rarement appréciés par l'impartialité. Ils sont attaqués avec fureur et défendus avec maladresse : mais les passions se taisent sur leurs ruines. Quand ils sont renversés, on contemple leurs vastes débris d'un œil moins prévenu, et la vérité tardive prononce enfin un jugement qui n'excite quelquefois que de vains et stériles regrets. Le moment est venu où, sous la protection d'un gouvernement éclairé, il est permis de se livrer à des spéculations qu'en d'autres temps on eût taxées de fanatisme. Un monument qui a duré près de vingt siècles, une institution qui, pendant un si long espace de temps, a modifié la destinée et la condition de presque tous les peuples du monde, est digne sans doute des méditations du philosophe. Il seroit absurde qu'on ne pût en appeler de la sentence de ceux qui l'ont enveloppée dans leur vaste plan de bouleversement et de destruction universelle.

Je ne prétends pas juger d'avance le système de l'auteur du *Génie du Christianisme;* mais quand on réfléchit aux heureux sujets de toute espèce que cette religion a fournis aux arts de l'imagination, quand on considère les richesses que la peinture, la poésie et l'éloquence ont tirées de cette mine nouvelle, on sent une prévention en faveur de la théorie de M. de Chateaubriand. C'est cette religion qui animoit la voix de ces Pères de l'éloquence chrétienne, dont les discours sont placés par les gens de goût à côté des Cicéron et des Démosthène; c'est elle qui, parmi nous, a élevé si haut les Massillon et les Bossuet; elle dicta le plus beau poëme des temps modernes; elle conduisit le pinceau d'un Raphaël, et lui inspira son chef-d'œuvre; c'est dans les asiles solitaires des anachorètes, qu'un Le Sueur alla chercher les modèles de ces vertus paisibles et silencieuses qu'il sut exprimer avec un si prodigieux talent. Si le christianisme enflammoit le génie des artistes, il n'étoit point, comme on l'a voulu dire, l'ennemi des arts; l'Europe les lui doit en partie; ils sont nés, ils ont fleuri sous sa protection; et Rome ne s'honore pas moins des monuments dont la religion chrétienne l'a embellie, que des chefs-d'œuvre que l'antiquité lui a légués. La mythologie pouvoit être une source plus féconde de beautés poétiques; mais si le christianisme doit lui céder à cet égard, il lui reste bien encore de quoi se consoler.

Atala devient une nouvelle preuve de cette vérité qu'on se plaît à contester. Cet ouvrage tire son intérêt, non pas du fond d'une action assez foible, mais des effets que l'auteur a su produire par l'intervention des idées religieuses. Il s'est proposé, comme il le dit lui-même, de peindre la religion, première législatrice du Sauvage; les dangers de l'ignorance et de l'enthousiasme religieux, opposés aux lumières, à la tolérance, au véritable esprit de l'Évangile; les combats des passions et des vertus dans un cœur simple; enfin, le triomphe du christianisme sur le sentiment le plus fougueux, et la crainte la plus terrible, l'amour et la mort. Quand on voit la plupart des romanciers avoir recours à tous les artifices de l'imagination, accumuler incidents sur incidents, épuiser toutes les ressources de leur art pour produire beaucoup moins d'effet, on est obligé de reconnoître que les ressorts qu'il fait agir, quoique beaucoup plus simples, sont beaucoup plus puissants, et qu'il a ouvert la mine la plus riche et la plus profonde que le génie puisse exploiter. Il ébranle la sensibilité, il fait couler les larmes, il déchire le cœur, sans tourmenter ou révolter l'esprit par la complication des aventures et les surprises du merveilleux. Un prêtre, un Sauvage et son amante, sont les seuls personnages de ce drame éloquent, où le pathétique est poussé au dernier degré.

Les accessoires, le lieu de la scène contribuent beaucoup, il est vrai, à l'effet général du tableau; c'est parmi ces grands fleuves de l'Amérique septentrionale, au bord de ces lacs et de ces antiques forêts du Nouveau-Monde, au pied des monts Apalaches, qu'il transporte son lecteur. Ce spectacle, d'une nature rude et sauvage anime et rend plus intéressant celui d'une religion qui vient y répandre ses premiers bienfaits; la magnificence des descriptions ajoute à la force des sentiments, et l'on s'aperçoit bien que ces peintures si vives et si énergiques ne sont pas des copies : l'auteur a vu ce qu'il peint, il a parcouru lui-même les lieux qu'il décrit. C'est sous les yeux de la nature, c'est à l'aspect de ses beautés, d'autant plus imposantes qu'elles sont plus incultes, qu'il a saisi ses crayons pour dessiner les traits majestueux dont ses regards étoient frappés. Il a su trouver ce point où les effets physiques et les effets moraux se fortifient mutuellement; on ne pourroit lui reprocher que de se livrer avec trop peu de retenue aux attraits du style descriptif, de ne pas varier assez ses teintes, et peut-être d'altérer quelquefois, par des couleurs un peu trop chargées, les formes de son modèle.

Le style descriptif a été singulièrement perfectionné dans ce siècle; les Buffon, les Rousseau, les Saint-Pierre ne laissent rien à désirer en ce genre : il semble qu'à mesure que les ressources de la poésie commençoient à s'épuiser, la prose ait voulu y suppléer. On sent, en lisant le *Télémaque*, que l'illustre auteur de ce bel ouvrage n'avoit vu la nature que dans les poëmes d'Homère et de Virgile : les grands écrivains de notre siècle l'avoient eux-mêmes étudiée ; ce sont leurs propres sensations qu'ils rendent lorsqu'ils la peignent, et leurs tableaux ont une vérité, une fraîcheur, une énergie et une originalité qui ne peuvent jamais être le fruit des seules études du cabinet. Homère et Virgile leur ont sans doute appris à voir la nature ; mais ils ont mis leurs préceptes en pratique, au lieu de se borner à copier leurs descriptions. Ils ne se sont pas fiés aux yeux d'autrui, ils ont vu par eux-mêmes : aussi peut-on les regarder comme de véritables poëtes, très-supérieurs à ceux qui ne font qu'astreindre à la mesure des vers leurs confuses réminiscences, et qui défigurent, dans leurs prétendus tableaux, les beautés de la nature qu'ils n'ont jamais ni étudiée ni sentie. Je connois tel poëme célèbre dans lequel il y a cent fois moins de poésie que dans quelques pages de Rousseau ou de Saint-Pierre.

L'auteur d'*Atala* paroît avoir bien des rapports avec ce dernier ; et je ne doute même pas que les *Études de la Nature* n'aient beaucoup contribué à développer ses idées et son talent. Ils ont peint tous deux une nature étrangère : l'un nous a transportés sous le ciel de l'Afrique ; l'autre nous ouvre le spectacle de l'Amérique. Ils se sont l'un et l'autre proposé un grand but moral, et semblent avoir été guidés par les mêmes principes et les mêmes sentiments ; mais l'auteur de *Paul et Virginie* est plus doux, plus coulant, plus châtié; celui d'*Atala*, plus nerveux, plus fort, plus énergique : l'un ménage ses couleurs avec un goût exquis et un art d'autant plus merveilleux qu'il paroît moins ; l'autre les répand et les prodigue avec une profusion et une abondance qui nuisent quelquefois à l'effet : l'un est plus sage et plus retenu ; l'autre plus hardi et plus impétueux. L'auteur de *Paul et Virginie* accorde plus aux idées morales, celui d'*Atala* aux idées religieuses : le premier a honoré la religion avec transport, en censurant ses ministres avec amertume; le second honore à la fois et confond dans les mêmes hommages, et le dogme et le culte, et les ministres et la religion. Dans *Paul et Virginie*, un prêtre devient la cause indirecte, mais toujours odieuse, de la fatale catastrophe; dans *Atala*, c'est un prêtre qui répare tous les maux causés par les passions, l'ignorance et le fanatisme. L'ouvrage de Bernadin de Saint--Pierre se ressent de ces temps où dominoient la satire anti-religieuse et l'esprit d'innovation; celui de M. de Chateaubriand, d'une époque où la piété, la commisération et la vraie philosophie lui ont succédé.

Je voudrois appuyer de citations et d'exemples ce que j'ai dit de ce nouvel ouvrage; mais il est déjà trop connu pour qu'il soit nécessaire d'en présenter des extraits : les éloges sont déjà justifiés par la voix publique. Je me bornerai donc à citer un passage qui justifiera peut-être la critique que j'ai hasardée. Il me paroît, comme j'ai osé l'avancer, que l'auteur détruit quelquefois l'effet de ses plus belles peintures par un excès de force et d'énergie. Il décrit une messe dans le désert : « L'aurore, paroissant derrière les montagnes, enflammoit le vaste orient. Tout étoit d'or ou de rose dans la solitude ; les ondes répétoient les feux colorés du ciel et la dentelure des bois et des rochers qui s'enchaînent sur leurs rives. L'astre annoncé par tant de splendeur sortit enfin d'un abîme de lumière, et son premier rayon rencontra l'hostie consacrée que le prêtre en ce moment élevoit dans les airs. » Cette dernière circonstance, ce dernier trait par lequel l'auteur achève son tableau, est, contre son intention, très-petit et très-mesquin : ce rapprochement du lever du soleil et de la consécration n'est pas heureux et paroît forcé[1] ; il a quelque chose de recherché, et la recherche est toujours l'antipode du sublime.

Au reste, on est bien dédommagé de quelques fautes par des beautés sans nombre, par un style qui anime et vivifie tout, et dont la rudesse même est une grâce de plus dans un sujet de ce genre. Ce petit ouvrage fait désirer encore davantage celui dont il est détaché.

---

[1] Le critique a lui-même rétracté ce jugement dans un autre numéro du *Journal des Débats*. (Note des édit.)

*Extrait de la Critique d'*Atala, *par le* Publiciste, 27 *germinal an IX.*

Un ouvrage attendu, annoncé avec éclat, ne peut guère paroître, dans le premier moment, ni médiocrement bon, ni médiocrement mauvais. Ou l'amour-propre des lecteurs élève le prix de cet ouvrage, qui doit l'indemniser des frais de l'attente, ou il se console par la critique, de la contrariété d'avoir vu son attente trompée. Le roman que nous annonçons ne devoit rien redouter de ce dernier calcul, et n'avoit pas besoin de l'autre : quelques éclairs échappés déjà au talent de l'auteur avoient fait accueillir avec de grandes espérances ce petit ouvrage, et l'ouvrage a répondu aux espérances qu'on avoit conçues. Nous ne dirons que peu de mots de la fable. . . . .
. . . .

Quelque peu compliqués que paroissent les événements, on pressent facilement combien de situations touchantes ils ont pu fournir à la plume éloquente de l'auteur ; mais ce qu'on ne se représentera point, ce qu'il est difficile de rendre, ce sont les couleurs dont il a su peindre une foule de tableaux divers, créés par une imagination brillante, nourrie de toutes les idées poétiques, exaltée par la religion et la solitude, et dirigée par un talent qui sait choisir et disposer ses matériaux; faire ressortir l'un par l'autre, et créer ces effets qu'on admire en raison de la simplicité des moyens

qui les ont produits. Les singularités du Nouveau-Monde y sont retracées et embellies par les arts du monde ancien; et des scènes dont nous n'avions pas d'idée sont rendues sensibles à notre imagination, sans le secours d'aucun objet de comparaison qui puisse lui aider à les saisir. Il faut citer pour se faire comprendre ; nous choisirons pour cela le passage de la description de la Floride. . . . .
. . . .

C'est ainsi qu'après de vives et sensibles images, représentées avec le degré d'illusion que comportent les objets propres au sens de la vue, il termine sa description par des esquisses vagues d'objets indéterminés, en laissant à l'imagination le soin d'achever un tableau que tout l'art de la parole ne sauroit plus embellir. Ce sont là non-seulement les ressources de cet art, mais encore les véritables secrets de tous les arts. Qu'on joigne à cette peinture la première promenade des deux amants, surtout la description de la messe célébrée sur un rocher, et d'autres passages qu'on remarquera facilement dans l'ouvrage même, et l'on comprendra tout le charme attaché à une lecture où l'on puise successivement des impressions si douces et si variées.

Il en faut convenir cependant, toutes ces impressions ne sont pas également désirables; l'imagination de l'auteur lui fait adopter quelquefois des expressions figurées qui ne présentent rien d'assez sensible, et quelquefois aussi des images dont les parties ne sont pas bien d'accord. D'un autre côté, ce mélange des styles, que l'auteur paroît regarder comme un avantage, ne sert souvent qu'à refroidir l'illusion, parce qu'il est contraire à la vérité. C'est un Sauvage qui parle, un Sauvage, il est vrai, à demi civilisé. Que les idées enfantées par la civilisation, et les sensations qu'il a conservées de l'état de la nature, se modifient l'une par l'autre dans son langage comme dans ses affections, à la bonne heure; mais le même homme ne peut tour à tour raisonner comme un Européen, et sentir comme un Sauvage. Celui qui prête une *voix* aux fleuves, et une *âme* à la solitude, ne s'amusera point à définir le premier regard de celle qu'il va aimer. Enivré d'amour à ses pieds, il peut s'y pénétrer d'admiration, mais il ne cherchera pas à démêler dans ses traits *ce caractère d'élévation et de force morale, ce je ne sais quoi de vertueux et de passionné dont l'attrait étoit irrésistible* : ceci est d'un Sauvage qui contemple la nature en amant, et sa maîtresse en observateur.

Une critique rigoureuse pourroit relever quelques invraisemblances dans la conduite du roman. On pourroit aussi reprocher à l'auteur de se tromper quelquefois sur la nature des émotions que l'on doit chercher à exciter : il peint, par exemple, avec trop de vérité les tourments que les Sauvages font éprouver à leurs prisonniers, et les images dont il environne la mort, prises en général dans l'idée de la destruction plutôt que dans le sentiment des regrets, sont poussées jusqu'à des détails difficiles à supporter. Lorsque l'auteur, pour peindre le zèle du missionnaire, dit que *tous ses vieux os s'étoient ranimés par l'ardeur de la charité*, cette image est-elle bien naturelle et bien heureuse ? et lorsqu'il représente *Atala* mourante, communiant des mains du missionnaire, et qu'il ajoute : *sa langue vient, avec un respect profond, chercher le Dieu que lui présente la main du prêtre*, n'y a-t-il pas dans ce tableau quelque chose qui contrarie l'effet que l'auteur a voulu produire ? D'ailleurs, les idées religieuses sont présentées dans l'épisode du missionnaire avec une magnificence dont nous avons peu d'exemples : le caractère de ce vieillard montre ce que peut offrir de plus frappant, l'enthousiasme du christianisme uni à la tolérance, la vertu adoucie par la sensibilité. Enfin, l'effet général de l'ouvrage est un sentiment de plaisir et d'entraînement, et les défauts sont des exceptions que la critique est obligée de remarquer : le talent de l'auteur est trop riche de ses propres ressources, pour qu'il soit pénible de lui indiquer quelques erreurs, quelques taches qu'on est fâché d'observer dans la réunion des dons brillants qui ont valu à ses premiers essais des éloges si flatteurs.

Observations critiques sur Atala, *par A. Morellet.*

Après les mauvais ouvrages, il n'y a point de cause plus active de la propagation du mauvais goût, que les éloges exagérés qu'on donne aux bons, soit qu'on y loue avec excès ce qu'il y a de bien, soit qu'une indulgence trop grande en approuve et en justifie jusqu'aux défauts mêmes.

Il est bien vrai que cette disposition à l'indulgence n'est pas la plus commune parmi nous; le dénigrement est beaucoup plus général, et nous péchons aussi par ce côté : mais il faut éviter l'un et l'autre écueil; et c'est un excès du premier genre que je me propose de combattre ici.

Ces réflexions se sont présentées à moi, à l'occasion du petit roman nouveau qui a pour titre *Atala*, qu'on dévore et qu'on loue à l'égal de *Clarisse* et de *la Nouvelle-Héloïse*, et dans lequel je trouve, parmi plusieurs beautés, beaucoup de défauts : et, comme on le vante, à mon avis, beaucoup trop, j'entreprends, pour l'instruction des romanciers à venir, d'en relever ici les fautes. Si j'appuie un peu fortement sur ce côté de la balance, ce ne sera que pour rétablir un juste équilibre.

Quoi, dira-t-on, déployer la sévérité de la critique contre un roman où se montrent une imagination brillante et féconde, des intentions estimables, une morale douce et bienfaisante, et dans lequel on ne peut méconnoître des beautés de plus d'un genre! Il faut pour cela n'avoir point de sensibilité.

Eh! mesdames, vous vous trompez. Quoique je critique *Atala, mon sein n'enferme point un cœur qui soit de pierre :* je pleure tout comme un autre, mais ce n'est qu'à bon escient et pour de bonnes raisons; et quand je m'attendris, je veux savoir pourquoi.

Je vous dirai ce qui retient ou sèche quelquefois mes larmes, en lisant des ouvrages qui vous causent de si vives émotions.

C'est l'affectation, l'enflure, l'impropriété, l'obscurité des termes et des expressions, l'exagération dans les sentiments, l'invraisemblance dans la conduite et la situation des personnages, les contradictions et l'incohérence entre les diverses parties de l'ouvrage, enfin, et en général, tout ce qui blesse le goût et la raison; ingrédients nécessaires de tout ouvrage, depuis la discussion philosophique la plus profonde, jusqu'aux contes des fées inclusivement.

Je ne crois pas qu'en aucun genre d'ouvrages, on puisse se dispenser d'être vrai de la vérité qui convient au genre; d'éviter l'enflure et l'exagération, qui sont une fausseté toujours contraire à l'effet; d'être toujours clair, puisqu'on n'écrit que pour être entendu; d'être d'accord avec soi-même, et de tenir ses personnages d'accord avec leur caractère, parce que, sans cela, il n'y a ni intérêt ni plaisir; et enfin, d'être toujours raisonnable, parce que la raison est la règle universelle à laquelle il faut que toute composition se rapporte : et je suis convaincu que, tant que la critique ne fait qu'applaudir à l'observation de ces règles, et blâmer ceux qui les violent, elle est utile et nécessaire, et mérite l'approbation et les encouragements de tous ceux qui aiment les lettres et la vérité.

L'auteur d'*Atala* lui-même a trop d'esprit pour contester ces maximes; mais il a espéré qu'on ne les invoquerait pas contre lui à la rigueur : il a pu croire,

« Qu'en examinant tout ce qu'il a fait entrer dans un si petit cadre ; en considérant qu'il n'y a pas une circonstance intéressante des mœurs des Sauvages qu'il n'ait touchée, pas un bel effet de la nature qu'il n'ait décrit, etc.; en faisant attention aux difficultés qu'il a dû trouver à soutenir l'intérêt dramatique entre deux seuls personnages ; en remarquant enfin que, dans la catastrophe, il ne s'est soutenu, comme les anciens, que par la force du dialogue, ces considérations mériteroient quelque indulgence du lecteur, pour un écrivain qui s'efforce de rappeler la littérature à ce goût antique, trop oublié de nos jours. »

Cette notice de l'ouvrage est assez favorable pour faire beaucoup mieux que d'obtenir l'indulgence du lecteur, puisqu'elle présente un éloge véritable, mérité, si l'on veut, mais assez flatteur. Or, comme elle est de l'auteur lui-même, elle prouve, ce me semble, qu'il a cru échapper à la critique, soit parce qu'on ne pourroit trouver dans son ouvrage que des taches légères, soit parce que les beautés y seroient assez nombreuses et assez frappantes pour en couvrir les défauts.

Mais les espérances de ce genre, que nourrissent quelquefois les jeunes écrivains, sont souvent trompeuses ; et je dirois volontiers à ceux qui peuvent craindre des censeurs plus éclairés et plus sévères que moi :

> Mais quoi ! l'homme aux cent yeux n'a pas fait sa revue :
> Jusque-là, pauvre cerf, ne te vante de rien.

Je ne suis point l'homme aux cent yeux ; mais après avoir entendu louer *Atala* avec un enthousiasme dont l'expérience m'a appris à me défier, je l'ai lu avec attention ; et, parmi les beautés que je crois avoir senties comme un autre, j'ai cru voir que l'auteur s'est laissé aller à beaucoup de fautes, et je vais en relever quelques-unes, en suivant le roman.

C'est une description de la *Louisiane* qui commence l'ouvrage. Les descriptions n'en sont pas la partie la moins soignée, ni la moins vantée : on y trouve souvent du vague, des images peu nettes, des expressions forcées, et en général un grand défaut de naturel.

Dès les premières pages, l'auteur nous dit qu'au sortir de l'hiver, les arbres déracinés, abattus et assemblés vers les sources des fleuves qui se jettent dans le Mississipi, forment des radeaux qui descendent de toutes parts. « Le vieux fleuve, ajoute-t-il, s'en empare et les pousse à son embouchure ; par intervalles, il élève sa grande voix en passant sous les monts, etc. »

On ne sait pas ce que signifie l'épithète de *vieux fleuve*, donnée au Mississipi, qui n'est pas plus vieux que ceux qui lui fournissent leurs eaux, sans lesquelles lui-même ne couleroit pas.

Je n'entends pas non plus ce que c'est que *la grande voix du fleuve*, ou du moins je ne vois pas quel mérite il y a à appeler *la grande voix* du Mississipi, le bruit qu'il fait lorsqu'il est débordé, et entraînant tout ce qui se trouve sur son passage.

« Depuis l'embouchure du Mississipi jusqu'à la jonction de l'Ohio, *le tableau le plus extraordinaire suit le cours de ses ondes* [1]. »

Cette tournure est laborieuse et fausse. L'auteur veut dire que le fleuve présente dans son cours un grand nombre de sites et de points de vue extraordinaires. Mais ces sites, par cela seul qu'ils sont extraordinaires et variés, sont autant de tableaux différents. Il n'y a donc pas là *un tableau extraordinaire* qui suit le cours du fleuve.

.... *Chactas* raconte comment, après avoir passé deux ans à Saint-Augustin, dans la maison de l'Espagnol Lopez, comblé de ses bienfaits, il paroît un jour devant lui en habit de Natchez, et lui déclare la résolution qu'il a formée de reprendre la vie sauvage.

A cette déclaration, l'auteur fait répondre par Lopez : *Va, magnanime enfant de la nature, reprends la précieuse indépendance de l'homme, que je ne veux point te ravir.*

---

[1] Ce passage a été corrigé dans les éditions subséquentes.
(Note des édit.)

En mettant ce discours dans la bouche de Lopez, à qui il donne d'ailleurs un beau caractère et beaucoup de raison, il se met en contradiction avec ce qu'on lit, en plusieurs endroits du roman, des avantages de la vie sociale sur la vie sauvage : car, si ces avantages sont réels et grands, *l'indépendance de l'homme sauvage, du magnanime enfant de la nature*, n'est point du tout précieuse, comme on le fait dire à Lopez [1].

...... Chactas, prisonnier, dit aux femmes qui le gardent : « Vous êtes les grâces du jour, et la nuit vous aime comme la rosée. »

Pourquoi les *grâces du jour ?* Qu'est-ce que les grâces du jour ? et qu'est-ce que *l'amour de la nuit pour la rosée ?* La terre altérée par la chaleur aime la rosée et la fraîcheur des nuits; mais la nuit n'aime pas plus la rosée que toute autre disposition de l'atmosphère. Enfin, je ne puis m'empêcher de voir là le style *précieux* dont Molière s'est si bien moqué.

...... « Atala, dit Chactas, était dans mon cœur, comme le souvenir de la couche de mes pères. »

Qu'est-ce que le *souvenir de la couche de ses pères*, du hamac dans lequel il a dormi, a d'analogue avec l'amour qu'il vient de prendre pour Atala ? Ces idées sont disparates, et ne se tiennent par aucune relation qui puisse en autoriser le rapprochement. Les sauvages, en effet, prodiguent les comparaisons, et l'auteur veut les imiter; mais celle-là n'est point naturelle.

---

[1]. Ce passage a été corrigé. (Note des édit.)

Je dirai aussi, qu'avec quelque plaisir qu'il se souvienne de la couche de ses pères, s'il n'aime Atala que comme il aime son hamac, sa passion ne mérite pas d'être le sujet d'un roman.

.... Chactas, se trouvant seul avec Atala, éprouve ce premier embarras connu de tous ceux qui ont aimé. « Étrange contradiction du cœur de l'homme! s'écrie-t-il; moi qui avois tant désiré de dire les choses du mystère à celle que j'aimois déjà comme le soleil, maintenant interdit et confus, je crois que j'eusse préféré d'être jeté aux crocodiles de la fontaine, que de me trouver seul avec Atala. »

Je n'ai pas besoin d'observer que la phrase n'est pas françoise, faute de l'imprimeur sans doute [1]; mais c'en est une de l'auteur bien plus grave, de mettre cette étrange exagération dans la bouche de son jeune Sauvage : c'est un parti bien violent qu'on lui fait prendre; se donner en pâture aux crocodiles plutôt que d'éprouver l'embarras de dire *je vous aime*, est une hyperbole amoureuse dont on ne trouveroit pas le pendant dans tous les romans de la Calprenède et de Scudéry.

.... « Atala est plus belle que le premier songe de l'époux. »

Il est fâcheux qu'on soit toujours obligé de demander une explication. Que veut dire cela? Est-ce qu'Atala est plus belle que l'objet que le nouvel époux embrasse dans son premier songe? Mais si

---

[1] Le critique a raison. (NOTE DES ÉDIT.)

le premier songe de l'époux n'est pas une infidélité, c'est l'image de son épouse qu'il embrasse, et cette image n'est pas plus belle que l'épouse elle-même : ainsi Atala est belle comme la nouvelle épouse aux yeux de son jeune époux; ce qui peut se dire, quoique l'éloge ne soit ni neuf ni piquant, mais ce qu'il ne faut pas dire d'une manière si détournée.

.... Atala dit à son amant qu'il *est beau comme le désert*[1]. Or, veut-on se faire une idée de la beauté de ce désert? on la trouve décrite quelques pages après.

« Accablés, dit Chactas, de soucis et de craintes, exposés à tomber dans les mains d'Indiens ennemis, à être engloutis dans les eaux, piqués des serpents, dévorés des bêtes sauvages; trouvant difficilement une chétive nourriture; perdus dans des montagnes inhabitées, et ne sachant plus où porter nos pas, les maux d'Atala et les miens ne pouvoient plus s'accroître, etc. » Et c'est dans une pareille situation que l'auteur fait dire à Chactas, par son amante, qu'il est beau comme le désert.

.... Chactas, *assis dans l'eau*[2], contre un tronc d'arbre, tenant Atala sur ses genoux, au bruit d'une horrible tempête, et inondé de torrents de pluie, sent tomber *sur son sein* une larme

---

[1] Le critique a supprimé le reste de la phrase : « avec toutes « ses fleurs et toutes ses brises, » et va chercher six pages plus bas le commencement de la description d'un orage.
(NOTE DES ÉDIT.)

[2] Ce passage a été corrigé. (NOTE DES ÉDIT.)

d'Atala (qu'il distingue sans doute de la pluie, parce que la larme est chaude). *Orage du cœur,* s'écrie-t-il, *est-ce une goutte de votre pluie?*

C'est là un exemple parfait de ce que les Italiens appellent *freddura*, il n'est guère possible, en effet d'imaginer rien de plus froid et de plus déplacé, dans un tel moment, qu'une semblable question. Cette apostrophe à l'*orage du cœur,* mise en contraste avec l'*orage du ciel*, est une pensée bien étrange, et tout le monde sent que la situation de Chactas ne peut pas lui permettre de faire un tel rapprochement.

.... Chactas peint Atala prête à céder à ses transports. *Il a bu la magie de l'amour sur ses lèvres* (si l'on peut boire la magie). Il est tout prêt de triompher de sa foible résistance ; et *les déserts et l'Éternel* vont être témoins de leur union.

C'est en se rappelant cette situation, après cinquante-trois ans écoulés, que Chactas s'écrie : « Superbes forêts qui agitiez vos lianes et vos dômes comme les rideaux et le ciel de notre couche ! pins embrasés qui formiez les flambeaux de notre hymen ! fleuves débordés, montagnes mugissantes, pompe nuptiale, digne de nos malheurs et de la grandeur de nos amours sauvages, n'étiez-vous donc qu'un vain appareil préparé pour nous tromper [1] ? »

Ceci est tout-à-fait déraisonnable, et nous allons

---

[1] Toute cette critique se détruit par les corrections indiquées dans la note précédente.   (NOTE DES ÉDIT.)

le faire comprendre, en rassemblant toutes les circonstances de la situation où l'auteur place ces deux amants.

Chactas est, comme on l'a vu plus haut, assis dans l'eau, tenant son amante sur ses genoux, et lui *réchauffant les pieds de ses mains amoureuses*, recevant des torrents de pluie dont il s'efforce de la garantir en lui faisant un rempart de son corps (tableaux que j'avoue ne pouvoir se concilier entre eux, ni me peindre nettement).....
Des insectes sans nombre, et d'énormes chauves-souris les aveuglent : « les serpents à sonnettes bruissent de toutes parts ; les loups, les ours, les carcajous, les petits tigres remplissent ces retraites de leurs rugissements, etc. »

Maintenant je le demande, comment une situation si horrible qu'elle ne peut laisser à l'homme d'autre pensée que celle des dangers qui l'environnent, et des moyens de s'en sauver, est-elle une *pompe nuptiale*, un *appareil* préparé aux jouissances de l'amour ? comment les pins embrasés, les fleuves débordés, le fracas du tonnerre, etc., sont-ils des apprêts de noces qui trompent les deux amants ?

Certes, quoi qu'en puisse dire un romancier, donnant à son héros amoureux tout ce qu'il voudra de bravoure, une telle tentation ne peut pas être forte, ni le piége bien dangereux. Tout ce qui peut arriver de plus heureux à Chactas et à Atala, est de se tirer de là sans être mordus des serpents à sonnettes, ou dévorés des ours et des tigres. Je dirai même que, loin de croire qu'ils aient été exposés là à une bien pressante tentation, je ne comprends guère comment ils n'en sont pas sortis tous les deux perclus.

.... Chactas fait un portrait du missionnaire fort intéressant, mais où se trouve encore cette malheureuse recherche, qui écarte toujours la vérité, et au moins la clarté. « Son nez aquilin, dit-il, sa longue barbe avoient quelque chose de sublime dans leur quiétude, et comme d'aspirant à la tombe par leur direction naturelle vers la terre [1]. » Qu'est-ce que la *quiétude d'un nez* et la *quiétude d'une barbe ?* qu'est-ce que le sublime de cette quiétude ? Quel mérite est-ce à un nez et à une barbe d'aspirer à la tombe ? Mais je me reproche ces observations, car la critique la plus sévère qu'on puisse faire d'un tel passage est de le rapporter.

.... Chactas, décrivant un pont naturel, tel que celui qui se trouve en Virginie, dit au jeune François qui l'écoute : « Les hommes, mon fils, surtout ceux de ton pays, imitent souvent la nature, mais leurs copies sont toujours petites ; il n'en est pas ainsi de la nature quand elle se plait à copier les ouvrages des hommes : alors elle jette des ponts du sommet d'une montagne à une autre montagne, répand des fleuves pour canaux, sculpte des monts pour colonnes, et, pour bassins, creuse des mers. »

---

[1] Ce passage a été corrigé. (Note des édit.)

Cette réflexion est fausse dans toutes ses parties. Les hommes, en faisant des ponts, n'ont pas pensé à imiter la nature, mais à passer les rivières, les torrents; et lorsqu'ils ont construit les aqueducs qui amenoient les eaux à l'ancienne Rome et des ponts sur les fleuves les plus rapides, et le pont du Gard, etc., ils ont fait de grandes choses, des choses plus grandes que le pont naturel de Virginie, si l'on entend par grandeur autre chose que l'étendue de l'espace qu'elles occupent, et qu'on y fasse entrer tant d'autres éléments qui entrent dans l'idée raisonnable de la grandeur.

Bien moins encore la nature a-t-elle imité les ouvrages des hommes [1]; elle est avant l'homme, et ses ouvrages les plus grands ont devancé tous les travaux de l'industrie humaine. Cette idée de la nature est même contraire à celle que l'auteur veut donner de sa grandeur, puisqu'il lui fait imiter les ouvrages des hommes, qu'il regarde comme petits et mesquins. Il la rapetisse beaucoup, en lui faisant répandre un fleuve pour faire un canal, et taillant des montagnes pour en faire des colonnes, si le canal de Languedoc et les colonnes antiques sont de *petites choses*.

« . . . . Les ondes répétoient la dentelure des bois et des rochers qui s'enchaînoient sur leurs rives [2]. »

---

[1] Cette seconde partie de la critique semble juste, et l'auteur a mis un correctif à la phrase qui en est l'objet.
(NOTE DES ÉDIT.)

[2] Ce passage a été corrigé. (NOTE DES ÉDIT.)

Voilà du genre descriptif dans lequel l'auteur dit ailleurs qu'il croit pouvoir se dispenser d'être simple. Mais encore faut-il toujours être entendu : et qui peut entendre ce jargon ? N'est-on pas tenté de prier l'auteur de se *démétaphoriser*, comme fait dom Japhet pour être entendu du Bailli ?

Me voici arrivé à une des parties les plus admirées dans le roman : les discours du missionnaire à Atala mourante et au jeune Sauvage désespéré, dans lesquels il y a en effet de belles choses, mais souvent gâtées, à mon avis, par l'inconvenance et l'invraisemblance qui les accompagnent [1].

[1] Pour la réfutation de la critique suivante du discours du père Aubry, nous renvoyons à l'autorité de La Harpe, Fontanes, etc.

L'auteur a cependant corrigé quelque chose, supprimé quelques traits dans le dénoûment de son poëme. Au reste, il a répondu aux autres reproches du critique dans la préface d'une édition séparée de René et d'Atala.

« J'ai été accusé, dit-il, de vouloir établir une religion désolante, et de calomnier la nature humaine. On ne veut pas surtout que l'homme oublie PROMPTEMENT ses amis. Je pourrois en appeler à l'expérience. Ce n'est pas en France que l'on peut avoir la prétention de NE PAS OUBLIER. Sans parler des morts, dont on ne se souvient guère, que de vivants sont revenus dans leur famille, et n'y ont trouvé que l'oubli, l'humeur et le dégoût ! Bossuet n'avoit-il pas dit avant moi : « Ah ! si quelques générations, que « dis-je ? quelques années après votre mort vous reveniez, hommes « OUBLIÉS au milieu du monde, vous vous hâteriez de rentrer dans « vos tombeaux pour ne voir pas votre nom terni, votre mémoire « abolie et votre prévoyance trompée dans vos amis, dans vos « créatures, et plus encore dans vos héritiers et dans vos enfants ! » (Or. fun. de Michel Le Tellier.) D'ailleurs, quel est le but du père Aubry ? n'est-ce pas d'ôter à Atala le regret d'une vie dont elle vient de s'arracher volontairement ? Dans cette intention-là, le missionnaire, en exagérant à Atala les maux de la vie, feroit encore un acte d'humanité. » (NOTE DE M. DE CHATEAUBRIAND.)

Le missionnaire commence par dire à Atala qu'elle *perd peu de chose en perdant ce monde, etc.....*, et comme elle perd son amant, qui est tout pour elle, elle ne peut ni entendre la morale du missionnaire, ni y croire. Si elle l'entend, son premier sentiment doit être de trouver ce prêtre un homme bien dur.

« ..... Malgré la solitude où vous avez vécu, vous avez connu les chagrins ; et que penseriez-vous donc, si vous eussiez été témoin des maux de la société ; si, en abordant aux rivages d'Europe, votre oreille eût été frappée du long cri de douleur qui s'élève de cette vieille terre, qui n'est que la cendre des morts pétrie des larmes des vivants ? »

Ce sont là des sentiments misanthropiques et faux, qu'on prête mal à propos à un homme en qui on suppose autant de raison que de vertu. Sur cette vieille terre fleurissent les arts utiles et agréables, règnent des lois plus ou moins imparfaites, mais qui assurent la vie des hommes, leur liberté, leur propriété, au moins dans l'état ordinaire des choses. Là se trouvent beaucoup de jouissances douces pour un grand nombre d'hommes, tandis que ceux qui en ont le moins sont encore partagés mieux que les Sauvages. Là se trouvent la religion et tous ses bienfaits, que le missionnaire ne peut méconnoître, et qui adoucissent les misères humaines, etc. Le missionnaire, en disant que l'Europe n'est que la cendre des morts pétrie des larmes des vivants, en donne donc à Atala une très fausse idée.

La jeune fille ne peut-elle pas lui répondre aussi : Que me fait votre Europe, où je ne veux pas aller ? nos déserts et mon amant me suffisent, et vous me donnez là une bien insuffisante consolation.

« Les reines, lui dit-il, encore, ont été vues pleurant comme de simples femmes, et l'on s'est étonné de la quantité de larmes que contiennent les yeux des rois. »

La jeune fille sauvage de dix-huit ans, qui n'est jamais sortie de l'enceinte occupée par sa peuplade, ne peut avoir aucune idée *des rois et des reines qu'on a vus pleurant*, et de ce qu'il y a d'étonnant à leur voir verser des larmes; encore moins peut-elle entendre la figure bizarre qu'emploie l'orateur, voulant faire mesurer la douleur des rois sur *la quantité de larmes que contiennent* leurs yeux.

« *Est-ce votre amour que vous regrettez?* — Eh ! mon père, sans doute. — *Ma fille, il faudroit autant pleurer un songe.* — Je suis votre servante : les plaisirs que je regrette sont réels; et ne sont pas des songes. »

Mais voici qui est pis de la part du missionnaire : « Connoissez-vous le cœur de l'homme, et pourriez-vous compter les inconstances de son désir? Atala, un jour peut-être le dégoût fût venu avec la satiété, et l'on n'eût plus aperçu que les inconvénients d'une union pauvre et méprisée. »

L'auteur oublie d'abord ici la situation des personnages qu'il met en scène. Ce discours semble adressé à une jeune paysanne que la mort empêche d'épouser le seigneur de son village; mais il n'y a point ici d'union mal assortie : Chactas est bon pour Atala, et Atala pour Chactas.

Mais ce n'est pas tout. Cette morale du missionnaire est ridicule à prêcher à la pauvre fille, dans le moment où elle se trouve. Comment a-t-on le cœur de lui annoncer, sans en rien savoir, que Chactas lui auroit été infidèle? Comment, avec la passion qu'on lui prête, peut-elle le croire ou même le craindre? et des prédictions auxquelles elle ne peut croire, ne peuvent être pour elle des motifs de consolation.

L'exemple d'Adam et d'Ève que le missionnaire allègue à Atala pour lui persuader qu'elle n'auroit pas été heureuse avec Chactas, et très mal choisi, tant parce qu'il ne prouve rien, que parce qu'il n'est pas dit dans la Bible qu'Adam et Ève aient jamais cessé de s'aimer.

« Je vous épargne les détails des soucis du ménage, les reproches mutuels, les disputes et les peines secrètes qui veillent sur l'oreiller du lit conjugal, les douleurs de l'enfantement, la perte des enfants, etc. » Ce sont là autant de lieux communs, fort insuffisants à calmer une douleur présente et vive. Et puis, comment la jeune Sauvage peut-elle entendre le style emphatique du père Aubry, *les peines qui veillent sur l'oreiller du lit conjugal?*

Le missionnaire termine l'énumération des peines de la vie, en exprimant un sentiment vraiment révoltant. « Si un homme, dit-il, revenoit à la lumière quelques années après sa mort, je doute qu'il fût revu avec joie par ceux-là même qui ont versé le plus de larmes à son trépas : tant notre vie est peu de chose, même dans le cœur de nos amis ! »

On voit facilement que cette morale désolante, qui ne croit ni à l'amour constant, ni à l'amitié sincère, doit être étrangère à Atala; qu'elle ne peut y croire, ni par conséquent y trouver des motifs de consolation.

Je dirai, à cette occasion, que les idées que l'auteur prête à son missionnaire, de l'homme, de ses sentiments, de ses passions, de la société civile, et en général de la vie humaine, me semblent teintes d'une sorte de fanatisme; je ne dis pas d'un fanatisme intolérant et persécuteur, mais du même fanatisme qui a rempli les déserts de solitaires arrachés aux travaux et aux devoirs de la vie, et a enseveli dans des retraites séparées du monde, tant de créatures qui en auroient fait la force et l'ornement. Car, si la terre n'est, comme il le dit, qu'une *vallée de larmes*, qu'une *cendre des morts pétrie des larmes des vivants*; si l'on ne peut croire ni à l'amour, ni à l'amitié; s'il est beau à de jeunes filles *de sacrifier leur beauté aux chefs-d'œuvre de la pénitence*; s'il y a quelque mérite à *mutiler cette chair révoltée dont les plaisirs ne sont que des douleurs*, ce n'est pas la peine de naître, ce n'est pas la peine de vivre, ce n'est pas la peine pour les hommes de se réunir en société : si ce n'est pas là du fanatisme, je demande à l'auteur de nous en donner sa définition.

Et il ne faut pas croire que ces maximes fausses et exagérées soient échappées à l'auteur dans la chaleur de la composition, en faisant parler son missionnaire. C'est sciemment et avec réflexion qu'il les lui prête, pour ne pas imiter *ceux qui jusqu'à présent ont mis les prêtres en action*, et qui en ont fait *des espèces de philosophes*, toutes les fois qu'ils n'ent ont pas fait des *scélérats*. (Voyez la première préface d'ATALA.)

Comme on ne peut pas supposer que l'auteur ne connoît ni le *Las-Casas des Incas*, ni le *Curé de Mélanie* (et j'en pourrois citer quelques autres), il faut qu'il les regarde l'un et l'autre comme entachés de philosophie, et qu'ils ne soient pas assez religieux pour lui. Ce sont pourtant là deux beaux caractères, en qui l'homme le plus religieux, sans fanatisme comme sans impiété, ne désire rien, et à qui il ne reproche rien. Pour l'intérêt de son plan et le succès durable de son ouvrage, l'auteur d'*Atala* eût bien fait de contenir son missionnaire dans les bornes que n'ont pas cru devoir passer les auteurs des *Incas* et de *Mélanie*. Il eût alors observé le précepte de saint Paul, *sapere ad sobrietatem*, fort nécessaire à suivre en traitant de telles matières, au temps où nous sommes.

L'inconvenance et l'invraisemblance ne sont pas moins marquées dans les discours du missionnaire, comme rapportés par Chactas qui n'a pu ni les comprendre quand ils ont été tenus, ni s'en souvenir si long-temps après.

Chactas n'a que vingt ans lorsqu'il est pris par

les Muscogulges, et qu'il fuit avec Atala ; et, pendant les trente mois qu'il a passés chez les Espagnols, à Saint-Augustin, où il lui a fallu d'abord apprendre la langue de ses maîtres, il a constamment refusé d'embrasser la religion chrétienne.

Non-seulement Chactas n'est pas chrétien à l'époque où il rencontre le missionnaire, mais il ne l'est pas encore cinquante-trois ans après, lorsqu'il raconte ses aventures à René, comme il le dit lui-même; et de plus, dans tout son récit, il parle en idolâtre, comme lorsqu'il dit que les Natchez et les Espagnols furent vaincus, parce qu'Areskoui, le dieu de la guerre chez les Sauvages américains, et les Manitous ne leur furent pas favorables, et lorsqu'il invoque les esprits du désert, etc.

Observons enfin cette circonstance importante, qu'à l'époque où il fait son récit, il s'est écoulé cinquante-trois ans depuis la mort d'Atala.

Cela posé, je demande comment Chactas, à l'âge de vingt ans, idolâtre et Sauvage, a pu entendre un seul mot des *discours admirables que le missionnaire fait sur Dieu et sur le bonheur des justes?*

Comment il a pu comprendre le langage mystique de la religion catholique dans la bouche du prêtre, disant à Atala:

« .... que les plaisirs de la chair révoltée ne sont que des douleurs; que la couronne des vierges se prépare pour elle, et que la reine des anges l'appelle pour la faire asseoir sur un trône de candeur, parmi les filles qui ont sacrifié leur beauté aux chefs-d'œuvre de la pénitence ; qu'elle est une rose mystique, et qu'elle va trouver dans le cercueil le lit nuptial où elle se réunira à Jésus-Christ ? »

Je demande comment Chactas, idolâtre et demeurant tel, a pu apercevoir que « toute l'humble grotte étoit remplie de la grandeur d'un trépas chrétien, » et comprendre ce que c'est qu'un trépas chrétien ?

Comment il a pu voir la grotte illuminée, entendre dans les airs les paroles des anges et les frémissements des harpes célestes, et voir *Dieu lui-même sortie du flanc de la montagne ?*

Enfin, car il faut borner cette énumération que je pourrois étendre bien davantage, comment a-t-il pu observer, idolâtre et demeurant tel, « la langue d'Atala, qui vient avec un profond respect chercher le Dieu que lui présentoit la main du prêtre ? »

Les conteurs doivent avoir bonne mémoire, s'ils veulent mettre d'accord toutes les parties de leurs récit, et s'ils ne veulent pas que leurs caractères se démentent, ni qu'un fait soit en contradiction avec un autre fait.

Ici, il paroît que l'auteur, dans le feu de la composition, a complétement oublié l'ignorance et l'idolâtrie de son jeune Sauvage, en lui faisant faire, par le missionnaire, tant de beaux discours auxquels il n'a dû rien entendre, et qu'il n'a pu trouver ni beaux ni vrais, s'il les a compris.

Mais il y a une autre invraisemblance non moins choquante, c'est de faire rapporter fidèlement par

Chactas des discours qu'il a entendus cinquante-trois ans auparavant, et qu'il n'a pas dû comprendre au moment où il les a entendus, car il est, certes, bien imposible de se souvenir, au bout de cinquante-trois ans, d'un discours qu'on n'a pas compris lorsqu'il a été tenu.

On peut tenter d'écarter ces reproches d'invraisemblance, en disant que le Sauvage qui raconte à soixante-treize ans ce qui lui est arrivé à vingt, peint les circonstances de la mort d'Atala, et rend les discours du missionnaire d'après les idées et les connoissances qu'il a acquises depuis, « en conversant avec tous les grands hommes du siècle de Louis XIV, et en assistant aux tragédies de Racine, et aux oraisons funèbres de Bossuet. »

Mais d'abord cette excuse ne peut être employée par l'auteur, qui nous donne Chactas, à l'époque où il fait son récit, comme n'étant pas encore chrétien, et qui ne peut par conséquent lui faire dire qu'il a *vu* Dieu, et *entendu les voix des anges*, etc.

En second lieu, même en supposant Chactas, à l'époque de son récit, très bon chrétien et familiarisé avec la langue mystique des dévots, il est contre toute convenance, en lui faisant raconter la mort d'Atala, de le faire parler d'après des opinions qui n'étoient pas *alors* les siennes, et de lui faire employer un langage qu'*alors* il ne pouvoit pas entendre. Il ne peut et ne doit peindre ce spectacle qu'avec les couleurs sous lesquelles il l'a vu, lorsqu'il ignoroit encore qu'il *y avoit pour les vierges une couronne et un trône de candeur, et qu'elles seront les épouses de Jésus-Christ*, etc.

Il peut bien dire qu'il vit donner à Atala, par le prêtre, une hostie blanche comme la neige (quoique cette grande blancheur n'ait rien de pathétique); mais il ne peut pas dire « qu'il vit *alors* Dieu sortir des flancs de la montagne, et la langue d'Atala s'avancer, avec un profond respect, pour chercher le Dieu, etc. »

Enfin, on voit, par cet endroit, que l'auteur ne s'est pas donné la peine ou le temps de mettre dans son petit ouvrage l'ensemble si nécessaire à toute espèce de composition, et de pratiquer le précepte d'Horace : *Ponere totum*.

. . . . « Le flambeau de la religion à la main, le missionnaire sembloit précéder Atala dans la tombe, pour lui en montrer les secrètes merveilles, et toute l'humble grotte étoit remplie de la grandeur d'un trépas chrétien. » J'ai déjà remarqué que le Sauvage idolâtre ne peut ni entendre, ni dire un mot de tout cela. Mais je demande ici ce que la tombe a de merveilleux. Ce que la religion nous enseigne de l'autre vie est admirable, sans doute, mais ces merveilles ne sont pas dans la tombe.

On n'entend pas mieux, et le Sauvage doit comprendre encore moins que nous, ce que c'est que *la grandeur d'un trépas chrétien*. On diroit fort bien, en style religieux, *la beauté d'une mort chrétienne*, mais jamais *sa grandeur*. Un chrétien mourant implore la miséricorde de Dieu, se résigne à sa volonté, espère les biens éternels; mais, dans tout cela, il n'y a rien de grand pour celui qui ne veut employer que les mots propres.

Atala mourante demande pardon à Chactas des maux qu'elle lui a causés : « Je vous ai, dit-elle, beaucoup tourmenté par mon orgueil et mes caprices. »

L'auteur oublie là, et le caractère qu'il a donné à la jeune Sauvage, et la peinture qu'il a faite de son dévouement à Chactas, et la vie qu'ils ont menée l'un et l'autre, et enfin la courte durée du temps qu'ils ont passé ensemble, et qui n'est que de trente et quelques jours. Où, quand, comment, à quelle occasion, par quels moyens, a-t-elle pu tourmenter Chactas *de son orgueil et de ses caprices*? C'est là la confession d'une coquette très civilisée; et quand la pauvre fille eût eu ces belles dispositions, elle n'a eu ni l'occasion ni le temps de s'y livrer.

. . . . « Pour te peindre aujourd'hui le désespoir qui saisit mon cœur lorsque Atala eut rendu le dernier soupir, il faudroit que mes yeux fermés pussent se rouvrir au soleil pour lui demander compte des pleurs qu'ils versèrent à sa lumière. »

Ceci ne s'entend point. Comment Chactas pourra-t-il peindre mieux son désespoir lorsqu'il *aura demandé compte au soleil* des larmes qu'il a versées avant qu'il fût aveugle? Que ce compte lui soit rendu ou non, son désespoir sera toujours au-dessus de l'expression : c'est ce qu'il veut dire, et ce qu'il pourroit dire plus simplement, ou au moins plus intelligiblement.

Le missionnaire et Chactas veillent auprès du corps d'Atala. « . . . . La lune prêta son pâle flambeau à cette veillée funèbre. Elle se leva au milieu de la nuit, comme une blanche vestale qui vient pleurer sur le cercueil d'une compagne. Elle répandit dans les bois ce grand secret de mélancolie qu'elle aime à raconter aux vieux chênes et aux rivages antiques des mers. »

Les vestales viennent là fort mal à propos; ce n'est pas là le langage de la douleur. Ce ne peut être celui du personnage qu'on met en scène, et qui ne peut pas penser aux vestales, ni même à la lune, en peignant une situation aussi déchirante. C'est là de la prose poétique, qui montre l'auteur à découvert, et non un discours dramatique approprié au personnage.

Je demande aussi ce que c'est que *le grand secret de mélancolie* que la lune raconte aux chênes. Un homme de sens, en lisant cette phrase recherchée et contournée, en reçoit-il quelques idées nettes? Delille, Saint-Lambert, Lemierre, Malfilâtre, ont fait de la nuit des descriptions pleines de charmes, qui nous font éprouver cette douce mélancolie qu'inspire et nourrit l'aspect de l'astre de la nuit poursuivant son cours paisible sur un ciel pur; mais aucun n'a dit que cette mélancolie étoit un secret! et si la lune le raconte, comment est-ce un secret? et comment le raconte-t-elle aux vieux chênes et aux antiques rivages des mers, plutôt qu'aux vallées profondes, aux montagnes et aux fleuves?

Chactas raconte que le missionnaire, veillant auprès du corps mort d'Atala, « plongeoit de temps en temps un rameau fleuri dans une onde consacrée; et puis, secouant la branche humide, parfumoit la nuit des baumes du ciel. »

Quel langage dans la bouche d'un homme au désespoir!

Quelle recherche pour dire que le prêtre aspergeoit d'eau bénite la chambre et le corps gisant? Il ne faut pas tenter d'agrandir, au moins par-delà de certaines mesures, de petits objets. Ces dénominations de *parfums* et de *baumes du ciel* ne peuvent être données à un peu d'eau commune et salée, qui n'a ni baume ni parfum. On voit d'ailleurs combien cette forme est éloignée de l'*extrême simplicité* que l'auteur nous assure qu'il a recherchée dans le style. Enfin, comment Chactas, idolâtre à l'époque où l'événement qu'il raconte s'est passé, et même encore au moment où il le raconte, a-t-il pu, ou peut-il voir, dans l'eau bénite, *les parfums du ciel?*

Le missionnaire et Chactas enterrent Atala. « Je répandis, dit Chactas, la terre antique sur un front de dix-huit printemps [1]. »

En écrivant de telles choses, ou en les admirant, on ne se met pas assurément à la place de celui qu'on fait parler. Quelle froide antithèse

---

[1] Ce passage a été corrigé. (Note des édit.)

que celle de la *terre antique* avec le *front de dix-huit printemps!* Quelle recherche dans les expressions d'un homme désolé! Je prie les lecteurs de se figurer Chactas sanglotant ces paroles : *Je répandis la terre antique sur un front de dix-huit printemps.*

.... « Croyez-moi, mon fils, dit le missionnaire, les douleurs ne sont point éternelles, parce que le cœur de l'homme est fini; et c'est une de nos plus grandes misères, que nous ne sommes pas même capables d'être long-temps malheureux [1]. »

Ce n'est là qu'un paradoxe qui ne soutient pas l'examen. Il est évident, au contraire, que l'être qui ne peut pas être long-temps malheureux, en est, par-là même, moins misérable, puisque la durée de la souffrance est sans doute un des éléments qui se combinent avec son intensité pour composer le malheur.

Il est vrai, comme l'ont éprouvé tous ceux qui

---

[1] Voici encore une note de l'édition in-12 d'*Atala-René.*

« Un critique s'est fort élevé contre cette pensée comme fausse et misanthropique; il a prétendu que c'étoit au contraire un des grands biens de l'homme que cette faculté d'oublier promptement le malheur. Le critique, qui a la prétention d'être un fort logicien, a cependant ici confondu les mots. Je n'ai pas dit, « c'est « une de nos grandes infortunes, » ce qui seroit faux en effet; j'ai dit : « C'est une de nos grandes misères, » ce qui est très vrai. Qui ne sent que cette impossibilité où est le cœur de l'homme de garder long-temps sa douleur est la preuve la plus complète de sa sécheresse, de son indigence, de sa MISÈRE? Le peu d'hommes qui ont nourri long-temps des douleurs profondes n'ont-ils pas toujours passé, au contraire, pour des âmes fortes et énergiques? »

(NOTE DE M. DE CHATEAUBRIAND.)

ont ressenti de grandes douleurs, qu'au moment où l'âme en est le plus cruellement navrée, la pensée qu'on lui présente, ou qui se présente quelquefois d'elle-même, qu'on se consolera quelque jour de la perte d'une épouse adorée, d'un enfant chéri, d'un tendre ami, est très-douloureuse, et contribue un moment à accroître nos regrets. Mais ce n'est là qu'une peine fugitive et une exagération de notre douleur même : la raison ne nous en montre pas moins, comme un bienfait de la nature, l'organisation de l'homme qui le rend incapable de nourrir une douleur éternelle. C'est donc s'exprimer sans justesse et sans vérité, que de dire que nous sommes d'autant plus malheureux, que notre malheur ou le sentiment de notre malheur est moins durable : ce qui équivaut à dire que nous sommes d'autant plus malheureux que nous le sommes moins.

Je ne pousserai pas plus loin ces observations de détail, que j'aurois pu aisément grossir du double, et qui sont déjà trop nombreuses....
. . . .

Il me reste à m'excuser auprès des admirateurs d'*Atala*, et de l'auteur lui-même, de la sévérité avec laquelle je l'ai critiqué, car je conviens que ma critique est sévère; mais il se plaint lui-même de la décadence du goût; il dit que tout est perverti en littérature . . . . Eh bien, c'est pour retarder les progrès du mal que j'ai pris la plume; je proteste n'avoir aucun autre motif.

Je souscris volontiers aux éloges que donne à *Atala* le citoyen Fontanes, qui y trouve l'empreinte d'un talent original, la profondeur et le charme des sentiments, la naïveté des mœurs, l'élévation des pensées et la beauté de la morale [1]. Mais je n'en crois que plus nécessaire de relever les défauts d'un ouvrage que les éloges qu'on en fait présentent comme un modèle à l'admiration de nos jeunes écrivains, qui peuvent être tentés d'en imiter les défauts mêmes; car, si cette foule d'auteurs qui n'auront ni l'originalité, ni la profondeur, ni la naïveté, ni l'élévation qu'on trouve dans *Atala*, peut s'abandonner impunément aux excès du style figuré, négliger la justesse, la clarté, la vérité, le naturel, l'ensemble des parties, etc., je demande ce que deviendront le goût et la langue, et la littérature françoise? Et l'on voit bien que, pour opposer une digue à ce débordement, il faut s'en prendre à un ouvrage qui ait quelque mérite; car qui auroit le courage de critiquer tant de chétives productions qui naissent et meurent ignorées, et dont la critique partageroit le sort?

Je prévois cependant que les amis de l'auteur d'*Atala* et lui-même diront peut-être que je suis un de ces philosophes qui ne gardent point de mesure envers lui, *parce qu'ils se figurent que, dans son grand ouvrage,* le Génie du Christianisme ou Beautés poétiques et morales du Christianisme, *il dira beaucoup de mal de la révolution et des philosophes.* (Voyez la première préface d'ATALA.)

[1] Voyez ci-devant, pag. 271 et 272.

Je ne prends point fait et cause pour les philosophes qui pourront entrer en guerre avec l'auteur du *Génie du Christianisme.* Quand son ouvrage aura paru, le public jugera si la révolution et les philosophes y sont traités avec justice.

Mais je ne vois pas trop, au moins sur le titre de l'ouvrage, pourquoi les philosophes, en entendant ce mot au sens défavorable auquel il paroît l'employer, l'attaqueront, et ne garderont pas de mesure avec lui.

Il a pour objet de développer les beautés poétiques et morales du christianisme. Quant aux beautés poétiques, il me semble qu'il ne doit pas trouver ces philosophes en son chemin. Ce n'est pas de beauté poétique, mais de vérité qu'il s'agit entre ces philosophes et les hommes religieux (puisqu'il est convenu que ces deux classes d'hommes sont en opposition). Diderot s'extasioit à la vue d'un capucin, et s'écrioit : La belle chose que cette barbe et ce vêtement! Il croyoit aux beautés poétiques du christianisme, en le regardant comme une belle fiction.

Quant à moi, je crois, comme l'auteur, aux beautés poétiques de la religion chrétienne, sans penser qu'à cet égard elle ait autant d'avantages que la religion païenne. Mais ce que je crois, et ce qui est beaucoup plus important, c'est que ses beautés morales l'emportent incontestablement sur celles de toutes les autres religions.

Que l'auteur d'*Atala* traite ce sujet avec le talent dont il est doué, et plus de sagesse et de simplicité dans le style qu'il n'en a mis dans son roman ; qu'il peigne avec éloquence le mal qu'ont fait à la nation, et par-là même au genre humain, les tyrans insensés qui ont détruit dans l'esprit du peuple tous les sentiments religieux, base antique de sa morale ; qu'il poursuive de son indignation l'insolence de quelques misérables qui, magistrats du peuple, ont osé dire à une nation de trente millions d'hommes : Vous avez des opinions religieuses et un culte, vous abandonnerez ce culte et cette religion ; nous profanerons vos autels, nous renverserons vos temples, nous égorgerons vos prêtres, et qui ont mis, presque sans obstacle, à exécution ces horribles projets : qu'il exécute ce plan, et j'applaudirai à ses efforts avec autant d'intérêt et de chaleur qu'en pourra montrer aucun admirateur d'*Atala*.

Telle est ma profession de foi, qui doit, je pense, détourner l'auteur de me compter au nombre des philosophes qui écriront contre lui par esprit de parti, et qui ne garderont avec lui aucune mesure. Je ne crois pas avoir passé celle qu'une critique honnête permet. C'est pour les intérêts du goût que j'ai relevé les fautes que j'ai cru apercevoir dans son ouvrage, et pour en garantir, s'il est possible, et lui-même à l'avenir, et ceux qui seroient tentés de l'imiter dans ses défauts, sans avoir le talent qui les fait pardonner.

Extrait d'une Réponse à la critique précédente ayant pour titre : *L'Après-dîner de Mousseaux, ou la Défense d'Atala* [1].

. . . .

Je ne puis concevoir comment un savant écrivain a pu se donner la peine de faire une critique d'*Atala*, d'un tiers aussi volumineuse que l'ouvrage, sous prétexte de *retarder* les progrès du mauvais goût, quoique le savant écrivain sache fort bien que le *dénigrement est beaucoup plus général que l'indulgence*, et il nous le prouve de reste; mais avec d'aussi bonnes intentions pour *les jeunes écrivains*, il auroit bien dû lui-même châtier un peu plus son style, où l'on trouve dès la première phrase,

— *Que les éloges exagérés... soit qu'on y loue*, etc., que.... que.... que..... que.... que....

— *Le goût et la raison, ingrédients nécessaires de tout ouvrage.*

— *Déployer la sévérité de la critique.*

— *Vrai de la vérité qui convient au genre.*

— Que le savant critique *pleure tout comme un autre, mais à bon escient*, etc., etc.

Je vous fais grâce du reste, parce que j'aurois trop à dire, si je voulois, à son exemple, m'appesantir sur les détails.

En second lieu, le savant critique auroit dû nous

[1] Cette défense est dédiée à la plus belle des quêteuses de Saint-Roch.

expliquer pourquoi, faisant écho à d'autres journalistes qui vantent journellement les mauvaises productions de leurs amis, il s'élève avec autant d'acharnement, et même d'injustice, contre un petit poëme dont le plus grand crime est d'avoir eu du succès.

Malheur au cœur glacé qui commande à ses larmes, et mesure mathématiquement le feu de l'imagination et du sentiment! Malheur à celui qui veut interdire au génie la hardiesse et les figures, et enchaîner à jamais notre langue dans la servitude, en l'empêchant de prendre l'essor que tant d'autres ont su prendre!

Quel écrivain, à commencer par Homère, sortiroit intact de l'examen, si l'on s'avisoit de le dépecer pour anatomiser pointilleusement jusqu'à la moindre de ses syllabes?

N'attendez point que je réponde à tous les reproches que l'on fait à cette pauvre Atala. Il en est de justes, sans doute; mais je puis vous assurer que la plupart de ceux du savant critique ne le sont point. Vous allez en juger par les suivants, qui font la majeure partie de son examen.

1° On ne sait ce que c'est que *le vieux fleuve*.

Le savant critique le demandera à tous les poëtes qui qualifient les fleuves de *Pères :*

>Pater *Tiberinus* (VIRG. *Georg.*, 14),
>Padre *Eridano* (MONTI., 65),
>*Peneusque* senex (OVID., 2);

à tous les artistes qui nous les peignent avec des

barbes antiques et limoneuses; il peut même voir aux Tuileries plusieurs fleuves représentés par d'habiles artistes, lesquels ont personnifié de petits fleuves comme leurs enfants. Il nous auroit fait grâce de ses vastes connoissances en physique, s'il eût fait attention que *vieux* n'est pas pris comme plus ou moins *vieux* que les fleuves *sans lesquels il ne couleroit point.* Il ne s'agit ici que d'une chose vraie, surtout pour Chactas, savoir, de l'antiquité du Meschacebé, lequel, d'après la nature des lieux, n'est point un courant vulgaire et passager, mais un fleuve immense dont l'existence est immémoriale et aussi ancienne que les contrées qu'il couvre de ses eaux [1].

2° *La grande voix du fleuve.*

Et que diroit-il donc de la *voix des tempêtes* qui se trouve partout?

L'homme s'éveille encore à la voix des tempêtes.
SAINT-LAMBERT.

On a dit *la voix de la nature, qui se fait entendre aux yeux;* et il ne sera pas permis de personnifier un fleuve tel que le Meschacebé, et de lui donner une grande voix! Si le savant critique consulte les poëtes, il verra très souvent le mot *voix* employé pour bruit.

[1] Cette réplique à M. A. Morellet est très bonne. Il y en avoit une plus simple encore, c'est que le mot MESCHACEBÉ signifie l'AÏEUL DES FLEUVES.   (NOTE DES ÉDIT.)

3° *Le sifflement des tonnerres.*

Oui, quand ils s'éteignent dans les ondes. *Voyez le texte.*

. . . .

6° *Les cadavres des pins et des chênes.*

Le savant critique a tort de blâmer cette locution, qui est belle, parce que la métaphore est juste et poétique, et admise depuis long-temps.

>Arbres dépouillés de verdure,
>Malheureux cadavres des bois!
>J.-B. ROUSSEAU.
>*Cantate contre l'hiver.*

. . . .

10° *Chactas n'a pas pu comprendre ni retenir les discours du missionnaire,* etc.

Cela paroît avoir beaucoup frappé le savant critique, qui répète souvent cette même idée; mais il auroit fait moins de bruit à ce sujet, pour peu qu'il eût réfléchi, 1° que *Chactas,* ayant vécu deux ans chez Lopez, a eu tout le temps de s'instruire de ce qui regarde le culte des chrétiens;

2° Qu'il étoit d'ailleurs naturel que cet Indien, en voyant les derniers moments d'Atala, se pénétrât des mêmes sentiments qu'éprouvoit une amante adorée, et qu'il les rendît siens, pour ainsi dire, par cette imagination passive qui nous identifie avec nos semblables, surtout avec ceux que nous aimons.

21.

11° *On est étonné de la quantité de larmes*, etc., etc.

Le savant critique s'étend avec beaucoup de complaisance sur le discours du missionnaire : il prétend qu'Atala n'a pu avoir aucune *idée des rois et des reines*. Je ne vois par sur quoi il fonde cette assertion, attendu que le voisinage des Espagnols, et l'existence de cette même autorité dans plusieurs peuplades, peuvent faire supposer cette connoissance à la fille du chef des Muscogulges. Mais, quand il seroit vrai qu'Atala auroit peu d'idée de cette dignité, il n'en est pas moins dans le caractère d'un missionnaire catholique de retracer, dans ses exhortations, les malheurs *des rois et des reines*, dont l'histoire est remplie, parce que le trône étoit alors ce qu'il y avoit de plus grand après l'autel. Au fond, quel exemple plus frappant que celui des souverains qui disposent du sort de tant d'hommes, réduits à envier le dernier de leurs sujets? Sans doute on est étonné de voir jusqu'où peut aller la douleur de ceux qui semblent si peu faits pour l'éprouver. Voilà ce que veut dire figurément *la quantité de larmes que contiennent les yeux des rois;* locution noble, énergique et intelligible, excepté pour ceux qui ne veulent point l'entendre.

. . . .

13° *Parfums et baume du ciel*, etc.

Ici le savant critique s'écrie : Quel langage dans la bouche d'un homme au désespoir! Je lui ferai observer que *Chactas* n'est point ici au désespoir, mais qu'il fait ce récit à René long-temps après l'événement. On a déjà répondu au reproche d'invraisemblance sur ce que *Chactas* dit de la vertu de l'eau mystique des chrétiens. Quant à l'observation très profonde du critique, *sur l'eau commune et salée,* qui n'a *ni baume ni parfum*, je suis dispensé de relever le peu de bonne foi qu'il a de blâmer l'auteur de vouloir relever des détails que la critique se donne tant de peine de rabaisser et d'avilir.

14° *Elle avoit les yeux levés au ciel*, etc.

Comment certaines personnes ont-elles pu avancer que ce tableau est *dégoûtant?* Quelle que soit l'opinion que l'on puisse avoir à cet égard, il faut être bien injuste de blâmer un écrivain de peindre avec noblesse et vérité un acte religieux que tant de fameux artistes nous ont si souvent offert. Si ce tableau est *dégoûtant,* il faudra condamner *la communion de sainte Marie Égyptienne;* il faudra faire un crime à Benefiali de nous avoir représenté sainte Marguerite expirante, recevant l'hostie de la main d'un religieux ; enfin, il faudra briser le tableau sublime du Dominiquin, qui nous montre saint Jérôme dans cette même extase et dans cette même attitude. En vérité, il faut être bien prévenu, pour ne pas voir que toute expression qui tient à l'enthousiasme, quelle qu'en soit la source, est nécessairement belle, et qu'elle doit toujours frapper l'âme faite pour l'apprécier et la sentir.

15° *Tout homme a son style, et n'en à qu'un.*

Par style mêlé, on n'entend pas ici, tantôt un style, tantôt un autre, comme le suppose le savant critique; on veut dire seulement un mélange d'idées et d'expressions diverses fondues ensemble, ce qui est un peu différent. S'il est vrai que le Sauvage Chactas ait été parmi des Européens, il est tout simple que son langage tienne de l'Indien et de l'Européen à la fois; de même qu'un François qui seroit resté en Espagne contracteroit nécessairement des locutions espagnoles, et *vice versâ*. Cela devient encore plus vrai dans le cas actuel, par la différence extrême des idées et des locutions d'un Sauvage avec celles des peuples civilisés. Chactas a vécu deux ans avec Lopez, avant ses amours avec Atala; ensuite il a séjourné long-temps en France; il a donc pu connoître et emprunter les pensées et le langage de l'Europe, et modifier ses idées premières par les notions qu'il a acquises. Qu'on s'épuise en longs raisonnements, qu'on entasse les citations, pour ridiculiser le langage indien, il n'en est pas moins vrai pourtant que l'auteur a dû faire ainsi parler son personnage. C'est précisément ce style qui donne à son ouvrage une teinte locale et une sorte d'harmonie avec son sujet. Cela est si vrai, que Klopstock, dans les hymnes qui accompagnent la bataille d'Herman, a donné à ses bardes des chants et des locutions adaptées à leurs mœurs et à leurs idées. Que le critique n'aime ni la Bible, ni Homère, ni Ossian, à lui permis ; mais qu'il ne fasse pas un crime à celui qui fera parler des Hébreux, des Grecs ou des bardes, d'employer les locutions et les figures qui leur sont familières, et qui, par conséquent, leur conviennent plus que les nôtres.

Je finis en répondant à ceux qui trouvent les descriptions mal placées dans la bouche de *Chactas*[1], et qui voudroient qu'elles fussent faites par un autre, comme dans *Paul et Virginie*. Ils ne font pas attention que le conteur est éloigné de l'époque dont il parle, et qu'il peut, sans aucune invraisemblance, s'appesantir sur des détails et des tableaux rendus encore plus intéressants par les sentiments qui les ont accompagnés. Ils oublient que les poëtes, et Virgile lui-même, de tous le plus sage, mettent dans la bouche de leurs personnages des descriptions bien plus pompeuses encore que celles de *Chactas*, etc.

[1] Nous avons déjà fait observer, dans une note de la critique de *la Décade*, que les longues descriptions ne sont point dans la bouche de Chactas, mais dans celle de l'auteur. Voyez le Prologue et l'Épilogue. (Note des édit.)

Sur la critique de A. Morellet (Journal des Débats, *du 5 prairial an IX*).

L'Académie en corps a beau le censurer,
Le public révolté s'obstine à l'admirer.
Boileau.

Après la gloire de réunir toutes les voix en sa faveur, le sort le plus heureux d'un livre est de les partager, d'avoir de chauds partisans et de violents adversaires, de mettre les lecteurs aux prises, et d'exciter beaucoup de disputes. Malheur à l'ouvrage qui naît et meurt dans le silence ! le peu de bruit qu'il fait dans le monde est le signal assuré de sa foiblesse. Combien de romans passables, honorés même de plusieurs éditions, qui sont entre les mains de tous les jeunes gens, sur la toilette de toutes les femmes, et dont personne ne parle ! Sans doute ils ont de l'intérêt, et supposent quelque mérite dans leurs auteurs ; mais ils n'ont point cet heureux caractère de force et d'originalité qui maîtrise les esprits, et qui les passionne : ils sont peut-être dignes d'avoir beaucoup de lecteurs, ils ne méritent point d'avoir des ennemis. Mais qu'il paroisse un ouvrage d'un talent rare et supérieur, il produit l'enthousiasme et réveille la censure ; les esprits se divisent, les partis se forment, et la critique devient aussi bruyante que l'admiration.

Son triomphe sera complet, si des écrivains distingués prennent la plume pour en marquer les défauts ; je ne sais si leurs suffrages même lui feroient plus d'honneur : c'est une manière de rendre hommage au talent, qui n'est pas moins flatteuse ;

et quand je vois un de nos meilleurs dialecticiens, un ancien membre de l'Académie françoise, s'armer de toute sa logique pour attaquer *Atala*, les éloges donnés à l'auteur dans les cercles et dans les journaux me paroissent moins doux pour lui qu'une pareille censure. Les remarques des critiques de profession, et les louanges des feuilles périodiques, étant la monnoie courante de la république des lettres, M. de Chateaubriand l'a reçue tout comme un autre; sa destinée à cet égard n'a rien de particulier; il ne s'agit que du plus ou du moins : mais la critique d'*André Morellet* est une médaille frappée à sa gloire. . . . .
. . . .

Si quelques-uns des reproches qu'il fait au fond et à la contexture de l'ouvrage paroissent fondés en raison, la plupart de ses observations sur le style manquent absolument de justesse. Il ne faut que de l'attention et de la logique pour voir si les caractères d'un drame ou d'un roman se soutiennent bien, si toutes les parties forment un ensemble exact. Mais quand il s'agit de juger du style, ce même esprit géométrique peut égarer beaucoup : c'est dans cette partie que commence le domaine du goût. Condillac auroit bien su nous dire si l'auteur de l'*Art poétique* étoit toujours conséquent; mais le fait a prouvé qu'il n'auroit pas fallu le consulter sur les vers.

Je ne puis m'empêcher de rire quand je vois nos philosophes s'évertuer à donner au langage cette précision rigoureuse qu'ils feroient beaucoup mieux de mettre dans leurs raisonnements : on diroit qu'ils veulent le *spiritualiser* au point qu'il n'auroit plus aucune proportion avec nos facultés intellectuelles. De là ce torrent de mots abstraits qui ont inondé et noyé l'éloquence dans ces derniers temps; de là cet abus des termes métaphysiques, qui rend les ouvrages de quelques-uns de nos auteurs actuels si complétement inintelligibles. Le citoyen *Morellet*, qui a publié, il y a quelque temps, dans le *Mercure*, une excellente dissertation sur l'*étymologie* et sur les figures du style, paroît oublier totalement sa théorie, quand il veut juger *Atala.*

Je multiplierois les exemples, si la critique d'une critique n'étoit pas une chose trop fastidieuse : je me contenterai de deux ou trois passages. *Atala est plus belle que le premier songe de l'époux.* Là-dessus le critique fait la réflexion suivante : « Il est fâcheux qu'on soit toujours obligé de demander une explication. Que veut dire cela ? Est-ce qu'Atala est plus belle que l'objet que le nouvel époux embrasse dans son premier songe ? Mais si le premier songe de l'époux n'est pas une infidélité, c'est l'image de son épouse qu'il embrasse, et cette image n'est pas plus belle que l'épouse même : donc Atala est belle comme la nouvelle épouse aux yeux de son jeune époux ; ce qui peut se dire, mais ce qu'il ne faut pas dire d'une manière si détournée. » — Cela peut s'appeler un raisonnement en forme ; mais si le songe de l'époux n'est ni l'image de sa femme, ni celle d'aucune autre, que deviendra ce beau dilemme? Depuis quand les poëtes ont-ils cessé de personnifier les songes! Je ne crois pas qu'ils aient perdu ce droit-là. S'il est reçu que le premier songe du jeune époux est un beau songe, pourquoi ne pas lui comparer Atala, comme on la compareroit à l'aurore, à la rose, etc. ? Chactas dit aux femmes qui le regardent : *Vous êtes les grâces du jour, et la nuit vous aime comme la rosée.* Là-dessus le censeur répond : « Pourquoi les grâces du jour? et qu'est-ce que l'amour de la nuit pour la rosée? La terre, altérée par la chaleur, aime la rosée et la fraîcheur des nuits; mais la nuit n'aime pas plus la rosée que toute autre disposition de l'atmosphère. » — Quand un homme ne voit dans la rosée qu'une *disposition de l'atmosphère*, il peut être fort sensé, il peut raisonner fort juste en physique, mais il n'est pas né pour sentir et juger les poëtes. La nuit aime la rosée, parce que la rosée est sa plus douce influence; la nuit aime les femmes, parce que les femmes ajoutent à ses charmes, les femmes sont les grâces du jour, parce qu'elles l'embellissent. Le citoyen *Morellet*, qui renvoie cet article *aux Précieuses ridicules*, n'a qu'à trouver précieux aussi ce vers si connu du poëte le plus naturel :

Et la grâce plus belle encor que la beauté.

Car, enfin, qu'est-ce qui peut être plus beau que la beauté? Il seroit facile, en raisonnant à sa manière, de prouver que ce vers n'a pas de sens.

Je n'aurois pas le courage de poursuivre; arrêtons-nous là. Ces deux exemples suffisent pour faire voir que le citoyen *Morellet* est absolument sorti de son genre en critiquant *Atala*. On dit que M. de La Harpe prépare une réponse à ces observations ; c'est à lui surtout qu'il appartient de prononcer. Au reste, toutes ces querelles littéraires, qui succèdent aux querelles politiques, prouvent combien notre situation est améliorée : les plaisirs de l'esprit sont presque aujourd'hui notre unique affaire.

> Ille meas errare boves, ut cernis, et ipsum
> Ludere quæ vellem calamo permisit agresti.

---

*Critique d'*Atala *par M. Geoffroy, extraite de l'*Année Littéraire [1] (tome III, pag. 361).

. . . .

Atala est un véritable poëme où l'auteur a trouvé le secret, aujourd'hui bien rare, d'être original sans se montrer absurde. Tout est nouveau dans cette production vraiment singulière. Le poëte vous transporte au milieu des déserts, dans des régions inconnues, où la nature, encore vierge, offre des aspects et des sites qu'aucun écrivain grec ou latin n'a jamais connus : c'est une source de descriptions dont on ne trouve pas même le germe dans Homère et dans Virgile. Ses personnages sont aussi étranges que la scène où ils paroissent, et les mœurs qu'il dépeint sont encore plus poétiques que les mœurs des héros de l'*Iliade* et de l'*Odyssée*.

[1] Ce journal a cessé de paroître dans les derniers mois de 1801.

Le Mississipi ne jouit pas, il est vrai, d'une bonne réputation en France;..... mais ces impressions défavorables s'effacent à la vue du tableau magnifique que nous trace l'auteur, des régions arrosées par ce grand fleuve : l'imagination étonnée préfère ce spectacle majestueux de la nature sauvage, aux peintures les plus riantes des campagnes cultivées et fertiles.

. . . .

Le tableau du peuple chasseur et du peuple laboureur; la religion, première législatrice des Sauvages; les dangers de l'ignorance et de l'enthousiasme religieux, opposés aux lumières, à la tolérance et au véritable esprit de l'Évangile; les combats des passions et des vertus dans un cœur simple; enfin, le triomphe du christianisme sur le sentiment le plus fougueux et la crainte la plus terrible, l'amour et la mort : tels sont les grands objets que présente ce petit poëme épique, auquel je ne crains pas de donner ce nom, puisqu'il renferme les beautés les plus essentielles à la poésie, le pathétique des sentiments, la richesse et la variété des tableaux, et la plus heureuse imitation d'une belle et grande nature : il ne lui manque que la rime, qui souvent donne à la poésie plus d'entraves que d'agréments. On remarque surtout dans cet ouvrage une précieuse simplicité, et l'art merveilleux de soutenir l'intérêt par le développement du cœur et des passions, par l'heureux choix et la vérité des circonstances. Un goût sévère pourroit lui reprocher la profusion des images, et un luxe d'expressions poétiques quelquefois plus bizarres que sublimes : ce défaut est celui d'un génie ardent et vigoureux, et d'une surabondance d'imagination qui, pour bien des poëtes froids et décharnés, seroit un objet d'envie. On rencontre aussi, dans son style audacieux, certains traits qui tiennent en suspens la critique, et partagent les connoisseurs; les uns admirent comme des expressions de génie ce que les autres blâment comme une affection froide; par exemple, cette phrase : *Les reines ont été vues pleurant comme de simples femmes, et l'on s'est étonné de la quantité de larmes que contiennent les yeux des rois,* a été citée comme digne de Bossuet : je souscris à ce jugement, quant à la première partie de la phrase; mais je n'oserois prononcer sur la dernière, et il se peut que dans cette *quantité de larmes contenues dans les yeux des rois,* il y ait plus de recherche que de vrai sublime.

Voltaire regarde comme un grand mérite, dans l'auteur de la *Jérusalem délivrée,* d'avoir su ennoblir, dans ses descriptions, les cérémonies de la religion chrétienne. L'auteur d'*Atala* me paroît supérieur au Tasse lui-même; rien n'égale l'onction, l'intérêt, le pathétique qu'il a su répandre sur les mystères et les sacrements de la religion, qui ne paroissoient pas propres à recevoir les couleurs poétiques; il semble avoir démenti cet oracle de Boileau :

> De la religion les mystères terribles
> D'ornements égayés ne sont pas susceptibles.

Il a ouvert aux poëtes épiques une nouvelle

source de merveilleux, et son exemple a prouvé que c'est le défaut de génie et d'invention, bien plus que le caractère des mœurs modernes, qui a réduit certains beaux esprits aux fonctions d'historiens versificateurs. Si la *Henriade* n'a qu'une élégance sans intérêt, c'est que l'auteur n'a jamais connu l'enthousiasme de l'épopée, c'est qu'il étoit dénué de ce feu et de cette imagination qui sait embellir les sujets les plus arides et créer des beautés nouvelles. La chevalerie et la religion suffisoient aux modernes pour remplacer l'ancienne mythologie, s'ils avoient eu le génie qui connoît les ressources, et sait en profiter.

Atala est donc une fiction vraiment originale, dont les détails, aussi neufs que hardis, me semblent avoir agrandi le domaine de la haute poésie, et enrichi notre langue poétique, dont on accuse avec justice la sécheresse et l'indigence. L'auteur a fait l'usage le plus heureux des formes antiques ; le ton, les figures et les mouvements du chantre d'Achille et d'Ulysse se retrouvent dans l'auteur d'*Atala*, avec une teinte de mélancolie sombre, une certaine rudesse sauvage, qui semblent leur donner un nouveau degré d'énergie : c'est l'Homère des forêts et des déserts.

Extrait d'un article sur René, *inséré dans le* Mercure *du* 15 *floréal an* X.

Cet épisode, qui rappelle tout le talent d'*Atala*, et qui même lui est préféré par plusieurs gens de goût, est compris dans la partie littéraire. On peut aussi le considérer comme un petit ouvrage à part. L'auteur de *René* a voulu peindre cet orage intérieur et cette espèce de fermentation sourde qui travaille le jeune homme avant que ses passions se soient fixées sur un objet. Dans une telle disposition, la solitude devient funeste, surtout lorsqu'elle n'est pas habitée avec la religion : alors la paix et le silence ne servent qu'à redoubler l'énergie malheureuse du cœur humain; c'est ce que l'auteur s'attache principalement à développer. Il prouve encore, contre les sophistes, qu'il y a telles circonstances de la vie où le cœur trompé dans ses affections, et la vertu fatiguée de ses combats, ne peuvent trouver de repos que dans les abris du cloître.

Le personnage que l'on met en scène est le même René auquel Chactas raconte ses aventures dans *Atala*.

Ce jeune homme, qui s'étoit marié pour se conformer aux mœurs des Sauvages, paroît consumé d'une grande tristesse, et mène une vie errante dans les bois. Chactas, son père adoptif, et le père Souël, missionnaire à la Nouvelle-France, voudroient connoître le secret de son cœur; mais il résiste à toutes leurs prières : enfin il cède; ils vont un jour ensemble sur les bords du Meschacebé, et le jeune homme commence ainsi : (*René*, pag. 142.)

Il décrit ensuite les premières sensations de son enfance. (Pag. 143 et 144.)

Le père de René meurt; celui-ci, abandonné à

lui-même, et poussé par un vague instinct, se met à voyager. (Pag. 148.)

Après avoir visité plusieurs peuples, sans rien trouver qui remplisse le vide de son cœur, il revient dans sa patrie. Pendant quelque temps il essaie des distractions d'une grande ville; mais ses dégoûts qui s'en augmentent le poursuivent dans la solitude.

C'est alors que l'auteur, entrant plus avant dans son sujet, montre le jeune homme aux prises avec toutes les puissances de son imagination. (Pag. 175 et suiv.)

On n'avoit pas encore, je crois, trouvé des couleurs aussi vraies pour un état de l'âme tellement orageux et indéfini qu'il se dérobe à la pensée même de celui qui l'éprouve.

Enfin René, après avoir consumé inutilement tous les désirs de son cœur, arrive au dernier dégoût de la vie : il songeoit à s'en délivrer, lorsque sa sœur, qui a deviné ce projet funeste, vient le surprendre dans sa retraite.

Pendant quelques mois qu'Amélie passa avec son frère, elle parvint à mettre un peu de paix dans ce cœur troublé; mais un jour elle s'échappe tout à coup, laissant une lettre où elle explique sa résolution. On remarquera sans doute cette lettre à la fois si chaste et si passionnée, où l'amour semble avoir concentré ses accents, et se laisse deviner sous le voile de la religion. Amélie apprend à son frère qu'elle va se consacrer à Dieu dans un cloître; René, surpris d'une telle résolution, part pour l'en détourner......

Nous n'avons pas voulu interrompre l'auteur pour faire remarquer ses beautés. Il n'est personne qui n'ait senti le charme douloureux de cette dernière visite au château paternel; de cette lettre où Amélie décrit la paix et les consolations qu'elle a éprouvées au pied des autels, etc. Mais ce roman doit surtout plaire aux lecteurs qui conservent quelques souvenirs de l'âge d'inquiétude et des passions naissantes qu'on a voulu peindre; ils y verront leur propre cœur deviné, pour ainsi dire, et jusqu'aux nuances de leur existence confuse, fixées dans ces tableaux éloquents. Peut-être même que, jugeant ce petit ouvrage d'après le mérite de la composition et des difficultés vaincues, ils préféreront aux amours de Chactas les rêveries du jeune René. D'ailleurs, la moralité est tout à fait neuve, et malheureusement d'une application très-étendue. Elle s'adresse à ces nombreuses victimes de l'exemple du jeune Werther, de Rousseau, qui ont cherché le bonheur loin des affections naturelles du cœur et des voies communes de la société. La brusque réprimande du missionnaire donne un grand effet à cette moralité, et fait mieux ressortir la triste vanité de ces jeunes gens qui se sont imaginé que la bizarrerie étoit inséparable du génie, et qui ont commencé par la bizarrerie en attendant le génie.

Au reste, le sujet de *René* n'est qu'un des points de vue de cette partie littéraire dont nous devons rendre compte. Elle en offre plusieurs autres qui paroîtront aussi neufs que féconds; mais leur examen se rattache aux questions les plus intéressantes de la littérature, et il ne faut pas trop se hâter de juger le résultat de plusieurs années de travail et de méditation.

P. M.

Article inséré dans le Mercure *du* 1er *thermidor an XIII*
(20 *juillet* 1805).

Tout ce qui porte le caractère de l'invention, tout ce qui dépasse d'un vol hardi le cercle des idées communes, étonne d'abord l'expérience, et déconcerte le jugement des sages. Il ne faut pas s'en plaindre, et l'homme de génie doit souffrir avec respect leurs contradictions. La raison, qui marche toujours appuyée sur ces principes, s'avance lentement à la découverte de la vérité ; elle éprouve toutes les doctrines avec une défiance salutaire ; et son jugement se forme et s'établit dans la maturité des temps. La médiocrité arrogante se fait gloire d'insulter à cette sage circonspection, qui est la sauvegarde des principes et des lois. Mais c'est un des caractères du vrai génie qu'on ne peut se défendre d'admirer dans l'auteur d'*Atala*, de témoigner autant de déférence pour les règles établies, qu'il fait paroître de hardiesse dans ses inventions. La doctrine littéraire de M. de Chateaubriand ne se sépare point des bonnes traditions ; elle ne change rien aux fondements de l'art : elle ne fait qu'en reculer les limites ; et s'il est juste de soumettre ces conquêtes d'une imagination entreprenante à l'examen de la raison et à l'autorité de l'expérience, qui seule peut les affermir, il faut aussi savoir estimer son travail et reconnoître si c'est innovation dans les principes, ou progrès dans les conséquences.

Si l'on considère les épisodes d'*Atala* et de *René* selon le dessein de l'auteur, et dans les vues qui ont présidé à leur conception, on voit d'abord qu'il faut écarter les scrupules qu'une conscience religieuse pourroit élever touchant la peinture des passions; car ces romans ayant été préparés pour servir d'amorce à un siècle corrompu, ils ont dû intéresser les cœurs, sous peine de laisser la vérité sans attrait. Il a fallu recouvrir de fleurs ces routes abandonnées, d'où les enfants du plaisir se détournoient avec dégoût. En un mot, il falloit plaire et reconquérir, par une surprise innocente, le droit de faire entendre une doctrine sévère. Il faut donc louer l'habileté de l'écrivain qui, dans un dessein si convenable aux dispositions présentes du monde, a fait servir la passion même au succès de sa cause, et orné la vérité de tout ce que la jeunesse et l'amour peuvent avoir de grâces et de fraîcheur. On ne dissimulera pas qu'il règne quelquefois dans ces descriptions une force d'imagination et un charme de tendresse et de mélancolie trop vif peut-être, et trop enivrant pour l'âge des illusions. Mais, outre qu'il est du devoir des instituteurs d'en pressentir l'effet et d'en écarter le danger, on ne craint pas de dire que la séduction de ces peintures est sauvée par la morale et le profond pathétique du dénoûment qui, effaçant toute autre sensation, ne laisse plus dans l'âme qu'une douleur tendre et vertueuse. C'est par ces impressions dominantes qu'il faut juger de l'effet d'une lecture : c'est par elles que le *Télémaque* a triomphé des censures de ces moralistes plus chagrins que judicieux, qui faisoient un crime à Fénelon d'avoir peint si vivement les voluptés de l'île de *Calypso*. La passion de René sort, il est vrai, des bornes légitimes. Mais, sans examiner si le choix d'un tel ressort n'étoit pas nécessaire pour tirer du sujet une instruction plus frappante et mieux proportionnée aux mœurs de notre siècle, qui regarde un amour ordinaire plutôt comme un embellissement et un plaisir à rechercher, que comme un péril à redouter et à fuir, tout ce qu'on peut conclure des scrupules les plus délicats, c'est que pour rendre le *Génie du Christianisme* parfaitement classique, ces deux brillants épisodes, ne servant plus un jour à faire goûter une doctrine remise en honneur, seront retranchés du corps de l'ouvrage, et resteront pour les connoisseurs ce qu'ils sont aujourd'hui, des chefs-d'œuvre de sentiment, d'imagination et de style.

On porte ce jugement avec d'autant plus de confiance que, dans la nouvelle édition qui les réunit, l'auteur a fait disparoître, avec une attention rigoureuse, toutes ces taches légères que les censeurs s'étoient complu à découvrir, et l'amertume de leurs critiques ne l'a pas empêché (chose bien rare!) d'en reconnoître la raison. Mais en même temps il a su défendre, contre leurs injustes dédains, les grandes et solides beautés que des juges supérieurs avoient recommandées avant nous à l'admiration publique.

Ces premières considérations suffiroient pour calmer les reproches des hommes austères et les réconcilier avec ces productions touchantes où le talent ne prend des formes si aimables que pour se rendre plus utile. Mais *Atala* et *René* ont pour les gens de goût un dessein plus remarquable qui tient à la manière originale de l'écrivain, c'est d'appuyer par des exemples une théorie neuve et profonde. M. de Chateaubriand ne s'est pas borné à découvrir ce fonds de poésie et de beautés dramatiques que recèle le christianisme; il a lui-même mis en œuvre un si riche trésor. Bien différent de ceux qui bâtissent après coup une poétique pour étayer leurs foibles conceptions, il a tiré de sa propre doctrine des ouvrages de génie qui la couvrent de leurs succès. Si nous l'interrogeons sur le principe de ces beautés, il nous fera voir que toute passion qui souffre des combats, porte avec elle un intérêt proportionné à la grandeur des sacrifices que le devoir lui impose; et nous serons conduits à reconnoître que la religion la plus réprimante, celle qui prescrit les devoirs les plus rigoureux et la résistance la plus héroïque aux foiblesses du cœur, sait aussi tirer de nos passions des ressorts plus énergiques, et élever les âmes à une plus grande hauteur de sentiments. Mais, après que l'auteur a développé cette doctrine en approfondissant tous les caractères, toutes les situations du cœur humain, et en comparant leurs diverses expressions, dans la littérature ancienne et moderne; après qu'il nous a fait voir comment la poésie dramatique a été portée au plus haut degré de perfection, sous l'influence du christianisme, que dirons-nous de la manière brillante dont il met sa doctrine en évidence, dans les profondes passions qu'il a traitées, mais surtout dans ce beau caractère du père Aubry, qui offre tout ensemble ce qu'il y a de plus noble dans les mœurs, et de plus éloquent dans l'expression ? Celui du père Souël, quoique moins développé, est du même ordre de sublime; son petit discours vaut lui seul un long traité de morale. Toute l'antiquité païenne chercheroit en vain parmi ses pontifes et ses vieillards un personnage de cette vigueur; et M. de Chateaubriand triomphe à la fois par la profondeur des principes et par la force des exemples.

Au reste, la supériorité dramatique du christianisme est assez reconnue aujourd'hui par les premiers hommes de notre littérature, qui avouent que sa bonté morale a rehaussé les caractères, et enfanté dans les arts ce que nous appelons le beau idéal. Les poëtes anciens, qui mettoient sur la scène un héros pleurant et jetant des cris comme une femme, étoient moins avancés que les statuaires, qui ne souffroient pas que les plus vives douleurs altérassent trop sensiblement la dignité de la figure humaine. Nous en avons un exemple dans le *Laocoon*, qui est d'une expression plus haute que celui de Virgile. Ce dernier a toute la foiblesse du théâtre grec et de l'enfance. *Clamores simul horrendos ad sidera tollit.* Le premier, au contraire, représente noblement la patience de l'homme qui est aux prises avec la douleur. Ce que ces grands artistes faisoient par principe de goût, pour conserver la beauté physique, le poëte chrétien le fait par principe de vertu, pour conserver la beauté morale dans ses personnages. Or c'est là ce qui constitue la perfection du drame et l'excellence de l'action poétique. Aussi voyons-nous qu'on n'a pu s'écarter de cette noblesse de l'âge mûr, sous prétexte de revenir au naturel, sans ramener l'art aux premiers cris de l'enfance, et sans changer les plaisirs nobles de l'esprit en un vain amusement des yeux. Le *christianisme* a donc, sous ce rapport, une supériorité évidente, et les plus belles scènes de notre théâtre l'ont rendue assez sensible aux véritables connoisseurs.

Mais les principes de M. de Chateaubriand trouveront plus d'obstacles dans ce qui regarde le merveilleux et la poésie descriptive. Il a déjà vu s'élever contre lui les critiques les plus distingués dans les deux partis; et son ami même, M. de Fontanes, dont le jugement est une grande autorité en matière de goût, s'est déclaré en faveur de la mythologie. Cependant il est aisé de découvrir, dans cette opinion des juges les plus habiles, l'ascendant naturel de nos premiers sentiments, et l'enchantement presque invincible de ces illusions de la fable qui ont charmé notre berceau. C'est dans la première fleur de l'imagination et de la jeunesse que nous avons aimé ces dieux brillants d'Homère, et ces mensonges qui nous parurent si aimables sous le pinceau d'Ovide. Le merveilleux d'une religion plus imposante et plus auguste, et la poésie naturelle de ses Écritures, nous apparoissant depuis dans un jour plus sérieux, n'ont pu détruire ces premières impressions dont le souvenir a tant de charmes. Ainsi la religion chrétienne, dans ses temps même les plus florissants, ne régnoit sur les esprits que par la force de la raison, puisqu'elle avoit à combattre non-seulement les passions de l'homme, mais même les préjugés et les illusions de l'enfance; et qui peut douter que nous ne fussions devenus païens dans notre croyance et dans nos mœurs, comme nous l'étions dans quelques parties de notre littérature, si les lumières supérieures du christianisme ne s'y fussent opposées? Il faut donc, dans nos opinions littéraires, attribuer quelque chose à la force d'un préjugé si séducteur et si puissant; et, pour peu que nous nous trouvions convaincus sur un seul point, nous devons suspendre notre jugement sur tous les autres.

Mais, avant d'entrer dans cette discussion, il faut observer que M. de Chateaubriand ne s'élève jamais contre la saine antiquité. Il est aisé de voir qu'il s'est nourri lui-même de ce qu'elle a de plus ingénieux et de plus poli; partout il en recommande l'admiration et l'étude. Ainsi l'autorité des modèles et la pureté des règles subsistent dans toute leur vigueur. Mais en reconnoissant, avec les anciens législateurs du goût, que les païens ont tiré d'une religion fausse et absurde des machines poétiques d'un très bel effet, il convient au génie de notre siècle d'examiner si la vérité majestueuse du christianisme ne peut pas fournir à la poésie des moyens plus étendus et plus convenables aux lumières de la société.

Le célèbre critique qu'on vient de nommer tranche cette question en peu de mots par une assertion qui a dû étonner tous les hommes de lettres. « Tous les avantages poétiques, dit-il dans sa con-« clusion, sont en faveur des fables anciennes, puis-« qu'elles sont toujours plus riantes que le christia-« nisme, et peuvent quelquefois être aussi graves « que lui. » Et, pour prouver qu'en effet elles peuvent avoir la même gravité, il cite la Minerve du *Télémaque*, qui est une conception purement chrétienne ! Quelques personnes avoient déjà fait observer que cet exemple étoit favorable à la cause de M. de Chateaubriand. Mais M. de Fontanes lui-même le montre avec évidence, et la justesse de ses principes lui fait tourner ses propres armes contre son opinion. Après avoir développé avec son talent ordinaire les beautés les plus sublimes de ce rôle de Minerve, il s'écrie : *N'est-ce pas déguiser sous des noms mythologiques ce qu'il y a de plus élevé dans la théologie chrétienne?* Il est vrai ; mais puisque la mythologie n'a ici qu'un nom à revendiquer, et que le fond des choses appartient au christianisme, comment un tel exemple pourroit-il décider en faveur de la première ?

Ce caractère de grandeur et de raison est si étranger à la religion païenne, que ceux qui lui accordent la palme de la poésie exaltent surtout, comme un mérite qui la distingue, le fond riant et voluptueux de ses fables. On fait sonner bien haut ces *ornements égayés* que Boileau demande dans la poésie épique. Mais nous ne contredisons point cette doctrine. Seulement le christianisme, qui fait régner l'ordre partout où il est le principe dominant, veut que le poëte trouve ces ornements et ces choses riantes dans la peinture des passions humaines, et il conserve au merveilleux puisé dans son sein la majesté qui lui est nécessaire pour remplir son objet. De là naissent entre les joies de la terre et les rigueurs du ciel, ces contrastes si puissants sur l'âme, qui ont produit tant de caractères poétiques, et enrichi le tableau des passions de couleurs si neuves et si intéressantes. Cet ordre de beauté manque totalement à la mythologie; et les préventions dont on a parlé plus haut nous ont trop puissamment aveuglés, si nous ne voyons pas que ces imaginations folâtres que les anciens ont tirées de leur religion, sont plus propres à dégrader qu'à embellir la poésie.

Le christianisme proscrit la fable, qui est essentiellement dépourvue de vérité; mais il permet la fiction, qui n'est que l'invention d'un fait naturel. Que le père des dieux, dans le quinzième livre de l'*Iliade*, menace Junon de la suspendre au milieu des airs avec une enclume à chaque pied, c'est là, si l'on veut, un ornement très *égayé*, mais c'est en même temps une fable ridicule que le paganisme peut seul autoriser. Qu'au contraire la sagesse descende du ciel sous une figure humaine, pour fortifier le cœur d'un jeune héros, et lui apprendre à régner avec douceur, c'est une fiction que la religion chrétienne reçoit, et dont la forme et le fond lui appartiennent également. Le génie peut donc étendre ses ailes dans le vaste champ du possible. Le christianisme dirige son vol; il en soutient la hauteur, il ne le borne jamais. Cette distinction montre l'erreur de ceux qui se persuadent que notre croyance gêne l'imagination par la précision de ses dogmes. C'est confondre des objets d'une nature absolument différente. Mais il semble que ces questions peuvent être décidées par des principes plus élevés et plus lumineux.

L'homme, par les diverses facultés de son être, appartient à deux mondes qui s'unissent en lui. Par son esprit, il embrasse le monde des intelligences; par ses sens, il s'étend à celui des corps. Chacun de ces ordres a son expression qui lui est propre; et c'est pourquoi l'être qui les réunit a, tout ensemble, des pensées et des images. Les sciences purement intellectuelles, ou purement physiques, sont également bornées dans leurs vues, quoiqu'elles regardent des objets d'un mérite différent. Leur défaut est de n'apercevoir qu'une partie de la création. La poésie les voit toutes d'une vue générale. Elle unit les pensées aux images, et les corps aux esprits : elle assemble et concilie les expressions de chaque ordre; elle est l'harmonie des deux mondes.

L'homme est donc un être éminemment poétique, et la religion qui a le mieux connu la nature humaine sera, par une conséquence nécessaire, la plus favorable à la poésie. Non-seulement elle connoîtra mieux l'ordre des intelligences, mais elle nous montrera dans une plus grande lumière, et sous des images plus frappantes, cette alliance de la nature morale avec la nature physique, qui est le fond même de la poésie. Or c'est précisément ce que le christianisme nous met sous les yeux dans la plus haute action de ses mystères. Et, si nous concevons cette union des deux mondes, qui se fait dans l'homme, si nous entendons que la poésie est l'expression la plus parfaite de leur harmonie, puisquelle présente à la fois des pensées mises en action et des images mises en mouvement, nous comprendrons pourquoi toute instruction religieuse nous a été proposée sous des figures sensibles et poétiques, et pourquoi la parole intellectuelle de Dieu a dû être revêtue de la parole matérielle de l'homme.

Par-là s'expliquent toutes les difficultés. Nous voyons d'abord que la mythologie n'est pas la poésie, et que ses illusions ne sauroient remplir l'idée vaste que nous en avons. Nous découvrons ensuite que la vérité même est la source de sa beauté; et que, dans ses plus hautes créations, comme dans le merveilleux de l'épopée et dans les caractères du drame, elle doit être la représentation de la nature idéale, de même qu'elle est celle de la nature physique, dans ses tableaux et ses images. Cela nous montre le véritable objet de la poésie descriptive, et la raison des limites qui la circonscrivent. Elle ne peut former un genre à part, ni produire toute seule un ouvrage régulier, puisque la poésie, langage de l'homme parfait, doit exprimer ces deux mondes d'idées et de figures qui, liés par des nœuds admirables, composent le fond de la nature humaine.

Voilà les vues que présente la doctrine littéraire de M. de Chateaubriand. C'est sur de tels fondements qu'il peut se flatter sans illusion d'avoir élevé à la gloire du christianisme un monument aussi solide qu'honorable. Nous avons montré le caractère de cet ouvrage sous un aspect plus sérieux que les critiques qui nous ont précédés. Nous n'avons pas cru devoir orner notre travail de tant de morceaux brillants qui sont dans la mémoire de tous les hommes de goût. Il a fallu écarter les fleurs pour faire voir ce qu'il a de profond. A travers les ornements que la plus riche imagination y a répandus, on découvre ce génie des compositions sévères, qui possède les espérances d'une longue vie. Tout s'y soutient par le même esprit, l'invention et la manière, l'exemple et le précepte; et l'ouvrage est lui-même la plus belle preuve qu'on puisse donner de la vérité et de la fécondité de ses principes.

Ch. D.

FIN DES CRITIQUES.

TABLE.

LES NATCHEZ.

Suite.................................... Page 1
Note..................................... 243
Premier Extrait de Charlevoix. — *Description du pays des Natchez*.................................... 245
Deuxième Extrait de Charlevoix................ 262
Notes et Critiques sur *Atala*................. 267

FIN DE LA TABLE.

www.ingramcontent.com/pod-product-compliance
Lightning Source LLC
Chambersburg PA
CBHW050804170426
43202CB00013B/2560